히틀러의 30일

HITLER'S THIRTY DAYS TO POWER by Henry Ashby Turner
Copyright ⓒ1996 by Henry Ashby Turner
First published in the United States by Basic Books, A Subsidiary of Perseus Books L.L.C.
Korean language edition published by arrangement with Perseus Books through Shin Won Agency Co., Seoul
Korean Translation Copyright ⓒ2005 by Sulinjae Publishing House.

히틀러의 30일

Hitler's Thirty Days to Power: January 1933

그는 어떻게 단 30일 만에 권력을 잡았는가

헨리 애슈비 터너 2세 지음 | 윤길순 옮김

패트릭 해럽스트에게 이 책을 바친다.

차례

머리말 —— 8

1. 프롤로그 —— 11

2. 총리에 대한 음모가 시작되다 —— 51

3. 히틀러는 불안한 승리를 얻고 나치는 위기에 빠지다 —— 79

4. 슐라이허, 망상의 희생자가 되다 —— 111

5. 음모는 확대되고 슐라이허는 권력을 포기하다 —— 149

6. 파펜이 도박판을 나락으로 떨어뜨리다 —— 179

7. 결정론과 우연, 그리고 책임 —— 215

부록 —— 243

찾아보기 —— 246

참고 문헌 —— 248

머리말

히틀러에 대해서는 누구나 한번쯤 들어봤을 것이다. 그가 제2차 세계대전을 일으키고 유대인 수백만 명을 죽인 독일의 독재자라는 것도 대부분은 안다. 그러나 히틀러가 어떻게 권력을 잡았는가는 또 다른 문제다. 그의 독재 정권이 어떻게 출현했는지 아는 사람은 거의 없다. 독일이 공화국일 때 히틀러가 총리에 취임했기 때문에 사람들은 당시 독일 국민 대다수가 그를 민주적으로 선출했을 것이라고 지레 짐작한다. 하지만 그렇지 않았다. 그의 집권 과정은 그보다 훨씬 복잡했고, 무엇보다 거기에는 우연적인 요소가 많았다. 사실, 히틀러의 권력 획득은 몇 번이나 좌절될 수도 있었던 일이다. 그동안 많은 책에서 히틀러에 대한 이야기를 다루었으나, 그가 독일 행정부의 수반이 된 1933년 1월에 일어난 극적인 사건들은 아직 상세히 연구되지 않았다. 이제, 이 책에서는 그 이야기를 하려고 한다.

이 책은 많은 사람들의 아낌없는 도움에 힘입은 바 크며, 그에 대해 정말 감사한다. 윌리엄 셰리든 앨런과 피터 게이, 리처드 F. 해밀턴, 피터 헤이스는 원고의 초고를 읽고 귀중한 제안을 해주었다. 윌리엄 L. 패치 2세는 원고를 읽고 논평을 해주었을 뿐 아니라, 래리 유진 존스 및 헤이건 슐츠와 마찬가지로 자신의 연구 자료에서 이 책과 관련된 기록을 제공해 주었다. 퍼티 어호넨은 내게 유용한 증거들의 복사본을 얻어주었다. 레나퀸-린덴라우프는 크루프 문서 보관소에 있는 기록을 복사해주었고, 덕분에 나는 수천 마일이나 되는 긴 여행을 하지 않아도 되었다. 메리 E. 샤롯은 내가 몇 가지 사진을 얻도록 도와주었다. 조지 O. 켄트와 메리 R. 헤이벡은 부록에 있는 '모스크바 기록'의 복사본이 있는 곳을 찾아내 그것을 손에 넣기까지 옆에서 큰 도움을 주었다. 내 편집자 헤닝 P. 거트만은 늘 끊임없는 격려와 함께 좋은 길잡이가 되어주었고, 린 리드는 원고가 책으로 나올 수 있도록 성실히 이끌어주었다.

1. 프롤로그

1933년 새해 첫날, 그동안 온갖 포위 공격에 시달린 독일 바이마르 공화국의 옹호자들은 안도의 한숨과 함께 기쁨의 탄성을 질렀다. 탄생한 지 얼마 안 된 이 새로운 국가 체제는 지난 3년 동안 갈수록 목청을 높이는 반민주 세력의 공격에 시달렸고, 그 가운데 가장 강력하고 위협적인 세력은 아돌프 히틀러의 국가사회주의당이었다. 그런데 이제는 완전히 조류가 바뀐 것 같았다. 권위 있는 〈프랑크푸르트 차이퉁〉은 새해 사설을 통해 "마침내 민주 국가에 대한 나치의 공격을 물리쳤다"고 선포했다. 유서 깊은 〈포시셰 차이퉁〉의 논설위원은 "마침내 공화국을 구했다"고 선언했다. 14년 전, 공화국이 탄생하는 데 가장 중요한 역할을 했던 정당인 사회민주당의 기관지 〈전진〉은 '히틀러의 부상과 침몰'이라는 사설을 대문짝만하게 실었다. 쾰른의 주요 가톨릭 신문인 〈쾰른 인민일보〉는, 1년 전만 해도 히틀러가 절대 집권하지 못할 것이라고 예측하는 것이야말로 무모할 정도로 대담해 보였는데, 이제는 누구나 그렇게 생각한다고 보도했다. 〈베를린 일보〉의 기자는 미래의 후손들에게 자신이 살았던 시대에 대해 해줄 수 있는 말이 뭐가 있을까에 대해 생각하다가 "전세계에서, 가만 있자 그의 이름이 뭐였더라? 아, 그렇지! 아달베르트 히틀러에 대해 얘기했지. 나중에는 어떻게 되었냐고? 사라졌어!"라고 말하면 되겠다고 했다.

그런데 그로부터 한 달도 안 되어 히틀러는 합법적으로 독일 총리에 임명되었다. 그 결과를 볼 때 공화국의 미래를 낙관하는 이런 말들은 집단 망상처럼 보인다. 그러나 그 전에 무슨 일이 있었는지를 조사해보면, 나치즘에 반대한 사람들이 펼친 이런 희망찬 전망들이 당시로서는 결코 헛된 망상이 아니었음을 알 수 있다.

1919년에 바이마르 시에서 탄생한 독일의 첫 공화국은 그후 쉴새없이 요동친 14년 동안 온갖 불리한 조건들에 맞서 싸워야 했다. 공화국은 처음부터 많은 독일인에게 멸시를 받았다. 극좌파 쪽에서는 그것이 부르주아 민주주의일 뿐이라며 프롤레타리아 혁명으로 전복시키자고 했다. 우파의 완고한 왕당파쪽에서는 바이마르공화국을 탄생시킨 혁명을 반역으로 간주했다. 제1차 세계대전에서 패한 틈을 타, 1871년에 이 나라를 하나로 통일시켜 독일제국을 탄생시킨 프로이센의 호엔촐레른 왕조를 무너뜨렸다는 것이었다. 우파는 민주주의의 다른 적들과 마찬가지로 보통 선거권을 토대로 자유롭게 선출한 의회가 탄생시킨 공화국을 독일에 맞지 않는 제도라고 비난했다. 여기에다 나라를 전쟁의 구렁텅이로 몰고 간 군국주의자들까지 군이 전방에서는 패하지 않았는데 후방에서 공화국을 세운 정치가들에게 '뒤통수'를 맞고 쓰러졌다고 거짓 주장을 하며 공화국의 적들을 거들었다. 따라서 많은 독일인에게 새로운 정권은 배신과 민족적 굴욕이라는 오점을 지니고 있었다. 게다가 전쟁에서 승리한 서구 민주주의 국가들이 가혹한 평화 조약을 강요해 바이마르 공화국의 인기를 더욱 떨어뜨렸다. 베르사유 조약은 독일의 꽤 넓은 영토를 싹둑 잘라간 데다, 오직 독일에게만 전쟁을 일으킨 책임을 추궁하여 엄청난 배상금을 전승국에게 물도록 하였고, 군사력을 엄격히 제한하는 등의 여러 가지 방법으로 독일의 주권을 제한했다.

이뿐이 아니었다. 화폐 가치를 폭락시킨 초인플레이션, 무력으로 공화국을 전복시키려는 좌우 극단주의자들의 시도, 제1차 세계대전의 전승국들이 나라의 일부를 점령하고 있는 등의 여러 악조건 속에서도 독일 공화주의자들이 살아남았다는 것은 존경을 표할 만한 일이었다. 그래서 1920년대 중반에는 독일에 민주주의가 뿌리를 내린 것 같았고, 그 이후 5년 동안은 이 나라가 안정과 번영으로 가는 길목에 있는 듯했다. 그러나 유럽의 그 어느 나라보다도 독일을 강타한 대공황이 일어나면서 바이마르 공화국은 궁지에 몰렸다. 1930년에는 갈수록 늘어나는 실업자들을 위해 실업 수당을 조달하는 방법을 놓고 중도 정당들이 발목을 잡고 늘어지는 바람에 의회가 교착 상태에 빠졌다. 의회 정치가 제 기능을 하지 못하자 결정적인 정치 권력이 의회에서 대통령에게 넘어갔고, 그 결과 공화국은 공화국을 세운 사람들 뜻대로 움직이지 않게 되었다.

결국 엄청난 권력을 한 손에 거머쥔 대통령은 제1차 세계대전 때 육군 원수로서 독일군을 지휘한 파울 폰 힌덴부르크였다. 1925년 7년 임기의 대통령에 선출된 그는 1932년에 재선되어, 여든 다섯 살의 나이에 두 번째 임기를 맞았다. 전쟁 때 했던 역할로 수백만 독일인으로부터 전설적인 인물이 된 존경스러운 힌덴부르크 대통령은 독일의 과거 역사에서 가장 자랑스러운 몇몇 순간을 상징하는 인물이었다. 그는 수세기 전 독일의 동쪽 국경 지방에 정착한 귀족들의 자손인 융커였고, 프로이센 군의 젊은 장교로서 통일 전쟁에 참여했을 뿐 아니라, 1871년에 제국이 선포되었을 때도 그 자리에 있었다. 그는 장교로서 평범한 길을 걷다 1911년에 퇴역했으나 3년 뒤에 전쟁이 터져 다시 군의 부름을 받았고, 이때 그가 지휘한 부대가 독일 영토로 진격해 들어오려는 러시아군을 막아 온 국민의 추앙을 받는 전쟁 영웅이 되었다. 그러나 당시 그가 한 역할은 사실 크지 않았다. 그것은 후방에서의 선전에 위해 부풀려졌을 따름이었다. 그가 군 최고 사령관이 되어 제1차 세계대전을 이끄는 와중에 독일이 전쟁에서 패하였음에도 상당 부분 자신이 주도해 퍼뜨린

'뒤통수' 설 덕분에 그의 이미지는 전혀 손상을 입지 않았다.

키가 훤칠하게 크고 건장한 힌덴부르크는 사람의 눈길을 끄는 인상적인 인물이었다. 그는 거의 구십 줄에 들어섰는데도 프로이센 장교의 늠름한 모습을 간직하고 있었을 뿐 아니라, 고상하고 품위 있는 행동거지로 지난 세기에 대한 향수를 불러일으켰다. 짧게 자른 군대식 머리에 길고 성긴 코밑수염을 기른 그의 넓적하고 네모진 얼굴은 마치 우수에 잠긴 것 같았다. 많은 독일인에게 그의 얼굴은 자기가 맡은 일은 아무리 힘들어도 해내는 강한 책임감과 깊이 있는 위엄을 주었다. 이렇듯 어떤 일에도 동요하지 않을 듯한 강인한 이미지를 지니고 있었지만, 실제의 그는 독립 의지가 약해 스스로 주도권을 잡고 일을 추진하지 못했다. 공직에 있는 내내 주변 사람들의 조언에 많이 의존했고, 이런 버릇은 나이가 들수록 심해졌다.

힌덴부르크는 무신경해 보이는 외모와는 반대로 스트레스를 받으면 감정이 폭발해 말을 더듬고 눈물을 하염없이 떨구곤 하였다. 또 정치 관계를 동지 관계로 보는 경향이 있어, 평생 자신은 수없이 동료들을 배신했으면서도 무엇보다도 성실하고 충실한 것이 중요하다고 떠들었다. 군사 외에는 지적인 관심이 없었던 그는 다른 분야에는 아주 단순한 견해 이상을 보이는 경우가 드물었고, 정치에서도 마찬가지였다. 그러나 노망이 들었다는 소문과 달리 신뢰할 만한 모든 근거를 가지고 볼 때, 그는 아주 답답하고 느리긴 했어도 1934년에 마지막 병이 들어 그의 여든 일곱 번째 해가 다 갈 무렵 세상을 떠날 때까지 그의 정신은 맑았다. 그때는 이미 히틀러의 독재로 그의 얼굴마담밖에 되지 못했지만, 당당한 풍채와 세상사에 초연한 듯한 위엄, 그가 가진 과거 독일의 영광을 상기시키는 이미지 덕분에 독일인 대부분은 끝까지 그를 존경하고 우러러보았다.

국가의 수반이었던 힌덴부르크 대통령은 언뜻 보면 유럽의 입헌군주제에

육군 원수였던 파울 폰 힌덴부르크. 힌덴부르크는 독일 바이마르 공화국의 대통령으로서 1933년 1월 30일에 아돌프 히틀러를 총리에 임명했다.

서 머리에 왕관을 쓴 사람들과 비슷한 위치에 있었으나, 공화국 헌법은 다른 군주들보다 그에게 훨씬 많은 권력을 부여했다. 대통령은 군에 절대 권력을 행사했고, 비상시에는 시민권을 제한하고 포고령을 통해 법을 제정할 수 있는 비상 대권을 휘두를 수 있었다. 게다가 행정부의 수반인 총리와 내각의 장관들은 대통령만이 임명할 수 있었다. 유럽의 다른 민주 국가들처럼 총리는 연방의회인 라이히슈타크(Reichstag; 원래는 신성로마제국의 의회를 가리키는 이름이었으나, 1871년에 독일제국의 입법부를 가리키는 말로 다시 사용되어 바이마르 공화국과 아돌프 히틀러의 제3제국 때까지 쓰이다 제2차 세계대전 후에 없어졌다. 말뜻 그대로 번역하면 '제국의회'이나, 이 책에서는 바이마르 공화국 때의 의회를 가리키는 말이라 연방의회 또는 그냥 의회로 번역했다 - 옮긴이)에서 과반수의 지지를 유지해야 했으며, 과반수가 불신임 투표를 하면 물러나야 했다. 하지만 대통령은 언제든지 총리와 내각을 해임할 수 있었고, 의회도 임기 전에 해산하고 새 선거 일정을 잡을 수 있었다. 1933년 1월에 일어난 사건들이 증명해 주듯이, 힌덴부르크 대통령은 이런 막강한 권력을 가지고 있었기 때문에 정치적으로 불안정한 시기에는 사태의 추이에 결정적인 영향을 미칠 수 있는 중요한 자리에 있었다.

힌덴부르크는 원래 보수적이고 반동적인 우파 후보로 선출되었다. 그가 왕당파로서의 소신을 한 번도 버린 적이 없어도 의외로 한동안은 공화국의 옹호자들을 기쁘게 했다. 5년 동안 그는 국가의 수반으로서 헌법에 따라 충실하게 공화국을 이끌었다. 그는 의회에서 과반수가 지명한 총리와 내각을 임명했고, 정당들이 연합에 실패하면 과반수가 받아들일 만한 총리와 내각을 임명했다. 그러나 늙은 육군 원수는 정당들 사이에 되풀이되는 협상과 음모, 책략에 갈수록 인내심을 잃었다. 공화국을 세운 뒤 11년 동안 무려 아홉 명의 다른 총리 아래 내각이 열 일곱 번이나 바뀌었던 것이다. 그는 특히 공화제를 지지하는 가장 큰 정당이자 중도 좌파로서 당원 속에 평화주의자가 많은 사회민주당이 군비 지출에 반대하는 것이 비위에 거슬렸다. 보수 성향이 짙은 그는 사회민주당이 이미 오래 전에 실용적인 수정주의 노선으로 돌아섰으면서도 입으로만 마르크스주의 이데올로기를 떠벌리는 것도 마음에 들지 않았다.

1930년에 국정이 교착 상태에 빠지면서 사회민주당이 이끌었던 내각이 물러났는데도 의회가 그것을 대체할 내각 구성에 합의를 보지 못하자, 힌덴부르크의 측근에서 그의 참모 역할을 했던 군 고위 장성들은 그에게 의회 제도와 결별하고 좌파가 권위 있는 자리에 앉지 못하도록 하라고 부추겼다. 그러자 힌덴부르크는 행정부가 당파의 이해 관계에 휘둘리는 것을 막기 위한 조치라며 의회의 과반수에 의존하지 않고 자기가 선택한 총리를 임명하기 시작했다. 이로써 대통령 내각에 의한 통치라는 것이 시작되었다. 힌덴부르크는 또 그런 내각을 이끄는 총리가 의회의 입법권을 교묘히 외면할 수 있도록 바이마르 헌법에서 대통령에게 부여한 광범위한 비상 대권을 휘둘렀다. 그 결과 1930년부터는—세금 징수와 지출에 관한 법을 포함해—사실상 거의 모든 국법이 의회의 결정이 아니라 총리와 내각의 요청에 따른 대통령 포고령에 의해 제정되었다. 그렇다고 대통령의 권한이 절대적인 것은 아니었다. 의회는 과반수 투표로 대통령의 비상포고령을 무효로 만들 수도 있었고 총리와 내각을 불신임할 수도 있었다. 하지만 의회가 그런 특권을 주장하지 못하도록 대통령이 총리에게 의회를 해산하는 포고령을 내릴 수 있게 해주었고, 그렇게 될 경우 정당들은 새로운 총선에서 다시 유권자들과 맞닥뜨려야 했다.

대통령이 뽑은 첫 번째 총리는 공화국 내각의 보루 가운데 하나였던 가톨릭중앙당의 존경받는 의원 하인리히 브뤼닝이었다. 브뤼닝은 1930년 3월부터 2년 동안 확고한 공화파인 사회민주당의 묵인 아래 행정부를 이끌었다. 사회민주당은 그의 내각에서 쫓겨났지만, 그에게 반대했다가는 내각이 더욱 오른쪽으로 기울까봐 불신임 투표를 삼가고 총리가 대통령의 포고령을 통해 통치하도록 내버려두었다. 따라서 사회민주당은 그들의 운명을 브뤼닝의 운명과 연계시킨 셈이었다. 그러나 이것이 공화주의에는 불행한 결과를 가져왔다. 총리의 긴축 정책이 오랫동안 지속된 지독한 불경기에 기름을 부은 격이 되어버렸기 때문이다. 1932년 초에는 독일의 임금 노동자 셋 가운데 하나 이상이 실업자가 되었고, 브뤼닝은 많은 독일인에게 '기아 총리'라 불리게 되었다. 그러나 브뤼닝은 그 해 봄에 힌덴부르크의 재선 운동에서 중요한 역할을 했고, 제1차 세계대전 전승국들과 벌인 협상에서 독일이 더 이상 전쟁 배상금을 지불하지 않아도 될 정도로 성공적인 결과를 이끌어냈다. 그런데도 보수적인 측근들이 부추기자, 대통령은 총리가 사회민주당을 무시하고 우파의 지지를 얻으려 하지 않는 것이 갈수록 마음에 들지 않는다는 이유 때문에 1932년 3월 말 브뤼닝을 잘라버렸다.

브뤼닝을 끌어내리는 데 결정적인 역할을 한 사람은 1932년 봄에 대통령의 가장 가까운 측근이 된 쿠르트 폰 슐라이허 장군이었다. 그는 장교 집단의 상층부를 장악한 동부 독일의 융커 귀족이 아니라 서부의 소귀족 출신이었으나, 직업 장교로서 빠른 출세를 했다. 그는 일찍부터 군의 엘리트 두뇌 집단인 참모부에 들어갔고, 제1차 세계대전 때는 대부분 군수 물자와 수송 문제를 담당해 자연스레 정계 관료들과 접촉할 수 있었다. 전쟁 뒤에는 국방부의 요청으로 군과 공화국 정부를 연결하는 역할을 했다. 혁명으로 공화제가 되었으나 본질적으로는 개혁되지 않은 군부가 여전히 문민정부로부터 상당한 자율권을 보유하고 있었기에, 그것은 상당히 중요한 역할이었다.

그래서 1920년대 말에는 슐라이허가 독일 정치에서 중요한 막후 인물이

1932년, 쿠르트 폰 슐라이허 장군과 프란츠 폰 파펜(오른쪽)이 친구였을 때.

되었다. 그는 일찍부터 장군의 자리에 올라 국방장관에게만 종속된 특별 정무 부서를 이끌었고, 이를 통해 자기보다 계급이 훨씬 높은 장군들도 함부로 손댈 수 없는 위치에 올라섰을 뿐 아니라 힌덴부르크 대통령이 점점 더 의시하며 정치에 관한 조언을 구하던 소수의 군 지도부에도 들어가게 되었다. 그는 1930년에 힌덴부르크에게 의회 제도와 손을 끊으라고 부추긴 사람 가운데 하나였다. 그는 또 브뤼닝을 첫 번째 대통령 총리로 뽑을 때도 관여했고 2년 뒤에 그를 몰아낼 때도 주된 역할을 했다.

결국 슐라이허의 강력한 추천으로 힌덴부르크 대통령은 브뤼닝의 후임에 프란츠 폰 파펜을 임명했다. 정치적으로 알려지지 않았던 이 쉰 두 살의 귀족은 가톨릭중앙당의 극우파와 손을 잡고 있었다. 1932년 6월 초, 그는 장관들 가운데 보수적인 귀족이 대다수여서 금방 '귀족 내각'으로 불린 보수 내각의 수반이 되었다. 그러나 파펜이 총리가 될 자격이 있는지는 의문이었다. 전국적인 정치 무대에 서본 경험이 없었기 때문이다. 공화제가 존속하는 기간 대부분을 프로이센 주 의회의 가톨릭중앙당 의원으로 지냈던 파펜은 회의에도 잘 참석하지 않았고, 일어나서 발언하는 법도 없었다. 하지만 그는 슐라이허의 오랜 친구였고 둘은 하급 장교일 때부터 서로 알고 지냈다. 슐라이허는 파펜이 자기가 이끄는 대로 따라오는 우아한 얼굴 마담이 될 것으로 기대했다. 그리고 새 내각에 영향력을 행사할 수 있는 자리에 있기 위해 자신은 국방장관에 취임했고, 명목상으로는 그에 걸맞은 자격을 얻기 위해 장군의 지위를 포기하고 민간인이 되었다.

총리직에 취임한 파펜은 그의 내각에 대한 정치적 지지 기반을 구해야 하는 문제에 부딪혔다. 그는 브뤼닝처럼 대통령 총리로 임명되었고 따라서 힌덴부르크의 비상포고령에 의지해 통치해야 했지만, 의회의 불신임을 피하려면 의회에서도 충분히 지지를 얻을 필요가 있었다. 그러나 그는 총리가 되자마자 소속 정당의 지지를 잃은 탓에 처음부터 브뤼닝보다 훨씬 불안하고 불확실한 위치에 있었다. 가톨릭중앙당 지도자들은 파펜이 동료인 브뤼닝의 축출에 관여했다고 보았고, 그가 당의 허락도 없이 총리직을 받아들이자 격분했다. 결국 그는 스스로 당을 떠나지 않고서는 당으로부터의 축출을 피할 수 없었고, 그러자 가톨릭중앙당은 그와 손을 끊고 야당과 손을 잡았다. 어쩔 수 없게 된 파펜은, 좌파와 손을 끊기 바라는 대통령의 의중에 따라 그의 전임자가 의지했던 사회민주당에 등을 돌리고 정치적인 우파로부터 지지를 얻으려 했다. 이는 곧 매우 열정적으로 움직이며 빠르게 성장하고 있던 아돌

1932년 6월부터 12월까지 독일 총리였던 프란츠 폰 파펜.

프 히틀러의 나치 운동과 손을 잡는 것을 뜻했다.

공식적으로는 1920년 초부터 국가사회주의독일노동자당으로 알려졌고, 그 뒤 얼마 안 되어 히틀러에게 장악된 이 운동은 제1차 세계대전 후 옛 제국 정권과 새로운 민주공화국을 모두 조롱하는, 사회의 주변에 있던 인종차별적인 민족주의자들에게 정치적인 안식처를 제공했다. 이것은 1923년에 히틀러가 공화국을 전복하려다 실패한 사건으로 악명을 떨치기 전까지는 바이에른의 변두리 집단에 지나지 않았으나, 뮌헨에서 일어난 이 비어홀 폭동 사건(1923년 11월 8일, 히틀러가 이끄는 나치 무장돌격대원 600명이 뮌헨의 한 맥주홀을 습격한 사건. 당시 히틀러는 맥주홀에서 집회를 열고 있던 우익 바이에른 지도자들을 권총으로 위협하며 바이마르 공화국에 대한 반란에 협력할 것을 요구했다. 반란은 이틀 만에 실패하고 히틀러는 이 일로 1년 간 수감되었으나 전국적인 인물로 부상했다. 그때 감옥에서 쓴 책이 《나의 투쟁》이다 - 편집자)으로 유명해지면서 비슷한 집단들과 손을 잡아 다음해에 의회로 진출했다. 그러나 공화국이 안정과 번영을 누린 시기에는 다시 별볼일 없는 집단으로 전락해, 1928년에는 2.6퍼센트의 득표로 연방의회에서 전체 의석 491석 가운데 12석밖에 차지하지 못했으며 이마저도 공화국의 비례대표제 덕분이었다. 그러나 대공황으로 가난과 실업이 널리 퍼지자 나치당은 다시 수백만 독일인의 고통과 근심을 이용하기 시작했다.

정부 정책에 대해 책임질 필요가 없었던 나치당은 이 나라의 불행을 모두 공화주의자들 탓으로 돌리며 온갖 번드레한 해결책으로 인기를 얻었다. 이들은 약속한 것을 당장 이행할 필요가 없었기 때문에 맘껏 말 잔치를 벌였고, 얼마 안 되는 유대인 집단에 대한 중상 모략을 일삼아 반유대주의자들의 지지도 얻었다. 그들은 또 독일의 거리 곳곳에서 돌격대 SA를 통해 투지를 드러냈는데, 역시 준 군사조직을 유지하고 있던 사회민주당이나 공산당과 거리에서 피비린내 나는 전투를 벌이면서 폭력적인 정치 분위기에 일조했고, 이에 대해 많은 시민들이 우려하자 오히려 이런 분위기를 이용해 질서를 회복하겠다고 약속함으로써 일부 유권자를 자기편으로 끌어들였다. 그 결과 경제 위기의 영향이 첨예하게 드러났을 때 실시된 1930년 선거에서는 이들이 전보다 여덟 배나 많은 표를 얻어, 전체 의석이 577석인 의회에서 107석을 차지했다. 1932년에는 급기야 히틀러가 힌덴부르크에게 도전장을 내밀며 대통령 선거에 나왔는데, 그는 비록 졌지만 2차 투표까지 해야 했을 정도로 강력한 지지를 받았고 2차 투표에서도 36.1퍼센트 득표라는 인상적인 기록을 남겼다.

1932년 여름, 히틀러는 독일에서 가장 성공한 정치가였다. 이는 최소한의 정규 교육밖에 받지 못한 실패한 예술가, 오스트리아 빈에 있는 부랑자 합숙소에서 몇 년이나 지내야 했고 그곳을 탈출해 19년 전 독일에 온 사람으로서는 놀라운 출세였다. 히틀러가 서부 전선에서 독일군 상등병으로 복무한 뒤 1919년에 갓 태어난 나치 운동에 몸을 담는 순간부터 반 세기 후 폐허가 된 베를린에서 자살을 할 때까지 정치는 그의 삶 중심에 있었다. 그는 당에 들어간 지 얼마 안 되어 당 지도자가 되면서 절대적인 권한을 얻었다. 그리고 추종자들에게 구세주와 같은 영향력을 발휘하면서 급진주의자들과 반동주의자, 지식인과 암살단원, 성공하지 못한 전문가들과 전쟁에서 돌아온 불안한 퇴역 군인들을 마구잡이로 끌어들여, 카리스마적인 지도력과 관료주의의 규율이 효과적으로 결합된 가공할 조직을 만들어냈다.

나치는 평범한 정당이 아니었다. 그것은 히틀러가 지칠 줄 모르고 주장했듯이, 당원들에게 절대적인 헌신과 지지를 요구하는 운동이었다. 히틀러는 반란이 실패해 일 년 남짓 감옥에서 지낸 뒤에도 당당한 모습으로 나타나 와해된 당을 재건했다. 그리고는 힘으로 공화국을 전복하겠다는 꿈을 버리고 대신 합법적으로, 선거를 통해 그러겠다고 했다. 1920년대 후반에 경제가 안정되어 포위 공격에 시달리던 공화국이 중도파의 도움으로 입지를 강화했을 때는, 히틀러가 국내 정치 주변부에서 그의 강력한 개성으로 당을 결속시켰다. 그러나 대공황으로 수백만이 불안과 절망에 빠지자, 그는 가차없는 선동과 계산된 거짓말로 대거 추종자를 만들었다.

미래의 독재자가 가진 성공의 열쇠는 바로 그의 페르소나에 있었다. 그의 강력한 호소력에 감염되지 않은 사람들 눈에는 그가 꼭 전형적인 이발사나 웨이터 같았다. 그러나 대중의 지각을 교묘히 조작해—무엇보다도 자신의 주장에 동조하는 뛰어난 사진 작가에게 아주 멋지게 연출된 사진만 찍게 해—그는 자신이 아주 높은 품격을 지닌 데다 곤경에 빠진 수백만 독일인을 위해 자신을 돌보지 않고 헌신하는 듯한 이미지를 구축했다. 정치가로 활동하며 그는 누구보다도 확고한 신념과 확신을 보였고, 특히 불안한 시기에는 많은 사람이 이에 저항하지 못했다. 웅변가로서 히틀러의 재능은 그를 당대 가장 뛰어난 선동 정치가로 만들었다. 그때까지 대다수 동시대인이 본 그 무엇과도 다른 독특한 에너지를 지녔던 그는, 일반 대중의 불안과 편견을 교묘히 이용해 길고 열정적인 연설로 민감한 청중을 거의 집단 히스테리에 가까운 열광적인 상태로 몰고 갔다. 히틀러는 추종자들과 대화할 때도 속사포같이 쏟아지는 말로 그들을 압도했고 조금도 의심하지 않는 확고한 자신감으로 그들을 무장 해제시켰다.

하지만 히틀러가 정치적으로 정말 위협적인 존재였던 것은, 자신의 목적에 도움이 되면 언제든지 틀에 박힌 관습이나 전통을 존중하는 듯한 태도를 보여 그 광적인 극단성을 감출 줄 알았기 때문이다. 그는 영향력 있는 사람들의 호감을 사는 것이 이익이 된다 싶으면 아주 예의 바르고 공손하며 심지어는 아주 겸손한 듯이 꾸밀 수 있었다. 자신의 극단적인 견해에 동조하지 않는 사람을 설득해야 할 때는 본심을 숨겼다. 그래서 히틀러는 한번도 정부 요직에 선출되지 않았으면서도 1932년에는 독일 정치에서 중요한 세력이 되었다.

나치의 지지를 얻고 싶은 마음에 파펜 총리는 슐라이허의 동의를 얻어 1932년 6월에 취임하자마자 히틀러와 일종의 거래에 들어갔다. 새 내각에 협력하겠느냐는 물음에 히틀러는 두 가지 조건을 들어주면 기꺼이 그러겠다고 했다. 두 가지 조건 가운데 하나는 브뤼닝 내각이 그의 돌격대를 금지한 것을 해제해 달라는 것이었고, 하나는 의원들의 임기가 아직 2년 남았지만 새 내각으로 가는 길을 열기 위해 1930년에 선출된 의회를 해산하자는 것이었다. 파펜은 곧바로 이 두 가지 요구에 대해 힌덴부르크 대통령의 동의를 얻었다. 나아가 나치당과 공산당 사이에 유혈 충돌이 일어나자 이를 구실로 대통령의 비상 대권을 발동해 프로이센 주 정부를 해산해버렸다. 공화국의 17개 연방 주 가운데 가장 큰 주였던 프로이센은 영토나 인구가 독일 전체의 5분의 3을 차지하는 정치적으로 중요한 존재였다. 그런데 파펜 내각이 이 프로이센 주 정부를 접수해 프로이센의 사회민주당과 가톨릭중앙당 연립 내각이 무력해졌다. 공화제를 지지했던 이 두 당은 오랫동안 우파, 그중에서도 특히 나치의 눈엣가시였다.

1932년 7월 말에 새로 실시된 총선거는 중도파의 몰락으로 끝났다. 총선거는 공황이 최고조에 달했을 때 실시되었고, 따라서 절망과 분노에 휩싸인 수많은 독일인은 우파나 좌파의 과격한 선동에 쉽게 넘어갔다. 좌파에서는 공산당이 사회민주당의 의석을 상당수 가로챘고 나치는 1930년에 얻은 것의 두 배가 넘는 표를 얻었다. 37.4퍼센트의 득표로 230석을 얻은 히틀러 당이 사회민주당을 제치고 제1당이 되었던 것이다.

그런데 7월 선거가 끝나자 히틀러는 파펜 내각에 협력하겠다는 약속을 어기고 자신에게 총리 자리를 달라고 했다. 선거에서 승리해 의기양양해지자 민주주의 최대의 적이 이제는 민주주의의 원리를 들먹이며 자기 당이 의회에서 가장 많은 의석을 차지했으니 당연히 자기가 행정부의 수반이 되어야 한다고 주장했던 것이다. 파펜이 부총리 자리를 제안하며 나치에게 장관직도 주겠다고 했으나, 부총리가 헌법상 아무 권한도 없는 빈 껍데기일 뿐이라는 것을 알고 있는 히틀러는 화를 내며 거절했다. 8월 중순에 힌덴부르크 대통령이 히틀러를 직접 만나 그와 나치당이 파펜 내각에 들어갈 용의가 있느냐고 물었을 때도, 히틀러는 총리 자리를 달라는 요구만 되풀이했다. 대통령은 이미 앞서 가진 두 번의 만남에서 자신이 뒤에서는 '상등병'이라고 부르는 사람에 대해 깊은 불신을 갖게 되었고, 따라서 대통령은 히틀러의 요구를 딱 잘라 거절했다. 게다가 대통령 궁에서는 그들의 만남에 대해 언론에 발표하면서 히틀러가 전권을 요구한 듯한 인상을 풍기면서, 나치당은 파펜 내각에 협조하겠다고 해놓고 약속을 어겼다고 공개적으로 비난했다. 공식 발표에 따르면, 대통령으로서 자기 양심에 비추어 보나 국가에 대한 의무로 보나 권력을 당파적 목적을 위해 사용하려는 나치 운동에 총리 자리를 넘겨줄 수 없다고 했다. 이에 격노한 히틀러는 파펜 내각에 대한 전면적인 저항을 선포했다.

힌덴부르크가 히틀러의 요구를 거절하자 독일의 공화파들은 안도의 한숨을 내쉬었다. 봄에 실시된 대통령 선거에서 대다수 사람들이 이 늙은 원수의 재선을 지지했으나, 그것은 오직 히틀러를 물리칠 다른 후보가 없었기 때문이었다. 그래서 그들은 힌덴부르크를 지지하면서도 내심 불안했다. 힌덴부르크가 라이히슈타크라는 입법부를 따돌리기 위해 대통령의 비상 대권을 이용해 헌법을 침해할까 두려웠기 때문이다. 공화파는 그래도 브뤼닝 총리는 존중했는데, 힌덴부르크가 의회의 지지 따위는 사실상 외면한 채 파펜을 반동 내각의 총리로 임명하자 질겁했다. 게다가 선거 뒤에는 히틀러를 비롯한 나치를 내각에 받아들일 용의가 있음을 내비쳐 불안을 부채질했다. 그런데 나치가 선거에서 승리했는데도 힌덴부르크가 히틀러의 총리 임명 가능성을 배제해, 이제 두 사람은 정적이 되었다. 따라서 공화파는 대통령이 아무리 헌법을 남용해도 최소한 아돌프 히틀러를 행정부의 수반으로 불러들여 헌법을 등지는 일은 없을 것이라는 믿음으로 위안삼을 수 있었다.

그러나 대통령이 히틀러의 요구를 거부한 지 두 주 만에 비밀리에 무엇에 동의했는지가 밝혀졌다면, 힌덴부르크에 대한 공화파의 신뢰는 크게 흔들렸을 것이다. 이제 히틀러의 저항 선언으로 파펜 내각은 새 의회가 소집되면 영락없이 불신임을 당할 처지에 놓였다. 주요 정당 가운데 파펜을 지지하는 정당은 전에 가끔 나치와 손을 잡았으나 대통령 선거를 비롯한 몇 가지 쟁점에서 그들과 격렬히 싸우고 돌아선 반동적인 독일국민당밖에 없었다. 그렇다면 의회에서 파펜을 지지하는 세력은 모두 합해도 10퍼센트도 안 되었다. 그런데 둘이 합치면 의회 내 과반수 세력이 되는 나치와 가톨릭중앙당 사이에 진행되고 있던 협상이 타결되면 의회의 권위가 되살아나 가톨릭중앙당과 나치의 연립 내각이 구성될 가능성마저 있었고, 그러면 파펜은 총리 자리에서 물러날 수밖에 없었다. 힌덴부르크는 파펜과 갈라설 뜻이 없었다. 그래서 8월 말에 파펜의 요청을 받아들여, 총리에게 의회를 마음대로 해산할 수 있는 포고령을 주었다. 다시 선거를 해도 의회의 구성이 크게 달라질 것이라는 기대를 할 수 없자 파펜 내각이 새 선거 일정을 잡지 않겠다고 한 것도 받아들였다. 헌법은 의회가 해산될 경우 60일 이내에 새 선거 날짜를 잡도록 했다. 그러나 선거 일정을 잡지 않게 되면 의회 부재 상태가 계속되어, 의회가 대통령령을 폐기 처분하거나 내각에 대한 불신임 투표를 할 것이라는 두려움 없이 내각이 대통령령으로 독재를 할 수 있었다. 따라서 힌덴부르크는 자신이 선택한 내각이 권력을 유지할 수 있도록 하기 위해, 스스로 지키겠다고 맹세한 헌법을 위반하도록 했던 것이다.

헌법을 교묘히 피해 가려던 파펜 총리의 계획은 9월에 의회가 소집되었을 때 예기치 못한 사태가 일어나면서 무산되고 말았다. 파펜은 의회가 불신임 투표를 하기 전에 의회를 해산한 다음 대통령에게 비상 사태를 선포하게 해, 새 선거 일정을 잡지 않는 것을 정당화하려고 했다. 그런데 파펜이 의회를 해산하는 포고령을 내려 공산당이 발의한 불신임안이 통과되지 못하도록 하려 하자, 새로 선출된 국회의장인 나치당의 헤르만 괴링이 총리를 무시하고 발의에 대한 투표를 강행해버렸다. 그 결과 512명이 발의에 찬성하고 42명만이 파펜 내각을 지지해 내각은 의회에서 역사상 가장 치욕적인 패배를 당했다. 괴링의 저항에 힌덴부르크 대통령이 부랴부랴 불신임 투표를 하기 전에 의회가 총리에 의해 합법적으로 해산되었다는 판결을 내렸지만, 이미 내각은 돌이킬 수 없는 상처를 입었다. 이제는 파펜 내각이 얼마나 불안한 처지에 있는지 백일하에 드러났고, 따라서 총리와 대부분의 장관들은 아직 위험을 무릅쓰고 헌법을 위반하는 계획을 실행할 때가 아니라는 결론을 내렸다. 그래서 1932년에 실시되는 두 번째 총선 일정을 정해진 60일보다 훨씬 앞당겨 11월 초로 잡았다.

그런데 11월 선거는 히틀러와 나치당에게 치명타를 입혔고, 이로써 지난 3년 동안 극적인 득표를 하며 승승장구하던 나치의 위상은 크게 흔들렸다. 나치가 곧 정권을 잡아 독일을 단번에 구제해줄 특효약을 내놓을 것이라 기대하고 7월에 표를 주었던 유권자들은 히틀러가 총리가 되려다 실패하자 등을 돌렸다. 나치가 파펜 내각을 반동적인 도당이라 비난하고 내각을 지지하고 있는 독일국민당을 통렬히 비판하자, 광범위한 우파 '민족주의 야당'을

1932년 9월부터 1933년 1월까지 연방의회 의장을 지낸 나치당의 헤르만 괴링. 그는 1933년 1월 30일에 히틀러 내각의 무임소 장관 겸 프로이센 주 내무장관에 임명되었다.

꿈꾸었던 사람들은 실망해 떨어져나갔다. 게다가 나치 돌격대의 폭력이 갈수록 심해지자 질겁한 사람들도 있었고, 히틀러 당이 의회 제도에 기초를 둔 공화제를 철저히 부정했기 때문에 매력을 느꼈는데, 의회에서 가장 많은 의석을 차지하자 민주주의의 원리를 들먹이기 시작해 뒷걸음질친 사람들도 있었다. 7월에 나치에게 표를 준 많은 보수적인 독일인들은 나치가 파펜뿐 아니라 힌덴부르크 대통령까지 신랄하게 비판하자 불쾌감을 감추지 않았다. 결국 선거일에 나치에게 표를 던진 사람이 7월에 비해 200만 명이 넘게 줄었고, 그 결과 새 의회에서는 584석 가운데 196석을 얻어 34석을 잃었다. 여전히 나치당이 의회에서 가장 강한 다수당의 위치를 차지했지만, 히틀러가 총리로 되기 전에 치른 마지막 총선에서 투표장에 갔던 독일인 가운데 3분의 2 이상은 나치즘을 거부했다.

1932년 11월 선거 결과로 나치-가톨릭이 의회에서 과반수를 차지할 가능성은 사라졌어도 그 사실을 빼면 기본적으로 변한 것은 없었다. 히틀러 당을 저버린 사람들은 지지 정당을 바꾸지 않고 선거일에 그냥 집에 있었다. 공산당만 의석수가 눈에 띄게 늘어 100석으로 원내 제3당이 되었으나, 그들 승리의 많은 부분은 원내 제2당이며 어느 당보다도 공화국의 이념을 옹호하는 사회민주당을 희생시킨 결과였다. 사회민주당은 수적으로 여전히 다수당이었지만 의석이 121석으로 줄어들었다. 그래도 두 좌파 당이 힘을 합치면 원내 주요 세력이 되었겠지만 그들은 서로 화해할 수 없을 정도로 반목이 심했다. 공산당은 소련의 지시에 따라, 나치당보다 사회민주당이 더 노동자에게 해가 되는 '사회 파시스트'라고 비난하며 어떻게든 사회민주당 표를 최대한 많이 끌어오는 것을 일차적인 목표로 삼았다.

가톨릭 정당인 가톨릭중앙당과 바이에른국민당은 11월에 약간 손실을 보았으나 여전히 둘이 합치면 의석이 90석이나 되었다. 지난 3년 동안 의석 수가 크게 줄어 존재가 미미해진 두 자유주의 정당은 둘이 합쳐 겨우 13석을 건졌으나, 공화국의 비례대표제가 낳은 군소 정당들도 12석을 차지했다. 파펜의 주요 지지자인 독일국민당은 의석수가 늘어 52석이 되었는데, 이는 주로 나치에 대한 환상이 깨지면서 어부지리로 얻은 것이었다. 그러나 그렇다고 해서 11월에 투표소에 간 유권자 가운데 거의 90퍼센트가 또다시 파펜 내각에 반대하는 표를 던졌다는 사실이 변하는 것은 아니었다. 이렇게 지지를 받지 못하고 있다는 것이 다시 한번 확인되자 파펜은 당 지도자들과 상의한 뒤 사표를 냈으나 다음 내각이 구성될 때까지 총리 자리에 머물러 있기로 했다.

　11월 선거 뒤 힌덴부르크가 히틀러에게 나치당이 내각에 참여할 가능성에 대해 묻자, 히틀러는 대통령이 자기에게 총리로서 내각을 구성할 수 있는 권한을 주면 기꺼이 다른 당의 지지를 구할 용의가 있다고 대답했다. 힌덴부르크는 히틀러가 의회에서 나치 내각을 구성할 만한 과반수 세력을 구할 수 없을 것이라 생각하고, 사람들 보는 앞에서 그의 코를 납작하게 해줄 심산으로 그의 측근들이 짜낸 책략을 꺼냈다. 즉, 그럼 한 번 할 테면 해보라는 듯 히틀러에게 사흘의 말미를 줄 테니 그 동안 의회에서 그를 의회 내각의 총리로 지지할 과반수 세력을 확보해보라고 했다. 그리고 여러 가지 조건을 달며 국방장관과 외무장관은 자기가 뽑겠다는 단서도 달았다.

　하지만 예상했던 대로 히틀러는 힌덴부르크의 제안을 거절했다. 그는 대통령이 내건 조건이 내각의 장관을 총리가 뽑도록 한 공화국 헌법에 맞지 않다며 불평했다. 그리고는 대안으로 대통령이 자신을 총리에 임명하고 대통령의 비상 대권을 쓸 수 있게 해주면, 곧바로 만족할 만한 통치 계획과 납득할 만한 내각의 명단을 제출하겠다고 말했다. 내각에는 파펜 내각의 보수적인 외무장관과 국방장관인 슐라이허가 포함될 것이라는 맹세도 했다. 이 제안에서 드러난 대로 히틀러의 진짜 목적은 의회의 총리가 아니라 대통령의 총리가 되는 것이었다. 그러면 다른 당과의 연합에 의지할 필요 없이 바로 브뤼닝과 파펜처럼 대통령의 비상 대권으로 통치할 수 있었다. 하지만 대통령과 그 참모들은 히틀러의 제안을 무시했고, 따라서 그가 총리가 될 가능성은 사라졌다.

　힌덴부르크가 이렇게 두 번씩이나 히틀러에게 퇴짜를 놓자 독일의 공화파들은 이 존경할 만한 대통령이 히틀러에게 총리 자리를 넘기는 일은 절대 없을 것이라는 믿음을 더욱 확고히 다질 수 있었다. 특히 고무적인 것은 11

월 협상을 결론짓기 위해 대통령 관저에서 히틀러에게 공개적으로 보낸 편지였다. 이 편지는 의회 내각과 대통령 내각의 차이를 분명히 한 뒤, 대통령은 "독일 국민에게 몇 번이나 자신의 배타성을 강조한 당의 지도자이며, 대통령 개인뿐만 아니라 대통령이 필요하다고 생각하는 정치 경제적 조치에 대해서도 반대하는 사람에게 대통령의 권한을 주겠다고 말할 수는 없는 노릇이다. 대통령은 이런 상황에서는 히틀러 당신이 이끄는 대통령 내각이 결국은 독일 국민들 사이의 모순과 갈등을 증폭시킬 뿐인 당 독재가 되고 말 것이라는 우려를 하지 않을 수 없다. 대통령은 자신이 한 맹세나 양심에 비추어 이 생각을 도저히 바꿀 수 없다."고 발표했다. 두 달 뒤 히틀러를 총리로 임명하는 문제가 다시 제기되었을 때, 공화국의 이념을 옹호하는 사람들은 이 말을 가슴속에 되새기며 마음을 다잡게 된다.

 11월 말에 히틀러가 고집불통이라는 것이 확인되자, 파펜은 자신의 정치적 인기가 계속 추락하고 있는데도 총리 자리에 그냥 머물러 있으려 했다. 그가 내세울 수 있는 유일한 성과는 제1차 세계대전 전승국들이 독일이 지불해야 할 배상금을 탕감해주기로 한 것뿐이었다. 하지만 그 일에 대해 잘 아는 사람들은 그것이 대부분 전임자인 브뤼닝의 공이라는 사실을 알고 있었다. 한편 국내 정책에서는, 파펜의 경제 정책이 조직된 노동자들을 철저하게 소외시켰다. 그의 내각은 실업 수당을 받을 수 있는 기준을 대폭 강화했을 뿐 아니라 신청자는 엄격한 수입 조사를 받게 해, 불황의 가장 큰 피해자들을 더욱 고통스럽게 했다. 그러나 이와는 대조적으로 사업가들은 세금 경감을 받았고, 고용 촉진책으로 이미 단체 교섭을 통해 정한 임금마저 줄일 수 있게 되었다. 파펜이 프로이센 주 정부를 접수한 것도 공화국의 두 보루인 사회민주당과 가톨릭중앙당을 격분시켰다. 이들은 그것이 헌법을 거슬러 중앙 정부의 권한을 확대하려는 움직임이라고 보았고, 거대한 프로이센 민간 관료 조직에 대한 임명권을 잃은 것에 분개했다.

파펜은 게다가 독재가 자신의 목표라고 떠들며 헌법의 민주적 성격을 제한할 수 있는 헌법 개정안을 승인함으로써 없는 인기를 더욱 떨어뜨렸다. 그 결과 그가 설사 총리 자리를 보전하더라도 새 의회가 소집되면 또다시 치욕적인 불신임을 당할 처지에 놓였다. 그러나 파펜이 11월 마지막 주에 내각에서 말했듯이 그것은 전혀 문제가 안 되었다. 힌덴부르크 대통령이 '필요하면 무슨 수를 써서라도 그를 지지하겠다고 굳게 결심' 했기 때문이었다. 힌덴부르크는 또다시 의회를 해산할 수 있는 포고령을 내리고 헌법과 상관없이 의회를 해산하고도 새 선거 일정을 잡을 필요가 없게 할 참이었던 것이다. 그렇게만 되면 의회에 대응할 필요 없이 파펜이 대통령령으로 독재를 할 수 있었다.

그러나 파펜은 대통령의 지지를 얻었어도 그의 후원자이자 국방장관인 쿠르트 폰 슐라이허의 지지는 잃었다. 슐라이허는 파펜을 총리로 천거하면서 자신이 그를 마음대로 조종할 수 있을 것이라고 생각했고, '내가 내각의 수반은 아니어도 아마 내각이 내 의지대로 움직일 것' 이라고 큰소리쳤다. 그런데 자신이 비호하던 자가 총리 자리에 앉더니 갈수록 제멋대로 굴어 슐라이허는 비위가 싹 거슬렸다. 슐라이허가 약오르게도 파펜은 총리가 되더니 힌덴부르크의 비위를 맞추며 자꾸 그에게서 독립해 나갔다. 또 그때까지 파펜 내각의 정책에 대부분 동의했던 슐라이허가 11월 말에 이르러서는 헌법을 교묘히 악용해 그렇게 수많은 사람의 멸시를 받는 총리를 비호했다가는 어떤 위험이 따를지도 알게 되었다. 그래서 의회를 해산한 뒤 새로 선거를 치르지 않았다가는 조직된 노동자는 물론 이 나라의 거의 모든 정치 세력이 들고일어나 정부에 대항할까봐 두려웠다. 바로 몇 주 전에도 나치당과 공산당이 베를린에서 공동으로 벌인 운송 파업은 총선거 전날에 수도를 거의 마

히틀러에 앞서 독일 총리를 지낸 쿠르트 폰 슐라이허 장군. 그의 어리석음이 제3제국으로 가는 길을 열었다.

비시켰다.

파펜을 다시 임명했다가는 내전이 일어날지도 모른다고 생각한 슐라이허는 바로 6개월 전에 자신이 총리로 만든 사람을 음해하기 시작했다. 그리고 정계와 노동계 지도자들과 토론할 때도 대부분 인기 없는 파펜 내각의 정치와 거리를 두어 자신이 직접 그 자리에 앉으려고 했다. 그런데도 힌덴부르크 대통령은 파펜이 자리를 보전할 수 있게 헌법을 위반하려는 계획을 고수하는 바람에 하마터면 슐라이허의 계획이 물거품이 될 뻔했다. 그러나 내전이 일어나 나치당과 공산당이 모두 정부에 대항하면 군도 어쩌지 못할 것이라는 결론을 내린 국방부 연구 결과를 폭로해, 결국 총리의 내각이 총리로부터 등을 돌리게 하는 데 성공했다. 1932년 12월 2일, 마침내 파펜이 이를 악물고 힌덴부르크에게 사표를 제출했고 힌덴부르크는 할 수 없이 이를 받아들였다. 그리고 다음날 슐라이허가 총리 자리에 올라 대통령이 그를 전폭 지지하겠다는 약속을 받아냈다. 슐라이허 내각은 두 가지 예외가 있을 뿐 전임자의 내각과 똑같이 구성되었다. 그는 총리가 된 뒤에도 계속 국방장관 자리에 남았고 파펜의 뒤를 이어 프로이센의 경찰청장이 되었다. 이것은 7월에 프로이센 주 정부가 쫓겨나면서 새로 생긴 자리였다.

쉰 살에 총리로 임명된 쿠르트 폰 슐라이허는 그를 만나는 사람에게 거의 어김없이 강한 인상을 주었다. 겉보기에는 별로 매력이 없는데도 그랬다. 그는 보통 키에 혈색이 좋지 않았고, 일찍부터 머리가 벗겨진 데다 중년에 들어서자 배까지 나오기 시작했다. 그러나 이 완고한 보수주의자는 상대방과 일대일로 맞붙어 설득하는 데 뛰어났고, 이것은 그가 선호하는 의사소통 방식이기도 했다. 한 기자는 "슐라이허는 그와 만나는 사람에게는 누구나 자신이 그들과 같은 의견을 가지고 있다는 인상을 주는 재주가 있었다"고 말했다.

그는 또 머리 회전이 빠르고 말을 재치 있게 잘해 기지가 있는 사람으로도 통했다. 가벼운 농담도 잘했던 그는 연설할 때 베를린 하층민의 말투로 이따금씩 속어를 써 익살스런 효과를 얻기도 했다. 행동거지가 활달하고 경쾌하며 어떤 난관에도 희망을 잃지 않고 늘 침착해 보이는 그는 독일 장교들이 선망하는 차분하면서도 씩씩한 면모를 지니고 있었다.

그러나 험담을 하는 사람들은 슐라이허가 거만하고 건방지며 사리사욕을 위해서라면 어떤 일도 마다하지 않는 차가운 음모의 대가라고 보았다. 그래서 전면에 나서지 않고 막후에서 일을 조종하는 경향을 보이는 슐라이허에게 그의 성을 단어의 의미 그대로 부르는 일도 있었다. 독일어에서 '슐라이허'는 '음흉하고 비열한' 사람을 뜻한다. 그는 또 위기가 닥치면 자기 자리를 보전하기 위해 가까운 동료들을 버리곤 해, 신뢰할 수 없는 사람이라는 비난도 받았다. 그러나 슐라이허의 자기 확신은 누구보다 강했다. 1932년 봄 아주 멋진 베를린 식당에서 열린 만찬에서 그는 비음이 섞인 새된 목소리로 "지금 독일에 필요한 것은 강한 사람이야!" 하고 큰소리쳤다. 그러면서 그 역할에 가장 어울리는 사람이 누군지 분명히 말해주려는 듯 자기 가슴을 툭툭 쳤다.

슐라이허는 아주 수다스러우면서도 말을 삼갔다. 그래서 그가 취임할 때도 그가 정치적으로 무슨 생각을 하는지 도무지 종잡을 수가 없었다. 한 공화파 기자는 그에게 "제복을 입은 스핑크스"라는 딱지를 붙였고, 반체제적인 러시아 볼셰비키 레온 트로츠키는 그를 가리켜 "장군의 견장을 찬 물음표"라고 말했다. 그러나 정치적 좌파에서 나치당까지 그를 가리켜 모두들 반동적이라고 비난했지만 이 말이 그에게 딱 들어맞는 것은 아니었다. 많은 동료 장교들과 달리 슐라이허는 제국이 무너진 것을 슬퍼하지도 않았고, 왕정복고를 열망하지도 않았다. 실용주의를 토대로 그는 옛 체제가 무너지고 공화국이 들어서면서 생긴 새로운 정치 현실을 받아들였다. 1920년대 중반에는 정부 형태에 대한 논쟁을 해봤자 독일을 분열시키고 약화시킬 뿐이라는 것을 인정하고, "지금은 공화제냐 군주제냐가 문제가 아니라 이 공화제가 어떠해야 하느냐가 문제다"라는 결론을 내렸다. 그러나 대부분의 군 지도자들과 마찬가지로 슐라이허는 공화국에 충성을 바치기보다는, 특정한 정치 형태를 초월해 독일이라는 국가에 영원히 이익이 된다고 생각하는 것에 충성을 바쳤다. 그에게는 군이 정치와는 독립해 정치 위에 있는 것이었고, 군의 기능은 국가가 쓰러지지 않도록 균형 추 역할을 하면서 국제 사회에서 독일의 안보를 지킬 수 있는 힘을 확보하는 것이었다.

1932년 12월, 총리에 취임한 뒤 처음 몇 주 동안은 파펜이 물러난 것에 안도하는 일반적인 분위기로 인해 슐라이허는 일종의 정치적 허니문을 즐겼다. 그는 전임자가 헌법을 개정하려던 계획을 계속 추진할 의사가 없음을 밝혀 공화국의 옹호자들을 안심시켰다. 두 가톨릭 정당과 마찬가지로, 실업자들이 일자리를 찾을 수 있게 확실한 조치를 취하겠다고 약속해서 기독교 계열의 노조 지도자들도 그의 내각에 회유적인 태도를 취했다. 군 지도자인 슐라이허에게 협력했다가 공산당에게 표를 빼앗길까 두려웠던 사회민주당은, 그들의 동료가 이끌었던 프로이센 주 정부를 파펜 내각이 무너뜨렸을 때 슐라이허도 거기에 연루된 사실을 기억해내고 그에게 아주 강경한 태도를 보였다. 그러나 전국에서 가장 큰 사회민주당 계열의 노조 지도자들은 슐라이허가 파펜보다는 덜 나쁘다고 보고, 실업을 해소하는 조치를 취하겠다는 그의 맹세에 호의적인 반응을 보였다. 조직된 노동자들의 긍정적인 반응에 고무된 새 총리는 파펜 치하에서 불거지기 시작한 광범한 민중 반란의 위험이 제거되었다고 보고 한시름 놓았다. 그러나 아직 한 가지 문제가 남아 있었으니, 그것은 어떻게 의회의 불신임 투표를 막을 것인가 하는 것이었다.

이 문제에 대해 슐라이허는 나치가 정치적으로 자신을 지지해주면 의회와의 충돌을 피할 수 있지 않을까 하는 희망을 가지고 있었다. 196명이나 되는 나치당 의원들이 그를 지지하거나 아니면 최소한 반대라도 삼가면 그것은 그에게 적대하는 과반수가 형성되는 것을 봉쇄하는 중요한 첫걸음이 될 터였다. 대부분의 군 장교와 마찬가지로 슐라이허는 히틀러가 벌이는 운동이 마구잡이로 대중을 선동하는 것은 경멸했어도 나치의 전투적인 애국심은 높이 샀다. 그의 눈에 나치는 다루기 힘들어도 좌익 당을 견제할 수 있는 유용한 균형 추였다. 그 해 초에 그는 한 친구에게만 슬며시 "나치는 아주 경계해야 할 말썽꾸러기야"라고 말했다. 그러나 전 총리인 브뤼닝을 비롯한 몇몇 거물급 보수주의자들은 물론 일부 존경받는 유대인들까지 그랬듯이, 슐라이허는 나치를 정부로 끌어들여 일정한 책임을 지게 하면 '길들일' 수 있을 것이라고 믿었다. 사람들은 그런 생각에 끌리면서도 아무래도 나치즘은 꺼림칙했기 때문에 분쇄하는 것이 낫다고 생각했지만, 슐라이허는 한번도 나치즘을 분쇄하는 것에 대해 진지하게 고려해보지 않았다. 오히려 그는 나치즘이 해체되면 그 역동적인 요소들이 대부분 공산당 쪽으로 가 혁명적인 좌파의 힘이 커질까 두려워 히틀러의 추종자들을 억압하는 조치에 반대했다. 그는 한 친구에게 쓴 편지에서 "나치가 없으면 나치를 만들어내기라도 해야 할 것"이라고 했다.

슐라이허는 과거에 대중적 혁명 운동이었던 사회민주당의 역사에 비추어 볼 때 나치를 길들일 수 있을 것이라는 자신의 낙관론이 아주 허무맹랑하지는 않다고 보았다. 슐라이허가 보기에 반 세기 전 독일제국의 건설자 오토 폰 비스마르크 총리가 탄압을 통해 사회민주당을 억누르려다 실패한 사례는 대중에 기반을 둔 급진 운동을 억압했다가는 오히려 그들의 전투성과 인기만 상승시킨다는 사실을 증명해주는 것이었다. 그래서 그는 사회민주당이

1918년 혁명을 통해 권력의 한 몫을 차지하자 온건해져서 인기가 떨어진 것에서 보듯이 나치도 정부로 끌어들이면 역시 온건해질 것이라는 결론을 내렸다. 일단 경제 위기라는 어려운 현실에 부딪히면 나치도 현실적으로 변할 것이고, 그러면 그들의 허황한 약속을 지키지 못해 대중의 지지도 떨어질 것이었다. 대체로 인기가 없을 수밖에 없는 정부 정책에 대해 사회민주당처럼 나치즘도 일정한 책임을 지게 되면, 국가를 위협할 정도로 빠르게 성장하는 전투적인 운동에서 또 하나의 평범한 정당으로 전락할 터였다. 그러나 물론 이러한 기대는 공화제를 지지하는 사회민주당과 전체주의를 지향하는 나치즘의 큰 차이를 인식하지 못한 탓에 깨질 수밖에 없었다.

나치는 슐라이허가 국방장관으로서 세운 계획에도 잘 들어맞았다. 제1차 세계대전 전승국들과 벌인 오랜 협상 끝에 독일은 군비 형평의 원칙을 독일에도 적용하겠다는 약속을 거의 받아낸 상태였다. 그런데 전승국들이 베르사유 조약에서 예견한 전반적인 군축에 합류할 가능성은 전혀 없었기에, 그렇게 되면 독일 군부의 오랜 숙원인 군사력 증강을 할 수 있는 길이 트일 것이었다. 그것은 바로 슐라이허가 오래 전부터 추진한 주요 프로젝트 가운데 하나였고, 그는 되도록 빨리 재무장에 들어가기로 했다. 그러나 갑자기 군의 규모를 늘려 전승국들을 놀라게 하기보다는 수많은 민간인에게 군사 훈련을 시킬 수 있는 민병대를 창설해 국민개병제로 나아갈 속셈이었다. 그는 초기에 동원할 인적 자원의 원천으로서 전쟁 때부터 급증한 준 군사조직에 눈을 돌렸고, 무장은 하지 않았어도 제복을 입은 데다 엄격히 통제되는 이런 조직 가운데 가장 눈에 띄는 것이 나치 돌격대였다. 실제로 1932년에는 제복을 입은 돌격대원이 40만 명이 넘어 베르사유 조약에서 소규모로 제한한 정규 독일군보다 돌격대의 수가 네 배나 많았다. 게다가 나치 돌격대를 언젠가는 자신이 계획하고 있는 민병대로 끌어들이기 위한 포석으로 슐라이허는 한동안 국방부에 있는 자기 참모들을 통해 돌격대 지도부와 은밀히 접촉을 해온 터였다.

슐라이허는 나치의 지지를 얻는 열쇠가 히틀러에게 있다는 것을 알고 그와 만나 담판을 짓고 싶어했다. 그러나 그는 지난 2년 동안 몇 번이나 그와 직접 만나고도 히틀러가 독일이 근본적으로 변해야 한다고 믿는 구제 불능의 광신도라는 사실을 알아차리지 못했다. 히틀러와 처음 만난 뒤 그는 히틀러가 "뛰어난 수사를 구사하는 흥미로운 인물"이라며, "자신의 계획을 이야기할 때면 금방 무아지경이 된다"고 했다. 히틀러가 보수적인 거물들과 이야기할 때는 반유대주의와 같은 극단적인 견해는 잘 드러내지 않거나 아예 언급하지 않는다는 것을 감안하더라도, 슐라이허의 평가는 미래의 독재자를 과소 평가한 것이었다. 슐라이허는 지난 7월 선거에서 나치당이 선전하자, 힌덴부르크 대통령이 히틀러를 총리로 임명할 가능성을 배제할 때까지 그가 총리직에 오르는 것을 볼 각오까지 되어 있었다. 11월 말에는 히틀러가 총리보다 낮은 지위를 수락한다면 히틀러를 입각시킬 용의가 힌덴부르크에게 있음을 알고, 히틀러에게 슐라이허 내각에서 부총리가 되는 것에 대해 물어보았다. 그러나 히틀러는 전과 마찬가지로 자신이 이끄는 내각에만 참여하겠다는 뜻을 분명히 했다.

슐라이허는 히틀러가 뜻을 굽히지 않자 나치당의 정교한 행정조직을 이끄는 그레고르 슈트라서에게 관심을 돌렸다. 이 노련한 지도자는 나치 운동 내부에서도 히틀러 다음으로 인기가 높았지만, 당 밖에서도 많은 사람에게 가장 합리적인 나치 지도자로 여겨졌다. 나치 상층부에서는 아주 드문 일이지만, 예전에 약사였던 그는 직접 사업을 해본 경험도 있었다. 따라서 도무지 상식이 통하지 않는 저 광신도 집단에 비하면 그래도 그는 제정신이 있어 균형 감각을 잃지 않은 실용주의자 같았다. 게다가 슈트라서는 진정으로 당

1932년 12월에 히틀러의 비타협적인 전략에 반대해 사임한 나치당 행정 조직의 우두머리 그레고르 슈트라서.

명에 '사회주의'라는 말을 집어넣은 사람으로도 널리 알려져 있어 노조에서도 그를 함부로 대하지 않았다. 그래서 슐라이허는 그와 손을 잡으면 조직된 노동자들도 소외감을 느끼지 않을 것으로 생각했다. 슐라이허가 이렇게 슈트라서에게 관심을 보이고 노조 지도자들에게도 회유적인 태도를 보이자, 새 총리가 나치당에서 슈트라서 편에 있는 사람들을 따로 떼어내 그들과 제휴함으로써 조직된 노동자들과 함께 그의 내각을 지지하는 '노동 축'을 구축하려 한다는 잘못된 결론을 내린 사람들도 있었다. 하지만 그 이후 슐라이허의 전략을 해석할 때 대부분의 사람들이 바탕에 깔았던 이런 견해를 뒷받침해주는 증거는 없다.

슈트라서는 널리 알려진 대로 한쪽에 모든 것을 걸며 절대 타협하지 않는 히틀러의 전략에 회의를 품고 있었고, 여기에는 슐라이허가 써먹을 건더기가 있었다. 중요한 위치에 있는 대부분의 나치들보다 훨씬 현실적이었던 슈트라서는 11월 선거 결과를 보고 선거를 통해 과반수의 지지를 얻어 단독으로 내각을 수립할 수 있는 가능성은 이제 사라졌다는 결론을 내렸다. 따라서 히틀러가 총리직만 고집하는 바람에, 여름 선거에서 거둔 승리를 바탕으로 당의 교섭력이 가장 강했을 때 파펜 내각에 들어가지 못한 것이 못내 아쉬웠다. 슈트라서는 평당원들의 처지도 알고 있었다. 현장에서 뛰는 활동가들이 권력의 맛을 조금이라도 보는 보상을 받지 못하면 얼마 안 가 사기도 떨어지고 재정난도 심해질 것이라고 내다봤다. 그런 상황에서 또다시 당이 내각과 대립하면 의회가 해산될 것이고, 그러면 또다시 선거에서 큰 손실을 입을까 두려웠다. 슐라이허는 그들 사이를 오가는 사람들을 통해 슈트라서가 그런 걱정을 하고 있다는 것을 알았기 때문에 그를 자기 내각에 끌어들이고 싶었다. 하지만 슐라이허의 목적은 일부 관찰자들의 예측과 달리 나치 운동을 분열시키는 것이 아니라 나치당 전체의 지지를 얻는 데 있었다.

슐라이허는 취임한 다음날인 12월 4일 베를린에서 몰래 슈트라서를 만났다. 둘 다 기록을 남기지 않아 그날 무슨 이야기가 오갔는지는 알 수 없으나, 여러 모로 볼 때 그때 슐라이허는 아주 치밀한 계획을 가지고 있었다. 이 계획에서 결정적인 요소는 프로이센 주지사였다. 지난 4월 주 의회 선거에서 나치당과 공산당이 승리를 거두면서, 공화제가 존속하는 동안 줄곧 이 지역 정치를 지배했던 사회민주당의 거물 오토 브라운이 이끌던 프로이센 내각은 과반수의 지지를 잃었다. 그러나 각 정당들이 대체할 내각에 대한 합의를 보지 못해 브라운 내각이 임시 내각으로 존속하고 있었는데, 7월에 파펜 내각이—슐라이허의 동조 아래—이 내각의 권한을 박탈해버렸다. 그러나 늦가을에는 나치당과 가톨릭중앙당이 손을 잡고 과반수 세력을 형성해 새 내각을 구성하면 프로이센이 교착 상태에서 벗어날 수 있을 것 같았다. 그 내각의 주지사로 슈트라서가 자주 거론되었는데, 슈트라서라면 가톨릭에서 받아들일 것 같았기 때문이다. 따라서 슈트라서가 프로이센 주지사가 되면, 슐라이허는 슈트라서도 의회 내각에 들어온다는 조건으로 그 자리의 권한을 회복시켜주겠다고 제안할 수 있었다. 그러면 줄곧 마찰을 빚다 브라운 내각의 해체에까지 이른 중앙 정부와 프로이센 정부의 관계도 개선될 것이고, 나치도 자기 당의 중요한 지도자들이 앉아 있는 슐라이허 내각에 대해 반대하기 어려울 터였다.

그런데 히틀러가 일언지하에 이 계획을 거부했다. 그는 프로이센 주지사의 나치 후보는 슈트라서가 아니라 그의 충실한 부하인 헤르만 괴링이 되어야 한다고 주장했다. 괴링은 가톨릭이나 슐라이허나 받아들일 수가 없었다. 그래서 새 의회의 첫 회기가 시작되기 전날인 12월 5일 베를린에서 나치 지도자들이 그렇다면 그 다음에는 어떻게 해야 될지 논의하기 위해 만났다. 그런데 그 전날 그들은 또다시 선거에서 어처구니없을 정도로 큰 패배를 당했다. 이번에는 튀링겐 주에서 실시된 지역 선거에서였다. 거기서 나치는 6월 실시된 의회 선거에 비하면 거의 40퍼센트에 가까운 표를 잃었고, 11월에 더 떨어진 득표수에 비해서도 25퍼센트를 잃었다. 재앙에 가까웠던 11월 총선 뒤 다른 세 주에서 실시된 지역 선거에서 가장 많은 표를 잃었는데 이번에 튀링겐에서도 완패하자, 당의 지지율이 급락하고 있다는 사실을 도저히 부정할 수 없을 것 같았다.

슈트라서는 12월 5일에 열린 나치 지도자 회의에서 나치의 운세가 기울고

당 제복을 입고 연방의회에 들어서는 나치당의 빌헬름 프리크(왼쪽)와 그레고르 슈트라서.

있으니 슐라이허 내각과 협력하는 것이 좋겠다고 주장했다. 그는 과반수가 자신에게 적대하면 새 의회를 해산하겠다고 한 슐라이허의 말도 주지시켰다. 그것은 나치에게 6개월 안에 또다시 값비싼 선거 운동을 치러야 한다는 것을 뜻했고, 그렇게 되면 어느 모로 보나 큰 손실을 입을 것이 뻔했다. 그러나 슈트라서의 주장에도 아랑곳없이 히틀러는 자신이 총리가 되지 않으면 전력을 다해 내각에 반대하겠다는 뜻을 굽히지 않았다. 히틀러는 자신의 견해를 지도자 회의 뒤에 나치당 의원의 간부 회의에 상정했다. 이 자리에서 히틀러는 슈트라서가 딱딱하게 굳은 얼굴로 말없이 지켜보는 가운데 타협은 당의 명예를 손상시키는 것이라고 비난했다. 나치들은 민주적인 절차는 독일에 맞지 않는다며 과반수 투표가 아니라 간부 회의의 종결로써 소속 의원 가운데 당 지도자에게 도전할 의사가 있는 사람은 아무도 없다는 결론을 내렸다. 슈트라서의 의견에 동조하는 사람들도 히틀러의 의지에 굴복하지 않을 수 없었다. 그들은 슐라이허 내각과 당장 대결하는 것은 피하고 새해를 맞이해 새 의회가 일찍 휴회에 들어가는 것을 받아들여 시간을 벌기로 했다. 그러나 당 지도부는 여전히 히틀러의 강경 노선을 따랐다.

12월 6일 새 의회가 소집되었을 때, 히틀러가 슈트라서보다 얼마나 막강한지 모르는 슐라이허는 나치가 보여준 행동에 들뜨지 않을 수 없었다. 회기가 시작되어 공산당이 불신임 투표를 첫 번째 의제로 상정하려 하자 나치당 의원들이 거들어 그것을 좌절시켰을 뿐 아니라, 일정을 단축하는 데도 동의해서 의회가 회기 시작 나흘 만에 언제 끝날지 모를 긴 휴회에 들어갈 수 있게 했던 것이다. 슐라이허 내각은 의제로 상정된 몇 가지 법안에 대해 반대하지 않았다. 그 법안 가운데는 정치 폭력으로 유죄 판결을 받은 사람들을 사면하는 것과 파펜 내각에서 포고되어 특히 노동자들을 성나게 한 긴급 조치령을 폐기하는 것도 들어 있었다. 12월 7일 슐라이허는 내각에서 나치가 자기에게 함부로 반대하지는 않을 것이라고 자신 있게 말했다. 그리고 의회에서 나치당과 두 가톨릭 정당, 그리고 몇몇 군소 정당이 과반수 세력을 형성해 내각이 대통령의 비상 포고령으로 통치하는 것을 묵인하리라는 전망을 내놓았다. 그렇게 되면 전임 총리인 브뤼닝이 2년 동안 통치했던 방식이 그대로 되풀이되겠지만, 거기에는 결정적인 차이가 있었다. 브뤼닝은 공화제를 지지하는 사회민주당에 기댔지만, 슐라이허는 지금 나치에 기대려 하고 있는 것이었다.

슐라이허가 내각에서 호언장담을 한 다음날인 12월 8일, 히틀러는 편지 한 통을 받고 망연자실하지 않을 수 없었다. 그동안 당 조직을 이끌었던 그레고르 슈트라서가 그 자리에서 물러나겠다고 한 것이다. 슈트라서가 말하는 직접적인 이유는, 당을 관리하는 중앙당의 권위를 높여 지역 단위 조직을 통제하려 했는데 그것을 히틀러가 막은 데 있다고 했다. 그는 이제 히틀러의 비타협적인 전략에 동의할 수 없다는 뜻도 내비쳤다. 슈트라서는 히틀러의 비타협적인 전략이 혼돈에 내기를 거는 것이나 마찬가지라며, 이제는 폭넓은 지지 기반을 가진 건설적인 공동 전선에 참여해 권력의 일정한 몫을 받아들일 때라고 주장했다. 그는 그래도 자기는 당에 충실한 당원으로 남겠다며 당내 반대 세력의 중심이 될 생각은 없다고 했다. 그리고 혹시라도 일부에서 그런 기대를 할까봐 베를린을 떠나 외국으로 가겠다고 말했다. 하지만 히틀러는 슈트라서가 편지를 보내기 전에 나치 고위 관료들을 만나 자신의 비타협적인 전략을 비난하고, 히틀러가 총리가 될 때까지 기다렸다간 당이 붕괴되리라는 경고를 했다는 것을 알고 슈트라서의 모든 주장에 의문을 가졌다. 몇 시간 후에 히틀러는 또 자신이 정계에 입문하는 데 결정적인 역할을 한 고참 나치인 고트프리트 페더에게서도 비슷한 편지를 받았다. 그들이 자랑하는 나치의 성공 요인 가운데 하나였던 일사분란한 단결력이 힘없이 무너지는 것 같았다.

사태가 이렇게 진전되자 히틀러는 예전과 마찬가지로 거의 정신적인 공황 상태에 빠졌다. 그때는 또 슈트라서가 몰래 슐라이허와 만나 부총리 자리를 제안받았다는 보고까지 들은 터라, 옛날에 자기 똘마니였던 사람이 내각에 들어가기 위해 당을 분열시켜 자기 추종자들을 데려가려 한다는 소문이 사실일지도 모른다는 두려움에 사로잡혔다. 히틀러는 부들부들 떨며 미래의

1933년 3월에 히틀러가 선전장관에 임명한 베를린 지역 나치당 우두머리 요제프 괴벨스. 그는 1933년 1월에 히틀러가 비타협적인 전략을 고수하도록 부추겼다.

선전장관 요제프 괴벨스에게 "만일 당이 산산조각 나면, 난 3분 안에 자살할 거야" 하고 말했다. 그날 히틀러는 자신의 전략을 비난하는 슈트라서의 말을 들은 나치 관료들을 모아놓고 그들의 충성을 열렬하게 호소하며, 자기를 추종하던 사람들이 자신을 거역하면 자살하겠다고 엄포를 놓았다.

　이 멜로 드라마와 같은 행동이 나치 관료들 사이에 슈트라서가 불러일으켰을지도 모를 동요를 잠재워, 그들은 모두 이구동성으로 히틀러에 대한 충성을 다시 한번 맹세했다. 이들의 지지에 힘이 나자 히틀러는 12월 8일 오후에 또다시 비슷한 열변을 토해 나치당 의원들로부터도 똑같이 충성에 대한 맹세를 받았다. 그리고 당이 와해될지도 모른다는 추측이 나오는 것을 막기 위해 언론에 슈트라서 본인의 요청으로 그에게 3주간 병가를 주었다고 발표했다. 더 이상의 탈당이 없자 히틀러는 한시름 놓았다. 슈트라서는 편지에서 약속한 대로 북부 이탈리아로 휴가를 떠났고, 그해 내내 공식석상에 모습을 나타내지 않고 정치적인 활동도 자제했다. 고트프리트 페더는 슈트라서에게 버림받자 바로 자기 주장을 철회해 다시 나치 무리에 받아들여졌다. 히틀러는 슈트라서의 뒤를 이어 자신이 직접 당의 행정 조직을 이끌기로 하고, 자기 말을 잘 듣는 사람들을 요직에 앉혔다. 그리고 사기를 높이기 위해 서둘러 전국을 일주하며 당 간부들을 모아놓고 열변을 토했다.

히틀러가 가장 두려워한 것이 현실로 나타나지는 않았지만, 슈트라서의 탈당은 1932년이 저물면서 미래의 독재자도 운세가 기울기 시작했다는 것을 보여주는 많은 징조 가운데 하나였을 뿐이다. 총리직이 아니면 받아들이려 하지 않은 탓에 나치당은 세력이 최고조에 달했던 지난 여름보다 권력으로부터도 멀어졌다. 그후 선거에서 나타난 지지율의 급락은 나치에게 표를 던져 나치를 주요 정치 세력으로 만들어주었던 사람들이 그들에게 환멸을 느끼기 시작했다는 것을 말해주었다. 히틀러가 차지하려던 총리 자리는 오랫동안 절대적인 권력자 힌덴부르크 대통령의 절친한 친구였던 슐라이허의 손에 있었다. 그런데 자신은 대통령에게 두 번이나 총리직을 거부당한 꼴이 되었고, 대통령은 그에 대한 혐오감을 감추지 않았다.

설상가상으로 히틀러를 단번에 중요한 위치에 올려놓았던 불황도 서서히 막을 내리기 시작했다. 봄부터 프랑크푸르트 주식 시장에서 거래되는 주식과 채권의 가치가 30퍼센트 이상 올랐고, 1932년 말에는 독일의 권위 있는 경제 연구소 대부분이 "불경기가 끝났다"며 "이제 경기가 바닥을 쳤으니 다시 상승할 수 있다"고 말했다. 〈프랑크푸르트 차이퉁〉 새해 첫날 판 경제면은 "육지가 보인다!"는 선언으로 헤드라인을 장식했다. 그리하여 1933년이 시작되었을 때는 지난 1년 간 열정적으로 벌인 정치 활동도 가시적인 성과를 보이지 않고 독일 유권자들의 지지 기반도 잃어, 히틀러는 정치적으로 고립된 것 같았다. 공화제를 지지하는 기자들이 새해 첫날 판 사설에 드러낸 낙관론도 충분히 그럴 듯해 보였을 정도로 히틀러는 최악의 상태에 이르렀다. 괴벨스는 일기에 우울하게 "1932년은 불운의 연속이었다"라고 썼다.

2. 총리에 대한 음모가 시작되다

1933년 새해 첫날 저녁, 아돌프 히틀러는 뮌헨 궁정 극장에서 저명한 지휘자 한스 크나페르츠부슈가 지휘하는 리하르트 바그너의 오페라 〈뉘른베르크의 명가수〉 공연을 보러 갔다. 어려서 바그너의 열광적인 팬이 된 히틀러는 이 작곡가의 오페라를 탐닉했다. 덕분에 히틀러는 후에 바그너 가의 눈에 띄어, 바이로이트에서 이 거장의 음악 축제가 열릴 때면 그는 일종의 정치적 마스코트로서 환영받았다. 음악적 자부심이 강한 이 나라에서 그런 인연은 당연히 히틀러에게 독일 정치인들은 거의 즐기지 않은 고급 문화의 색채를 제공해주었다. 바그너 오페라에 대한 히틀러의 열정은 그가 정계에 입문한 지 얼마 안 되어 예술적인 성향을 지닌 뮌헨의 반동적인 유산 계급에 쉽게 접근할 수 있는 길도 열어 주었다. 이런 후원자들의 집에서 열린 사교 모임에서 히틀러는 상류 사회에서 우아하고 품위 있게 행동하는 법과 공식 행사 때 옷을 차려 입는 법에 대해 배웠다. 보잘것없는 집안 출신에 최소한의 정규 교육밖에 받지 않았는데도 많은 독일인 눈에 그가 높은 자리에 앉아도 좋을 사람으로 비치도록 세련된 포장을 하게 된 것도 바이에른 주의 수도에서 문화 엘리트들과 어울린 덕분이었다.

〈뉘른베르크의 명가수〉 공연이 끝난 뒤, 히틀러는 자신의 부유한 후원자 가운데 하나인 에른스트 푸치 한프슈타엥글의 집에서 열린 신년 모임에 참석했다. 그는 하버드 대학 출신으로 적극적인 나치 지지자가 된 뮌헨의 예술 상인이었다. 히틀러는 여기서 모든 사람의 관심을 끄는 스타였고, 다른 사람들은 꼭 그를 즐겁게 하려고 초대된 것 같았다. 이들 가운데는 히틀러를 호위하며 시중까지 드는 세련되지 못한 수행원 둘이 있었는데, 하나는 히틀러의 개인 사진사 하인리히 호프만이었고, 다른 하나는 부인을 동반한 그의 당비서 루돌프 헤스였다. 게다가 히틀러가 온순하면서도 매력적인 여성들에게 둘러싸여 있는 것을 좋아한다는 사실을 알고 있는 한프슈타엥글과 그의 부인이 초대한 젊은 미혼 여성들은 이 모임을 더욱 완벽하게 마무리해주었다. 그날의 미혼 여성들 가운데는 나중에 히틀러가 독재를 하는 동안 그의 정부가 되었고 1945년 4월 함께 자살하기 몇 분 전에 결혼한 에바 브라운도 있었다. 금발 머리의 발랄한 여성이었던 에바 브라운은 그때 호프만의 사진 작업실에서 조수로 일하고 있었다. 그곳에 모인 사람들은 한프슈타엥글의 난롯가에 앉아 축음기로 라흐마니노프의 피아노 연주 녹음을 들으며 다음날 새벽까지 이야기를 나누었다. 히틀러는 그날 저녁에 오페라를 지휘한 크나페르츠부슈에 대해 비평을 해주었다. 훗날 한프슈타엥글은 히틀러가 떠나기 전에 방명록에 서명을 하면서 했던 말을 이렇게 전했다. "그가 날 쳐다보더니 애써 흥분을 가라앉히는 목소리로 말했다. '올해는 우리 해가 될 거야. 내 글로 써서 그걸 장담하지'라고."

 1933년 1월에 히틀러는 마흔 셋의 대단히 성공한 남자였다. 그는 베스트셀러가 된 《나의 투쟁》 인세로 상당한 수입을 올리고 있었고, 부유한 후원자들이 주는 선물도 적지 않았다. 히틀러는 뮌헨에서 상류층이 사는 동네의 크고 안락한 아파트에서 살았고, 그가 바이에른 군 상등병 출신일 때 들어간 당은 한때 이름도 없었던 당의 본부치고는 아주 으리으리한 새 건물을 차지하고 있었다. 나치들이 '운동의 수도'라고 부르는 도시 중앙에 의기양양하게 서 있는 이 건물은 온갖 설비를 갖춘 르네상스 양식 건물이었다. 그는 또 운전사가 딸린 값비싼 벤츠 리무진을 타고 다녔고, 바이에른 알프스에 있는 자

요제프 괴벨스와 에른스트 푸치 한프슈타엥글(왼쪽). 하버드 대학을 졸업한 에른스트는 1933년 새해 첫날 신념 모임에 히틀러를 초대했다.

기 소유의 그림같이 아름다운 산장에서 자주 휴가를 보냈다. 자주 갔고, 또 한번 가면 오랫동안 머문 베를린 방문 때도 수도 중앙에 있는 총리 관저에서 반 블록밖에 떨어지지 않은 화려한 카이저호프 호텔에서 수행원들과 함께 머물렀다. 딱히 의무적으로 해야 할 일이 없었던 히틀러는 반쯤은 보헤미안처럼 제멋대로 사는 삶을 살았다. 그는 정오가 되기 전에 일어나는 일이 드물었고, 오후에는 늘 멋진 카페에서 커피와 케이크를 들며 노예같은 가신들과 알랑거리는 숭배자들에게 둘러싸여 오랜 시간을 보냈다. 저녁이면 특별

총리관저에서 반 블록 떨어져 있던 카이저호프 호텔. 히틀러는 총리가 되기 전에 베를린에 있을 때면 이곳에 머물렀다. 그러나 이 건물도 그가 일으킨 전쟁으로 참화를 입었다.

석에 앉아 오페라를 즐기거나 한프슈타엔글과 같은 돈 많은 숭배자들 집에서 명예로운 손님으로 지내는 일이 많았다. 간단히 말해, 그는 그렇게 불황에 시달렸던 시절에 독일인 대부분이 꿈에서나 즐길 수 있었던 편안하고 화려한 삶을 살았다.

    1932년에 많이 후퇴했지만 히틀러는 1933년 새해에도 여전히 잠재적으로는 상당한 영향력을 행사할 수 있는 위치에 있었다. 나치당은 지난해 11월 선거에서 큰 손실을 입었지만 그래도 아직 의회에서 최대 의석을 확보한 다수당의 위치에 있었고, 뒤에는 언제든지 싸울 준비가 되어 있는 돌격대가 있었다. 히틀러에게 몇 번이나 되풀이해서 주지시켜 주었듯이, 히틀러와 나치

카이저호프 호텔의 카페. 히틀러는 이곳에서 자주 추종자들과 숭배자들에게 둘러싸여 몇 시간씩 빈둥거렸다.

지도자들이 마음만 먹으면 정부에서 높은 자리에 올라 정부 정책에 영향을 미칠 수 있었다. 그러기 위해서는 그저 총리직에 대한 요구를 철회하고 힌덴부르크 대통령이 국정을 책임지는 위치에 올려놓은 보수주의자들과 권력을 나누어 갖겠다고만 하면 되었다.

  하지만 권력을 나누어 갖는다는 것은 히틀러에게 있을 수 없는 일이었다. 그는 결코 평범한 정치가가 아니었다. 히틀러는 대단한 사명 의식을 가진 광신도였다. 그는 자신이 완전히 새로운 독일을 창조하도록 태어난 사람이라고 여겼다. 이런 중대한 사명을 완수하기 위해서는 누구와도 타협할 필요가 없는 절대 권력만 있으면 충분했다. 히틀러는 1919년에 갓 태동한 나치 운동에 몸담았을 때부터 사반 세기 뒤 자살할 때까지 이런 사명 의식에 사로잡혀 있었다. 사적인 삶에는 거의 의미를 두지 않은 그는, 일반적인 인간의 '욕망'을 '이른바 섭리에 의해 자신에게 예정된 운명이라 확고히 믿는 것만을 추구하는 것'으로 승화시켰다. 그는 자신의 미래상과 맞지 않는 현실은 상상할 수 없었고, 따라서 자신이 말한 대로 평생을 "몽유병자와 같은 확신을 가지고 나아갔다."

히틀러가 꿈꾸는 독일의 미래는 당시 사회 저변에 흐르고 있던 19세기 사상에서 나왔다. 젊어서 빈과 뮌헨에서 일없이 보낼 때 신문과 값싼 잡지를 닥치는 대로 읽으며 독학한 그는 나중에 특히 역사에 관한 폭넓은 정보로 자기보다 훨씬 교육을 잘 받은 사람도 많이 감화시켰다. 그러나 뛰어난 기억력에 재기 발랄한 그의 정신은 체계적인 분석이나 자기 회의를 통해 갈고 닦은 것이 아니었다. 그 결과 히틀러는 당시 유행하던 사이비 학문을 무비판적으로 받아들였고, 이것으로 평생 그의 사고를 이끈 세계관을 형성했다. 그것은 생존을 위해서는 목숨을 걸고 치열하게 투쟁해야 한다는 사회 진화론과 인류는 서로 적대하는 인종 집단으로 갈라질 수밖에 없다는 인종주의를 합친 것이었다. 히틀러에게 세계는 힘이 정의이고 각 인종은 강해지지 않으면 약해져 멸망하는 정글이었다. 그리고 인종 간 치열한 전쟁은 자연 법칙이고 이것이 종의 진보를 보증하는 방식이라는 결론을 내렸다. 그의 눈에 전쟁은 단순히 불가피한 것이 아니라 인간을 고귀하게 하는 행위 같았다.

히틀러는 인종 집단이 살아남으려면 이 생사를 건 투쟁에서 반드시 승리해야 한다고 믿었다. 그리고 당시 중부 유럽에 유행한 인종학설에 빠져 독일인은 '아리아인'이라는 우수한 민족에 속한다고 믿었다. 따라서 이들이 자신의 고귀한 운명을 실현하려면 반드시 그들을 방해하는 열등한 민족들을 짓밟아야 했고, 이들 가운데 가장 방해가 되는 민족이 독일 사회에 침투해 서서히 붕괴시키려는 유대인이었다. 히틀러의 눈에는 그런 유대인을 시민으로 인정하고 무지한 대중에게 막강한 정치 권력을 주는 민주주의라는 낯선 교의에 굴복했다가는 독일이 파국으로 치달을 수밖에 없었다. 그가 보기에 마르크스주의도 독일을 약화시키기는 마찬가지였다. 그것은 독일 국민을 서로 적대하는 계급으로 분열시켜 독일을 약화시켰다. 따라서 국가사회주의의 목표는 인종적으로 순수한 새로운 엘리트 지배 계급 아래 독일 국민을 하나로 통합시키는 것이었고, 이를 위해 자신이 이끄는 엘리트 집단이 다른 모든 정치 세력을 격파하고 민주공화제를 파괴해 전권을 잡는 것이었다. 이렇게 해서 국가를 약화시키는 모든 요인이 제거되면 새로운 지도부가 인종적으로 순수하지 못한 것들을 나라에서 제거하고 총력전을 기울여 유럽에서 패권을 차지할 것이며, 그렇게 되면 러시아의 비옥한 지대에 있는 '생활 공간'을 정복해 독일이 대대손손 영원히 번영토록 할 계획이었다.

1930년대 초에는 히틀러가 이런 과대망상에 가까운 계획을 공공연하게 떠들고 다니지 않았다. 도대체 무슨 말을 하는지 알 수 없을 정도로 허풍이 심한 《나의 투쟁》에는 아직 그런 흔적이 남아 있었지만 독일의 정치 엘리트 가운데 애써 그 책을 읽은 사람은 거의 없었다. 1923년에 반란을 일으키려다 실패한 뒤에 히틀러는 공화국을 파괴하기 위해 바로 그 공화국의 민주 헌법이 보장하는 광범한 시민권과 정치적 자유를 이용해 권력을 추구했다. 그러려면 당연히 되도록 많은 유권자의 구미를 맞출 필요가 있었고, 공개적으로 말할 때는 정략적으로 자신의 목표는 감추어야 좋다는 것을 알았던 것이다. 그래서 헌법을 통해 권력을 잡겠다고 맹세하고 자신의 악랄한 반유대주의마저 누그러뜨리더니 갈수록 공화파에게 비난을 퍼붓기 시작했다. 히틀러는 공화파가 독일에 베르사유 조약을 강요한 전승국들과 마르크스주의에게 독일 국민을 팔아넘기는 반역죄를 저질렀다고 비난했다.

1930년에는 기존의 정치 세력이 모두 반대하면 성공할 수 없다는 것도 알았다. 그래서 군부 지도자들을 달래기 위해 자신이 당의 강력한 원군인 돌격대를 통제할 수 있다고 주장하고, 돌격대 지도자들을 군에 침투시켜 결국에는 군을 접수하려는 야심도 꺾었다. 그는 또 공화국에 대한 다른 우익 세력의 적대감도 자기 목적에 맞게 이용하기 시작했다. 그 결과 나치의 득표율이 늘면서 보수 세력과 연합해 여러 주의 정부에도 들어갈 수 있었다. 하지만 히틀러의 관점에서는 이런 식의 조치가 그다지 마음에 들지 않았다. 이렇게 연합을 하게 되면 상대편에게 의지하게 돼, 상대가 중요 인물이나 정책에 대한 나치의 영향력을 제한할 수도 있고 지지를 철회해 나치를 정부에서 쫓아낼 수도 있었다. 게다가 연합 세력을 얻으려는 다른 시도들도 결국은 실망스런 결과를 낳았는데, 이 또한 주로 우위를 차지하겠다는 히틀러의 오만한 주장 탓이었다.

히틀러는 이런 실패에도 전혀 기가 꺾이지 않았다. 그의 오른팔이었던 그레고르 슈트라서가 1932년 12월에 등을 돌렸을 때처럼 가끔 참담한 순간을 겪기도 했지만, 히틀러는 한번도 자신이 독일의 절대 통치자로 태어났다는 구세주와 같은 확신을 잃은 적이 없었다. 게다가 그의 꺾일 줄 모르는 권력욕은 만성적인 우울증과 어쩌면 자신이 역사적 사명을 완수하기도 전에 죽을지 모른다는 조바심 탓에 더욱 강렬해졌다. 한번은 그가 측근에게 말했다. "난 기다릴 시간이 없어! 또 한 해를 낭비할 수는 없다고! 내게 남은 시간에 내 위대한 임무를 완수하려면 얼른 권력을 잡아야 해. 반드시! 반드시!" 훗날 히틀러의 정신 상태를 규명하려는 시도가 많이 이루어져 온갖 진단이 난무했지만, 그가 유별난 정치 행로를 걷는 동안 그를 추동한 것은 늘 현실이 그의 의지대로 될 것이라는 흔들리지 않는 확신이었다. 그가 보기에 자신은 운명적으로 태어난 사람이었다.

1932년에 그렇게 큰코다치고도 히틀러는 1933년 새해에도 변함없이 비타협적인 행로를 걷기로 했다. 그는 1932년 12월 마지막 며칠을 알프스 산장에서 지내며 연두 교서를 썼다. 그리고 그것을 요제프 괴벨스를 비롯한 수행원들에게 큰소리로 읽어주고 그들의 반응을 살폈다. 그가 이렇게 한 것은 무엇보다도 1932년에 아무런 성과도 올리지 못한 자신의 비타협적인 전략을 변호하기 위해서였다. 하지만 히틀러는 자신이 그렇게 만만찮은 정치 전술가가 되는 데 큰 몫을 한 날카로운 눈을 가지고, 1932년 11월에 힌덴부르크 대통령이 자신에게 의회에서 과반수 세력을 결집하면 총리직을 주겠다고 한 동기를 분석했다. "그들은 우리도 정치에 참여하게 해 일정 부분 책임을 지게 하려 하지만, 우리에게 진짜 중요한 역할은 주려 하지 않는다. … 왜냐하면 적들이 우리에게 정부에 참여하라고 하는 것은 우리에게 서서히 권력을 넘겨주기 위해서가 아니라 우리에게서 영원히 권력을 뺏기 위해서이기 때문이다."

히틀러의 연두 교서는 새해에도 똑같은 노선을 걷겠다는 뜻을 분명히 했다. 그는 "어떤 타협도 당을 무너뜨릴 여지가 있으며, 그러면 독일의 미래 또한 암울하다. … 나는 우리 운동이 충분히 집권할 권리가 있는데도 그걸 팔아 넘기고 비굴하게 내각에 참여하는 일 따윈 절대 하지 않을 것이다."라고 경고했다. 그리고 그레고르 슈트라서의 이름을 직접 거론하지는 않았지만, 권력을 조금 얻는 데 만족할 수밖에 없다고 주장하는 나치들은 제1차 세계대전이 끝났을 때 독일에 베르사유 조약을 강요한 사기꾼 같은 적들이 공정한 평화 조약을 맺을 것처럼 속인 '후방의 반역자들'과 다름없다고 말했다. 지도자의 비타협적인 전략을 열렬히 지지한 괴벨스는 일기에 이 교서를 격찬하며 이렇게 썼다. "패배주의자들에게는 가차없는 혹평… 생사를 건 투쟁… 가장 혁명적인."

이 오만하고 도전적인 히틀러의 연두 교서 '1933년도 투쟁을 위한 메시지'가 당 기관지 〈민족의 관찰자〉의 1면을 도배했어도, 나치당은 아직 슐라이허 내각과 정면으로 부딪힐 준비가 되어 있지 않았다. 이것은 1월 4일 의회 운영 위원회가 의회를 언제 다시 소집할지 결정하기 위해 만났을 때 분명해졌다. 내각을 대표해 회의에 참석한 슐라이허의 총리 비서 실장 에어빈 플랑크는 아주 자신만만한 태도를 보였다. 그는 내각이 언제든지 의회 앞에서 정책 설명을 할 준비가 되어 있다고 했다. 그러면서 그때가 되면 내각은 의회가 정치 상황을 분명히 해줄 것으로 기대한다며 불신임 발의안을 표결에 붙이기 전에 또다시 휴회하는 것은 반대했다고 말했다. 내각이 이렇게 자신 있게 나오자 공산당과 사회민주당 대변인은 그 다음 주에 바로 회기를 재개하자고 했다. 이들 당은 이미 불신임 투표를 하겠다고 공언한 터라 이는 곧 내각을 뒤흔들겠다는 의지의 천명이었다. 그런데 이와는 대조적으로 나치당 대변인은 서둘러 세를 겨루는 데 관심을 보이지 않았다. 공화당과 사회민주당 대변인들은 의회 의장인 나치당의 헤르만 괴링에게 의회를 언제 다시 소집할지 결정하도록 하자고 했다. 물론 이것은 어느 당으로부터도 지지를 얻지 못했다.

나치가 의회를 소집하는 일에 열의를 보이지 않는 이유가 당 바깥에 있는 사람들에게는 뻔히 보였다. 먼저 의회가 일찍 소집되면 불신임 안이 발의될 것이 분명했다. 슐라이허 내각을 비난해온 나치로서는 그것을 지지해야 할 테고 그렇지 않았다가는 모든 신용을 잃을 것이 뻔했다. 그러나 불신임 안이 통과되면 총리가 의회를 해산할 것이고, 나치는 새 선거에서 또다시 손실을 볼 것이 명약관화했다. 그래서 어떻게든 그런 가능성을 배제하려고 운영 위원회의 나치 대표자들이 공산당과 사회민주당의 불신임 안에 투표를 하지 않기로 해, 내각을 불신임하려던 두 당의 시도가 불발로 끝났다. 이 문제는 결국 1월 24일에 의회를 다시 소집하되 1월 20일에 운영 위원회에서 그것을 다시 검토하자는 가톨릭중앙당의 의견에 두 좌파 당이 동의해 일단락되었다.

같은 날인 1월 4일, 히틀러는 나치당의 주요 인물 몇과 함께 뮌헨에서 출발하는 야간 열차를 타고 라인강변에 있는 대학 도시 본에 도착했다. 그의 언론 담당 비서 오토 디트리히는 히틀러가 이곳에 왜 왔는지 도무지 알 수가 없었다. 그가 듣기로 이번 여행의 목적은 원래 리페라는 작은 주에서 열리는 지방 선거를 위한 선거 운동에서 연설을 하는 것이다. 그런데 리페는 본에서 동북쪽으로 멀리 떨어져 있었고, 따라서 다른 철도편으로 가는 편이 훨씬 쉬웠다. 히틀러 일행은 본 역에서 그의 커다란 벤츠 리무진을 타고 그가 좋아하는 호텔 가운데 하나인, 바드 고데스베르크 근처의 드레센 호텔에 가 아침을 들었다. 히틀러는 거기서도 자신의 의도에 대해 함구한 채 일행 가운데 셋을 데리고 안이 보이지 않게 차양을 내린 두 번째 차를 탔다. 디트리히와 나머지 일행은 히틀러가 어디로 가는지 알 수 없었으나, 지시에 따라 나중에 리무진을 가지고 북쪽으로 가, 쾰른에서 북쪽으로 2마일 떨어진 고속도로에서 그를 기다리기로 했다.

그날 오후 히틀러와 세 사람은 두 번째 차를 타고 사전에 만나기로 약속한 장소로 갔다. 오토 디트리히는 훗날 리페로 가는 길에 나눈 대화에서 히틀러의 비밀스런 행동이 어떤 중요한 정치인과의 만남 때문이라는 것을 알 수 있었다고 술회했다. 그런데 정말로 얼마 안 가 그날 일어난 일로 전국이 떠들썩해졌는데, 문제의 정치인이 바로 몇 달 전까지만 해도 나치가 가장 비판했던 사람 가운데 하나였기 때문이다. 그는 바로 전 총리 프란츠 폰 파펜이었다.

파펜은 출신 배경 탓에 원래는 고위급 정치에서 중요한 역할을 할 것 같지 않은 인물이었다. 독일 서부에 있는 베스트팔렌에서 유서 깊기는 하나 그다지 이름 없는 귀족 집안에서 태어난 그는 할아버지나 아버지와 마찬가지로 처음에는 군에 종사했다. 장애물 경주에 뛰어난 훌륭한 기수였던 파펜은 기병 장교로서 훈련을 받은 뒤 베를린 군사 학교에 들어갔고, 1913년에는 군 참모부에 들어갈 수 있었다. 군 생활을 하는 동안 그는 동료 장교이며 자기보다 세 살 어린 쿠르트 폰 슐라이허와 친구로 지냈다. 가족간 유대를 통해 성공한 제조업자의 딸과 결혼했고, 덕분에 젊은 장교 파펜은 아주 많은 곳을 여행해, 영어와 프랑스어에 능통해졌다. 1914년에 전쟁이 터지기 조금 전 대사관에 딸린 무관으로 워싱턴 D.C. 주재 독일 대사관에 배정되었으나, 무기를 만들어 영국과 프랑스에 파는 미국 공장에서 다른 사람들과 공모해 독일과 오스트리아계 노동자들의 파업을 선동했다가 미국에서 추방되어 유명해졌다. 전쟁 중에는 서부 전선의 팔레스타인에서 터키군과 함께 영국군에 대항해 싸운 독일군에 있었다. 전쟁이 끝났을 때, 그는 육군 소령이 되어있었다.

파펜은 1918~19년 혁명 뒤에는 가톨릭중앙당 안에서도 당이 사회민주당과 함께 공화제를 지지하는 연립 정부에 참여하는 것을 못마땅해한 농촌 출신의 반동적인 소수 집단과 뜻을 같이했다. 1921년에는 베스트팔렌에 있는 한 농촌 선거구의 대표로 프로이센 주 의회에 진출했으며, 1924년에 재선되었다. 그리고 보수적인 가톨릭 귀족들의 재정적인 지원으로 수도에서 발행되는 당 기관지 〈게르마니아〉를 장악했다. 그는 베를린에서 귀족들의 사교 모임에도 들락거렸으나, 1932년 6월에 슐라이허의 입김으로 총리에 임명될 때까지는 정치적으로 두각을 나타내는 역할을 하지 못했다. 그런데 당 지도부의 허락도 없이 총리직을 받아들여 가톨릭중앙당이 그와 결별 선언을 하는 바람에 그는 당의 지지를 잃었다.

프랑스 대사 앙드레 프랑수아-퐁세는 회고록에서 파펜이 독일 총리에 임명되었다는 소식에 사람들이 어떻게 반응했는지 말하며 "아무도 믿고 싶어 하지 않았고, 나중에 사실로 확인되자 다들 웃거나 실소를 금치 못했다"고 썼다. 대사는 그를 직접 알았기 때문에 그에 대해 아주 많은 것을 말해준다. "그에게는 친구나 적이나 진지하게 받아들일 만한 구석이 없다. 그의 얼굴에는 도무지 지울 수 없는 천박함이 흐른다. 그는 결코 고관이 될 인물이 아니다. … 사람들은 그가 얄팍하고, 사람들 사이에 이간질이나 시키고, 사람을 잘 속이고, 출세욕이 강하고, 알맹이가 없고, 교활하고, 음모를 꾸미기 좋아하는 사람이라고 여긴다. 어쨌든 그가 가지고 있는 분명한 특징 한 가지는 낯두꺼운 뻔뻔스러움인데, 자신은 그 사실을 모르는 것 같다. 그는 모든 도전, 모든 내기를 받아들이는 탓에 절대 위험한 일을 맡아서는 안 될 사람이다. 그는 성공하면 기뻐서 어쩔 줄 모르고, 실패하면 안절부절못한다."

1932년 11월에 파펜 총리와 처음 만난 뒤 베를린 주재 스위스 공사는 이렇게 썼다. "나는 파펜 씨와 헤어지며 정말 수다스런 사람과 이야기를 했다는 인상을 받았다. 그 수다스러움에 내가 지루함을 느꼈다고 해도 결코 나를 비난할 수 없는, 그런 사람 말이다. 이것이 오늘날 독일을 다스리는 사람의 주된 특징인가 아닌가는 물론 또 다른 문제다." 영국 대사 호러스 럼볼드 경은 1933년 1월에 파펜과 이야기를 나눈 뒤 "이 거대한 나라의 운명을 비록 짧은 시간이라도 그렇게 무게 없는 사람이 짊어지고 있었다니 놀랍다"고 말했다. 1920년대 초에 처음 파펜을 만난 독일 공화국의 첫 번째 총리 콘라트 아데나워는 후에 "나는 늘 그의 수많은 한계를 감안해 정상을 참작하는 은전을 베풀었다"고 술회했다.

이런 노골적인 평가에도 불구하고 파펜은 베를린 사교계에서 두각을 나타냈다. 거기에는 그의 나무랄 데 없는 예의범절과 국제적인 감각, 축적된 훌륭한 언어 능력에서 나오는 가벼운 대화, 이런 것들이 결국 사람들로 하여금 그를 찾게 만들었다. 그 자질 덕분에 그는 또 쿠르트 폰 슐라이허를 포함한 장교들의 모임에도 들어갔고, 슐라이허가 중요한 인물이 되는 동안 함께 많은 여가를 보냈다. 그 집단에서는 장난으로 어른이 아이 부르듯 파펜을 '프랜첸'이라고 부르는 일이 많았다. 프랑수아-퐁세 대사는 "파펜은 때로 농담의 표적이 되었다. 그들이 그를 짓궂게 놀리기 좋아해도 그는 성을 내지 않았다"고 말한다.

파펜은 총리 자리에 오르자마자 금방 힌덴부르크 대통령의 환심을 샀다. 이것을 눈치챈 수많은 동시대인 가운데는 프랑수아-퐁세 대사도 있었다. 그는 회고록에서 "그는 원수가 누구보다도 좋아하는 사람이었다. 그는 생기발랄하고 유쾌한 언행으로 이 늙은이를 즐겁게 했고, 존경과 헌신을 보여 그의 마음을 샀으며, 대담함으로 그를 기쁘게 했다. 힌덴부르크 눈에는 파펜이 완벽한 신사였다"고 말했다. 파펜이 총리직을 그만둘 때, 대통령은 그와 헤어지기가 못내 아쉬운 듯 눈물겨운 장면을 연출했다. 힌덴부르크는 과거에 총리를 떠나보낼 때와는 달리 파펜에게 사적인 편지를 보내 그를 잃은 슬픔을 표현하고, 서명이 된 자기 사진을 죽은 동료에 대한 감상을 노래한 유명한 군가의 후렴구로 장식해 선물했다.

그러나 파펜이 총리 자리에 있는 동안 슐라이허와의 우정은 갈수록 긴장 상태에 놓여, 결국 그는 자신을 밀었던 사람 손에 잘리게 되었다. 슐라이허가 파펜을 그런 높은 자리에 추천한 이유는 그를 마음대로 주무를 수 있을 것이라고 믿은 탓이었다. 자기가 미는 파펜에 대해서 슐라이허의 개인적인 평가는 그리 높지 않았다. 파펜이 총리에 임명되었을 때, 둘을 모두 아는 사람이 슐라이허에게 그가 총리로 선택한 사람이 어깨 위에 있는 머리가 좋다는 말은 들리지 않는다고 하자, 슐라이허는 "그에게는 머리가 필요 없어. 그는 모자니까!" 하고 받아쳤다고 한다.

파펜이 취임해 자기 주장을 펴기 시작하자 슐라이허는 깜짝 놀라며 아주 불쾌해했다. 한번은 국방장관으로서 그와 통화한 뒤, 슐라이허는 보좌관들에게 빈정대듯이 투덜거렸다. "자네들 어떻게 생각해. 프랜첸이 마침내 자신을 발견했어."

공작 끝에 파펜을 끌어내리고 대신 총리 자리를 차지한 뒤, 슐라이허는 버림받은 파펜을 달래려 했다. 12월에 전국에 방송된 라디오 연설에서 그는 자신의 전임자가 "두려움이나 오점 따위는 찾아볼 수 없는 훌륭한 기사"라고 칭찬했고, 새해에는 '친애하는 프랜첸'에게도 연하장을 보내 "지난해 벌인 결정적인 전투에서 깃발을 든 사람"이라고 치켜세웠다. 파펜이 자기 감정을 숨기고 겉으로는 여전히 따뜻한 우정을 보였어도, 처음의 우정은 자신을 붕 띄웠다가 버린 사람에 대한 끓어오르는 분노로 바뀌었다.

한번 권력을 맛본 파펜은 다시 그 권력을 맛보고 싶었다. 게다가 자신의 친구이자 후원자였던 슐라이허에게도 어떻게든 복수하고 싶었다. 파펜은 여전히 계속되는 힌덴부르크의 애정에 기대어 복귀하면 보수와 나치 연립 내각의 총리가 됨으로써 대통령이 원래 자기에게 부여한 임무도 완수할 수 있을 것 같았다. 그는 이미 이런 목표를 추구하기 위해 총리직에 있던 막판에 중개인을 통해 나치 지도부와 의견 교환을 할 수 있는 통로를 만들어놓았고, 나치를 꾀기 위한 미끼로 히틀러가 우파 내각의 지도자가 되는 것도 수락할 의향이 있는 것처럼 믿게 했다. 하지만 파펜은 힌덴부르크가 히틀러를 대놓고 싫어하는 것을 알았기에 히틀러가 총리가 되는 일은 결코 없을 것이라고 믿었다. 그렇다면 나치는 대통령이 원하는 우파 내각을 구성할 수 있는 유일한 대안으로서 자신이 총리직에 복귀하는 것을 지지할 수밖에 없었다.

1932년 12월 중순에 파펜은 정계에 복귀할 수 있는 길이 언뜻 눈에 보이는 것 같았다. 아주 배타적인 베를린 신사 클럽 '헤렌 클럽'에서 나치를 포함

정치적 전망이 어두웠던 히틀러는 1933년 1월 4일에 쾰른에 있는 은행가 쿠르트 폰 슈뢰더(동그라미 속 인물)의 저택에서 전 총리 프란츠 폰 파펜과 비밀리에 만나면서 전환점을 맞이했다.

한 내각을 구성하려다 실패한 것에 유감을 표하는 연설을 한 뒤, 파펜은 청중 가운데 하나와 이야기를 하게 되었다. 그는 쾰른 출신의 은행가이며 나치 동조자인 쿠르트 폰 슈뢰더 남작이었다. 파펜은 슈뢰더에게 슐라이허에 대한 분노를 드러냈다. 그리고는 슐라이허의 엉큼한 수작에 힌덴부르크가 화가 났다며 자기는 여전히 대통령의 신임을 받고 있다는 말도 했다. 파펜은 또 이 은행가에게 총리직에 있을 때 나치가 자신을 공격했지만 자신은 히틀러를 만날 용의가 있다는 뜻도 넌지시 전했다.

파펜이 이렇게 속내를 드러내자 사태가 급진전되어 1933년 1월 4일 쾰른에서 그와 히틀러가 만나게 되었다. 슈뢰더 남작이 당장 나치 중개인에게 전화해 파펜에게 들은 것을 알렸고, 그것을 다시 나치 중개인이 히틀러에게 전했던 것이다. 히틀러는 이 생각지도 않은 제안에서 정치적으로 몰린 막다른 궁지에서 벗어날 수 있는 가능성을 보았다. 그는 파펜과 공모하면 힌덴부르크에 대한 전 총리의 영향력을 자기 목적에 맞게 이용할 수 있을 것 같았다. 파펜은 대통령이 보낸 밀사일지도 모를 일이었다. 그러나 이 초청 뒤에 누가 있든, 그것은 아주 구미가 당기는 길을 열어주었다. 전에는 히틀러가 할 수 있는 일이란 의회가 소집되면 그의 당도 슐라이허 내각에 대한 불신임 투표에 참여하도록 하는 길밖에 없었다. 예상대로 나치당부터 공산당까지 과반수가 불신임을 지지하면 당연히 의회가 해산되어 새 선거를 치러야 할 것이고, 그러면 또다시 선거에서 큰 손실을 입을 것이 뻔했다. 그러나 파펜의 도움으로 새 선거를 치르기 전에 자신이 총리가 되면 현재의 궁지에서 벗어나 목표를 달성할 수 있을 것 같았다. 만일 그렇게 된다면 다시 총선을 치르더라도 두려워할 필요가 없었다. '힌덴부르크-히틀러'를 내걸고 선거 운동을 하면 총선에서 이기는 것은 거의 따 놓은 당상이었다.

히틀러는 파펜과 만나기로 했고, 1932년 12월 마지막 주에 양쪽 중개인이 쾰른에 있는 슈뢰더의 저택에서 두 사람을 만나게 했다. 이곳은 얼마 전까지만 해도 서로 정적이던 두 사람의 여행 계획에도 잘 맞았지만, 나치의 주장에 따라 비밀을 지키기에도 좋았다. 사실 처음에는 히틀러 쪽 중개인이 발각될 수 있는 위험을 최소한으로 줄이기 위해 어두워진 뒤에 만나야 한다고 말했으나, 히틀러의 여행 계획에 맞추기 위해 1933년 1월 4일 수요일 정오로 일정이 잡혔다. 슈뢰더 남작의 대궐 같은 저택에 도착하자, 정적이었던 두 사람은 몇 시간이나 틀어박혀 밀담을 나누었다. 이 만남을 주선한 집주인은 두 사람이 대화를 나누는 동안 끼여들지는 않아도 한동안 자리를 함께 했으나, 히틀러와 동행한 세 사람은 집안의 다른 곳에서 기다렸다.

나중에 슈뢰더가 말한 바에 따르면, 히틀러는 대화에 들어가자마자 과거에 불만이었던 것을 마구 끄집어내며 공세를 취했다고 한다. 히틀러는 지난 7월 총선거에서 자기 당이 승리했는데도 힌덴부르크 대통령이 자기에게 총리 자리를 주지 못하게 했다며 특유의 날카로운 어조로 파펜을 신랄하게 비난했다. 그러자 파펜이 히틀러의 임명을 막은 것은 자기가 아니라 슐라이허라며, 자기는 히틀러를 지지했다고 사실과는 반대로 말했다. 히틀러가 며칠 뒤 괴벨스에게 슬쩍 말한 대로, 파펜은 슐라이허에 대해 돌이킬 수 없는 깊은 적대감을 드러냈다. 괴벨스는 일기에 "파펜은 슐라이허를 몰락시켜 깨끗이 제거하고 싶어했다"고 적었다. 파펜은 또 히틀러에게 대통령이 슐라이허에 대해 주저하는 바가 있어 아직 그에게 의회를 해산하는 포고령을 내릴 수 있게 해주지 않았다는 것도 알려주었다. 물론 자신이 아직 힌덴부르크에게 영향력을 행사할 수 있다는 가장 중요한 말도 빼놓지 않았다. 히틀러의 말을 듣고 괴벨스가 적은 대로 "늙은이는 그의 말을 귀담아 듣고 있었다."

미래로 화제를 돌리자 파펜과 히틀러 사이에는 상당히 넓은 공감대가 있었다. 두 사람은 나치와 민족주의 보수 세력의 연합으로 슐라이허 내각을 대체하고 좌파 당을 짓밟아 버려야 한다는 점에서는 한마음이라는 것을 금새 확인했다. 그러나 파펜은 당이 없는 사람이라 그가 결집할 수 있는 것은 기껏해야 우파 의원 가운데서도 불운했던 그의 내각을 지지한 소수밖에 없어, 의회에서 그런 연합을 할 과반수 세력이 눈에 보이지 않았다. 따라서 유일한 대안은 대통령 내각밖에 없을 것 같았기 때문에 파펜은 히틀러에게 대통령 내각이라면 대통령의 동의를 얻을 자신이 있다고 말했다.

하지만 두 사람은 누가 총리가 되어 그런 내각을 이끌 것인가 하는 문제는 해결하지 못했다. 파펜은 잘 알다시피 힌덴부르크 대통령이 히틀러를 임명하는 것에 대해서는 저항감을 가지고 있으니 총리직을 달라는 요구를 버리고 히틀러가 신뢰하는 부하들을 파견해 자기가 이끄는 내각에서 히틀러 자신을 대변하도록 하라고 다그쳤다. 그리고 미끼로 나치 국방장관과 내무장관은 받아들이겠다고 했다. 국방부와 내무부를 장악하면 군과 연방법 집행을 지휘할 수 있으니, 그렇게 되면 나치는 가공할 위치에 올라설 수 있었다. 그런데도 히틀러는 고집스럽게 자기 당이 다수의 지지를 얻었으니 당연히 자기가 총리가 되어야 한다고 주장했다. 히틀러와 파펜은 두 사람이 권력을 나누어 갖는 '쌍두 마차 체제'에 관해 논의하다 점심이 준비되었다는 슈뢰더의 말에 결론을 내리지 못한 채 이야기를 마쳤다. 파펜과 히틀러는 헤어지기 전에 구체적으로 날짜를 정하지는 않았지만 계속 상의해 나가기로 했다.

히틀러-파펜의 쾰른 회동은 중대한 결과를 낳았다. 히틀러의 정치적 고립이 종지부를 찍었기 때문이다. 위태롭던 그의 운명은 단번에 반전되었다. 그는 정치적으로 내리막길을 걷고 있었고, 혜성같이 떠오른 지도자가 권력을 잡을 기회를 놓친 것 같자 밑에 있던 당원들도 힘을 잃고 갈팡질팡하고 있었다. 그는 아무래도 전권을 쥘 수 없을 것 같았다. 그런데도 끈질기게 자기가 바라는 총리 자리만 요구할 뿐 그밖에 다른 전략은 고려해보려고도 하지 않았다. 그러나 이제는 히틀러가 파펜과의 만남을 통해 급격하게 변하는 정치 지형에서 중요한 변수가 되었다. 그는 마침내 절대적인 권력자 힌덴부르크 대통령을 둘러싸고 있던 인의 장막을 돌파했다. 히틀러는 이제 전 총리인 파펜의 제안을 받은 몸이었고, 파펜은 총리직에 있을 때 편 정책으로 영향력 있는 보수 집단과 국가 수반의 애정을 받는 사람이었다.

히틀러는 1월 4일 파펜과 나눈 대화에서 아주 중요한 정보를 얻었다. 그는 이제 과거의 차이에도 아랑곳없이 전 총리가 자신과 협력할 용의가 있다는 것을 알았다. 히틀러는 또 파펜이 한때는 자신의 후원자였던 슐라이허를 몹시 미워하며 정치적으로 그를 파멸시키고 싶어한다는 것도 알았다. 히틀러는 앞으로 파펜과 거래하면서 적의 적은 친구라는 오랜 속담에 기댈 수 있을 것 같았다. 히틀러는 이제 슐라이허의 자리가 보기보다 그렇게 얻기 어려운 자리는 아니라고 믿어도 좋을 근거를 얻었다. 사실 파펜의 정보가 틀리지 않다면, 총리는 지금 아주 불안한 위치에 있었다. 힌덴부르크가 정말로 의회를 해산할 수 있는 포고령을 내리지 못하게 하면, 의회가 다시 소집되어 불신임 투표를 할 경우 총리는 아주 위태로운 지경에 빠질 것이기 때문이었다. 무엇보다도 중요한 것은 파펜이 자랑하는 힌덴부르크에 대한 영향력이 히틀러에게 처음으로 자기에 대한 대통령의 거부를 물리칠 수 있을지도 모른다는 희망을 준 것이었다. 히틀러는 지난 몇 달 동안 자꾸만 멀어져 가던 총리 자리를 잘하면 낚아챌 수 있을 것 같았다.

콜로뉴 회동은 프란츠 폰 파펜의 정치 생명도 되살려주었다. 파펜이 슈뢰더 남작 집에 갔을 때만 해도, 그는 자기 당의 지지까지 잃으면서 총리가 되었으나 얼마 안 되는 기간 동안 그 자리에 있으면서 지지하는 사람은 얼마 없고 정적만 늘어난 실패한 전 총리였다. 그러나 히틀러를 만나고 나서 파펜은 전국에서 가장 활발한 대중 정치 운동을 이용해 자기에게 권력을 주었다가 빼앗아 가버린 사람에게 복수를 할 수 있겠다는 희망을 갖게 되었다. 물론 히틀러가 총리 자리를 포기하지 않으려 해, 그 자리에 복귀하려는 야심에 걸림돌이 되기는 했다. 하지만 절대 히틀러를 임명하지 않겠다는 힌덴부르크의 거듭 증명된 의지 앞에서는 히틀러도 결국 뒤로 물러설 것이라는 희망이 있었다. 파펜은 자신이 대통령을 꽉 잡고 있으니 자기가 재임명되는 데는 어려움이 없을 것이라고 보았다. 그를 붙잡아두고 싶은 마음에 힌덴부르크는 전해에도 두 번이나 헌법을 어기고 의회를 해산한 뒤 60일 안에 새 선거 일정을 잡지 않아도 되도록 했고, 그가 퇴임한 뒤에도 슐라이허가 제안한 프랑스 대사 자리를 물리치고 베를린에 남아 자기 의논 상대가 되어 달라고 했다.

이런 점으로 볼 때, 파펜이 힌덴부르크를 설득해 그토록 가고 싶은 자리에 다시 자기를 부르도록 할 수 있을 것이라는 믿음은 근거가 있었다.

그러나 쾰른 회동이 완벽한 성공작은 아니었다. 그 회동을 비밀에 부치려던 노력이 수포로 돌아간 탓이었다. 그 전날 한 베를린 신문이 히틀러와 파펜이 곧 협의에 나서리라고 예측했을 때, 파펜은 물론 한마디로 딱 잘라 부인했고, 괴벨스가 베를린에서 펴낸 타블로이드판 신문 〈공격〉 또한 마찬가지였다. 그런데 1월 4일 슈뢰더 남작 집 앞에서 택시를 내리는데 한 사진사가 카메라를 들이대, 전 총리는 깜짝 놀라지 않을 수 없었다. 파펜은 슐라이허의 지시로 군 정보부에서 자기 전화를 도청해 그들이 만나는 사실을 알게 되었을 것이라고 짐작했다. 하지만 그 사진사는 정계에 발이 넓은 치과의사가 보낸 사람이었는데, 그 의사의 환자 중에 전 총리인 하인리히 브뤼닝과 그레고르 슈트라서, 슐라이허 같은 거물들이 있었다.

이 치과 의사는 아마 브뤼닝을 통해 그들이 만날 계획이라는 것을 눈치챘을 것이다. 나중에 브뤼닝은 12월 말에 그레고르 슈트라서를 통해 알았다고 했는데, 슈트라서는 아마 당내 지지자 가운데 하나에게 그 정보를 들었을 것이다. 이 치과 의사는 슈트라서와 슐라이허를 모두 돕고 싶은 마음에 슈트라서의 추종자 가운데 하나에게 파펜의 뒤를 밟아 사진을 찍어오라고 했다. 그리고 전 총리가 히틀러를 만나는 것이 확인되자 바로 슐라이허에게 동조하는 베를린 신문 〈타그리쉐 룬트샤우〉에 이 소식을 전했다. 그는 총리에게도 파펜을 찍은 사진 복사본을 보냈다. 신문사에서는 이 소식을 입수하자 1월 5일자 신문을 찍고 있던 윤전기를 멈춰 세우고 이 사실을 1면 머리 기사에 실었다. 그리고 '슐라이허에 반대하는 히틀러와 파펜'이라는 커다란 제목을 붙였다.

쾰른 회동 소식은 한동안 잠잠했던 독일 정가에 폭탄처럼 떨어졌다. 이

기사가 전국에서 며칠 동안이나 신문의 머리 기사를 장식했다. 이에 대해 쾰른 회동의 공모자들은 대수롭지 않은 일에 공연히 떠들썩하게 법석을 떤다고 했다. 1월 5일 파펜은 그 만남이 슐라이허에게 반대하기 위한 것이었다는 '날조된' 주장에 반박하는 성명을 냈다. 그는 지난 반 년 동안 어떻게 하면 광범한 우파 연립 내각에 나치당을 끌어들일 수 있을까 연구했고, 히틀러와 만나 이것에 대해 논의했을 뿐이었다고 했다. 1월 6일에는 슈뢰더 남작이 두 정치인이 만난 것은 순전히 자기 때문이라며, 만남의 목적은 모든 민족주의—그러니까 우파—세력을 결집할 수 있는 방안을 논의하는 데 있었다고 주장했다. 히틀러와 파펜도 1월 6일 공동 성명을 내 "정치적으로 광범한 민족주의 통일 전선의 가능성"을 타진했을 뿐이라며, 슐라이허 내각에 대한 의견을 교환했다는 주장을 정면으로 부인했다. 같은 날, 괴벨스의 〈공격〉은 정치가들이 그렇게 정보를 교환하는 것은 흔한 일이라고 했다. 그런데 전국에서 발행되는 나치당 기관지 〈민족의 관찰자〉가 1월 6일에는 이 만남에서 "지난 몇 주 동안 일어난 정치적인 사건들에 대해 허심탄회하게 의견을 나누었을 뿐"이라고 해놓고는 다음날인 1월 7일, 파펜은 자신이 총리직을 사임한 것이나 슐라이허가 대신 그 자리에 임명된 것에 대해 '몇 가지 흥미로운 사실'을 히틀러와 이야기하고 싶었기 때문이라고 했다.

그러나 이렇게 판단을 흐리려는 서툰 노력은 언론 쪽의 실수로 그들이 마땅히 받아야 할 공개적인 정밀 조사를 받지 않았다. 쾰른 회동을 설명하려고 하면서 많은 언론이 당시 독일 지식인 사이에 널리 퍼져 있던 반자본가 정서의 희생양이 되고 말았던 것이다. 그때는 이미 많은 집단에서 나치당이 독일 자본가에게 자금 지원을 받고 있다는 신화를 굳게 믿고 있었다. 그런데 이렇게 히틀러와 파펜이 은행가의 집에서 모이자, 공산당과 사회민주당 기자들뿐 아니라 자유주의 신문에 글을 쓰는 일부 기자와 심지어는 이 기사를 터뜨

1933년 1월 4일 히틀러와 파펜이 만난 것을 비밀에 부치려다 들통난 것을 비웃은 '들켰다!' 캡션은 '파펜과 한 이불 속에 들어간 히틀러!' [전진, 1933년 1월 7일(#12)](왼쪽). 히틀러가 독일 대기업의 재정 지원을 받았다는, 널리 퍼진 오해가 반영된 사회민주당의 만평 '부자와 함께.' 캡션은 '모든 사람이 날 버리지 않도록 곤경에 빠진 날 외면하지 마세요.' '수요일에 히틀러가 대기업가 프리츠 티센과 만찬을 했다'는 기사는 오보였다. [전진, 1933년 1월 19일(#32)](오른쪽).

린 보수적인 무당파 신문 〈타그리쉐 룬트샤우〉에 글을 쓰는 일부 기자들까지 마치 기다렸다는 듯이 그 뒤에는 자본가의 음모가 있다고 소리쳤다. 전국에서 발행되는 사회민주당 기관지 〈전진〉은 "현장에서 붙잡혔다!"는 헤드라인을 통해 당의 분위기를 한마디로 말해주었다. 공산당 기관지 〈붉은 깃발〉의 독자들은 "히틀러가 라인 강 유역의 베스트팔렌 산업 지대에 있는 많은 집단으로부터 엄청난 자금 지원을 받았고 또한 그런 자금이 관례적으로 사설 은행을 통해 전달된 것을 볼 때, 이 만남의 배경은 뻔하다"는 보도를 접했다.

그 뒤 며칠 동안 정치적으로 막강한 힘을 가진 사악한 재계가 막후에서 벌이는 음모에 대해 온갖 상상력을 펼친 근거도 없는 주장들이 신문에 흘러 넘쳤다. 그런 추측 기사에서 히틀러와 파펜은 부차적인 존재로 전락해, 그들보다 훨씬 막강한 경제 세력의 앞잡이가 되었다. 그 밖에도 여러 가지 해석이 혼란을 부추겼다. 어떤 기자들은 당사자들의 부인을 액면 그대로 받아들였고, 어떤 기자들은 틀림없이 파펜이 히틀러를 설득해 현 내각을 지지하도록 하려고 슐라이허에게 알리고 그렇게 행동했을 것이라고 했다. 쿠르트 폰 슐라이허 총리에 대한 적대감 때문에 두 정치인이 회동해 음모를 꾸몄다는 가장 단순한 설명이 가장 그럴듯하다는 것을 인정한 사람은 소수에 지나지 않았다.

뻔한 것을 놓친 사람 가운데는 슐라이허 자신도 있었다. 쾰른 소식에 깜짝 놀란 그는 파펜이 주제넘게 나섰다고 화를 내며, 힌덴부르크 대통령에게 파펜이 다시는 그런 독자적인 모험을 하지 못하도록 단속을 해달라며 투덜거렸다. 슐라이허는 파펜을 대수롭지 않게 생각했기에 설마 그에게 사악한 동기가 있으리라고는 생각지도 못했다. 슐라이허가 전 총리를 과소 평가했다는 것은 1932년 12월 중순에 파펜이 신사 클럽에서 한 연설에 대해 그의 비서 실장 에어빈 플랑크가 말한 것에서도 드러난다. 그날 연설을 들은 사람 가운데 하나가 플랑크에게 다가가 파펜이 슐라이허에게 적의를 보인다며 파펜과 힌덴부르크의 유대가 긴밀해 위험할 수도 있다고 경고했을 때, 플랑크는 "맘대로 지껄이라고 해. 그는 정말 대수롭지 않은 사람이니까. 그의 말을 진지하게 여기는 사람은 아무도 없어. 파펜 씨는 겉만 번지르르한 바보야. 그 연설은 불쌍한 패자의 마지막 노래일 뿐이야." 하고 말했다.

슐라이허는 쾰른 회동으로 드러난 위험을 인지하지 못하고 파펜이 다시 총애를 받고 싶은 나머지 분별 없이 나서서 히틀러와 슐라이허 내각을 화해시키려 했다고 생각했다. 총리가 1월 6일 오후 늦게 차를 마시며 프랑수아-

대통령 비서실장 오토 마이스너. 그는 1933년 1월에 슐라이허 총리를 끌어내리고 대신 히틀러를 총리로 만들기 위한 음모에 가담했다(왼쪽). 프란츠 폰 파펜 총리와 대통령 비서실장 오토 마이스너 1932년.(오른쪽).

퐁세 대사에게 이 문제에 대해 속내를 털어놓았을 때 이것은 분명해졌다. 그와 대사는 친분이 두터웠는데, 이는 슐라이허가 베르사유 조약에 따라 독일에 강요된 동쪽 국경을 언젠가 조정할 때 프랑스의 묵인을 얻고 싶었고, 그러려면 프랑스의 환심을 살 필요가 있다고 믿은 탓이었다. 총리는 쾰른 회동에 대해 프랑수아-퐁세에게 설명하려고 하면서 파펜이 히틀러를 만나는 중대한 실수를 저질렀다고 말했다. 그러나 전 총리인 파펜이 자기에게 해를 끼칠 의도는 없었다며, "그는 얄팍하다"고 말했다. "그가 놀라운 솜씨를 발휘해 히틀러를 우리에게 바칠 수 있을 줄 알았나 봅니다. 히틀러가 그렇게 몇 번이나 믿을 수 없는 사람이라는 것을 보여줬는데도! 지금은 난처한 처지에 빠져, 우리에게 질책을 받을까봐 두려워하고 있어요. 하지만 난 꾸짖지 않고 이렇게만 말할 겁니다. '프랜첸, 또 큰 실수를 저질렀군!'"

1월 9일 월요일, 파펜이 베를린에 돌아와 슐라이허에게 찾아갔다. 파펜은 나중에 이 만남을 오랜 친구의 따뜻한 재회로 그리며, 자신이 히틀러와 만난 것에 대해 슐라이허가 갖고 있던 오해를 모두 풀었다고 말했다. 두 사람은 그 뒤 언론에 낸 성명을 인용해 그런 주장을 뒷받침했다. 그 성명에서 두 사람은 일부 언론에 그들 사이에 차이가 있는 것으로 보도되었으나 그것은 '전혀 근거 없는 것'이라고 딱 잘라 말했다.

슐라이허는 1월 9일 파펜과 이야기한 것을 기록으로 남기지 않았다. 그러나, 그가 저녁 식사에 초대한 몇몇 기자들에게 비공식적으로 말한 내용 중에는 파펜이 그에게 무슨 말을 했는지 짐작해볼 수 있는 단서가 있다. 총리가 1월 13일에 기자들에게 전한 것은, 파펜이 말하기를 히틀러 자신이 직접 국방장관과 내무장관이 되어야 한다고 주장했다는 것이다. 그러나 이것은 히틀러가 괴벨스에게 말한 것과 다르다. 괴벨스는 일기에 총리에 파펜이 재임명되는 것을 받아들이면 국방장관과 내무장관은 히틀러가 알아서 뽑을 수 있다는 제안을 받았다고 기록했다. 슐라이허는 히틀러가 두 장관직을 맡겠다고 한 내각의 총리는 누가 될 것으로 예견했는지에 대해서는 기자들에게 말하지 않았다. 그러나 아무래도 히틀러가 두 장관직에다 총리까지 하겠다고 하지는 않았을 것 같다. 파펜은 물론 슐라이허에게 두 번째 파펜 내각의 가능성에 대해 논의했다는 말은 하지 않았을 것이다. 그렇다면 남는 가능성은 슐라이허 내각뿐이었다. 그러니까 1월 9일에 프란츠 폰 파펜은 쿠르트 폰 슐라이허에게, 제3제국이 몰락한 뒤 그가 몇 번이나 되풀이해 주장했듯이, 쾰른 회동에서 자기는 그저 히틀러가 슐라이허 내각을 돕게 하려 했을 뿐이라고 이야기했을 것이다. 게다가 나중에 슐라이허가 인정했듯이, 슐라이허의 손을 잡고 그의 눈을 빤히 쳐다보며 그들 사이의 오랜 우정을 되새긴 뒤 "명

프란츠 폰 파펜 총리(왼쪽)와 오토 마이스너. 1932년, 베를린의 동물원에서.

예를 걸고 말하건대, 내가 그를 믿다니 바보였어"라고 말한 뒤에.

1월 9일 슐라이허와 이야기한 뒤 파펜은 힌덴부르크 대통령에게 찾아가 자신이 쾰른에서 말한 것에 대해 이번에는 또 다른 이야기를 했다. 대통령 비서 실장 오토 마이스너는 그의 회고록에, 힌덴부르크에 따르면 파펜이 말하기를 히틀러가 이제는 대통령의 비상 대권을 쓸 수 있는 대통령 내각의 총리는 요구하지 않을 것이라고 했다고 썼다. 그리하여 힌덴부르크는 파펜으로부터 히틀러가 이제는 당이 보수 세력과 연합해 연립 내각을 구성하도록 할 준비가 되어 있다는 말을 들었다. 여기서 힌덴부르크는 히틀러가 슐라이허 내각을 지지할 리는 만무하니 새 총리를 찾아야겠다는 결론을 내렸다. 그는 마이스너에게 그 역할은 파펜이 하게 될 것이라고 귀띔했다. 대통령은 또 마이스너에게 파펜이 계속 은밀히 히틀러와 접촉해도 좋다는 말을 했다고도 했다.

파펜의 회고록에 따르면, 슐라이허가 대통령에게 파펜이 히틀러와 만난 것은 신의를 저버린 것이니, 다시는 파펜을 믿지 말라고 했는데, 1월 9일 힌덴부르크 대통령은 그 슐라이허의 말을 파펜에게 했다. 대통령에게 말을 듣고 파펜이 그 만남에 대해 설명하자 힌덴부르크는 처음부터 슐라이허의 주장이 옳지 않을 수도 있다는 것을 알았다고 했다. 그리고 대통령은 쾰른 회동이 대통령과 파펜 자신의 관계에 전혀 영향을 미치지 않을 것이라며 안심시켰다는 말도 했다. 불과 사흘 전에 슐라이허 총리는 프랑수아-퐁세 대사에게 파펜이 제멋대로 히틀러를 만나 대통령이 "몹시 화가 났다"고 말했다. 그런데 파펜과의 한 번의 대화로 대통령은 걱정을 말끔히 씻어버렸다. 비서실장 마이스너는 그때 대통령의 지시를 받았다고 훗날 밝혔다. 그것은 1월 9일에 대통령이 파펜에게 히틀러를 계속 접촉할 수 있는 권한을 주었다는 말을 슐라이허에게는 하지 말라는 것이었다. 그리하여 국가의 수반이며 유일하게 총리를 임명하고 그에게 비상 대권을 줄 수 있는 절대 권력자가 바로 5주 전에 자신이 그 자리에 임명했던 사람을 쫓아내려는 음모에 가담하게 되었다. 물론 자신은 그런 줄 몰랐겠지만.

3. 히틀러는 불안한 승리를 얻고 나치는 위기에 빠지다

1월 4일 파펜과 만난 뒤, 히틀러는 1월 15일 의회 선거가 예정되어 있던 리페라는 작은 주로 달려가 곧바로 선거 운동에 뛰어들었다. 쾰른에서 120마일이나 떨어져 있는 데다 겨울철 도로 사정도 안 좋아, 그는 그날 저녁 첫 번째 연설을 하기로 되어 있던 시골 읍에 두 시간이나 늦게 도착했다. 천막 하나로 추위를 견디며 회장을 가득 메우고 있던 청중들은 참을성 있게 기다리다 그날 저녁 10시에 모습을 나타낸 그를 열렬히 환호하며 맞이했다. 히틀러는 열성적인 청중들에게 한 시간 넘게 연설한 뒤 곧바로 주의 수도로 가, 그곳에서도 한밤중에 그의 연설을 들으려고 네 시간이나 기다린 청중에게 열렬한 환영을 받았다. 그 뒤에도 히틀러는 열하루 동안 열다섯 번이나 연설을 했다. 그는 주로 외딴 작은 읍에서 연설을 했는데, 그밖에 다른 곳에서도 전국적으로 유명한 나치 지도자들이 유례 없이 강도 높게 펼친 선거 운동의 일환으로 스물세 번이나 더 열린 집회에서 연설을 했다.

그렇지 않아도 국가사회주의당이 쇠퇴 일로에 있다는 믿음이 퍼지고 있는데 설상가상으로 1932년 말에 이어 또다시 선거에 졌다가는 그런 믿음을 확인해주는 꼴만 된다는 것을 알고, 히틀러는 여기서 큰 도박을 하기로 했다. 사실 리페는 17개 연방 주 가운데 하나라, 이곳에서 승리해도 큰 주목거리가 안 되었다. 그러나 히틀러가 직접 나서고 다른 나치당원들도 선거 운동을 벌여 승리하면 당이 아직도 성장 일로에 있는 것처럼 보일 테고, 갈수록 추락하는 추종자들의 사기도 진작될 터였다. 여기에는 큰 위험도 있었다. 최고위급 간부들이 그렇게 전력을 기울였는데도 나치당이 강세를 보이지 않으면, 당이 역풍에 휘말릴 수 있었다. 그러나 흔히 그랬듯이 여기서도 히틀러는 실패해서 설사 어떻게 된다 해도 늘 전력을 기울여 최선을 다하는 정치가의 모습을 보였다.

나치 운동이 활력을 잃지 않았다는 것을 증명할 필요가 있을 때 리페에서 선거를 하게 된 것도 히틀러에게 찾아온 수많은 행운 가운데 하나였다. 무엇보다 이 주는 그에게 유리한 점이 많았다. 면적에서나 인구에서나 리페는 독일 전체에서 0.25퍼센트가 조금 넘는 비중밖에 차지하지 못했다. 그러나 그렇기 때문에 나치는 대규모 집회와 선전으로 이 주를 완전히 쓸어버릴 수 있었다. 리페는 또 나치와 유권자의 궁합이 가장 잘 맞는 지역이기도 했다. 이곳은 전체 인구 가운데 거의 95퍼센트가 프로테스탄트였고, 전국 평균의 두 배인 60퍼센트가 넘는 사람이 시골이나 농촌 마을에 살았다. 나치는 고도로 산업화된 지역에서는 대체로 성적이 좋지 않았다. 그런 곳에서는 육체 노동자들이 사회민주당과 공산당을 대거 지지한 탓이다. 그런 점에서도 리페는 전망이 좋았다. 이 주에는 주요 광산도 없었고 제조업도 전국 평균을 크게 밑돌았다. 그곳에서 멀지 않은 서쪽의 루르 지방만 하더라도 대규모 산업 단지가 즐비했으나, 이곳은 해포석 파이프와 가구를 생산하는 소규모 공장이 훨씬 많았다. 리페 선거에 내기를 건다면 히틀러에게 승산이 있었다.

리페의 위치도 히틀러 당에 유리했다. 이 주는 인구가 훨씬 많은 지역에 둘러싸여 있어, 나치가 지원병을 들여와 지역의 세를 쉽게 보충할 수 있었다. 눈이 날카로운 기자들의 지적대로, 나치당의 대규모 집회에 모인 사람들 가운데 상당 부분은 타지에서 온 사람들이었다. 그러나 이런 타지 사람들도 당원이었기에, 그들의 존재는 군중의 수도 늘려주었지만 열성적인 반응도 보장해주었다. 히틀러가 참석한 첫 번째와 두 번째 집회가 열린 날에도 여섯

대나 되는 특별 열차와 수많은 버스, 트럭이 겨울 휴양지로 이름도 없는 리페로 많은 사람들을 실어 날랐다. 게다가 그 전에 이미 600에서 700명 정도의 돌격대가 도착해 있어, 선거 운동 기간에 돌격대의 수도 크게 늘었다. 이렇게 수입된 돌격대 중 많은 사람은 자전거를 타고 왔는데, 그들은 와서도 대개는 난방도 되지 않는 헛간이나 창고에서 지냈고, 밤에는 짚더미 위에서 잤다. 그러나 그들에게나 다른 열성 분자들에게나 계급의 빈부 격차를 통렬히 비난한 것으로 유명한 히틀러 자신은 선거 운동 기간 내내 궁전에서 남작의 손님으로 호화롭게 지내는 것이 전혀 문제가 되지 않았다.

리페의 정치적 상황을 보아도 나치의 승리는 거의 따 놓은 당상이나 다름없었다. 지난 번에는 주 전체에서 실시된 선거가 경제 불황으로 유권자들이 대거 나치당으로 몰려가기 전인 1929년에 실시되었다. 그래서 나치당은 주 의회 의석 21개 가운데 겨우 한 자리를 차지한 상태에서 선거 운동에 들어갔고, 이는 곧 나치당 의원 수를 대폭 늘릴 수 있다는 것을 의미했다. 이곳은 경쟁도 약했다. 슐라이허 총리는 리페에서 경쟁하는 당 중에 그의 내각과 유대가 공고한 당이 하나도 없는데 중앙 정부의 자원을 끌어다 선거 운동에 쏟아 부을 수도 없었다. 자유주의 정당도 한때는 리페 정치에서 중요한 위치에 있었으나, 1933년 총선에서 대패해 군소 정당으로 전락했다. 공화국의 보루 가운데 하나인 가톨릭중앙당은 프로테스탄트가 지배적인 주에서는 한 번도 중요한 역할을 하지 못했다.

리페에서 지배적인 위치를 차지했던 보수적인 농민과 소도시 거주자들의 표를 놓고 나치와 주로 경쟁을 벌이게 될 반동적인 독일국민당은 아주 불리한 조건에서 1월 선거 운동을 했다. 1년 넘게 두 우익 당끼리 서로 잡아먹을 듯이 싸우게 한 깊은 반목에 종지부를 찍고 싶은 마음에 독일국민당 지도자 알프레트 후겐베르크는 나치에 대한 공격을 삼가고, 자기 당이 리페에서 발행하는 주요 신문의 사설 논조도 많이 누그러뜨렸다. 선거 운동의 강도에서 나치에게 위협이 되는 것은 사회민주당밖에 없었다. 그러나 사회민주당은 조직된 노동자와 밀접한 관계가 있어, 산업 노동자가 얼마 안 되는 주에서 당의 지지 기반이 크게 확충될 가능성은 거의 없었다.

몇 년 동안 독일 전역에서 그랬듯이, 1933년 1월에 리페에서 열린 나치당의 대규모 집회에 참석한 사람들은 어떤 당의 집회에서보다도 훨씬 많은 볼거리를 기대할 수 있었다. 공화제 정치의 간소하고 소박한 스타일이 제국의 화려하고 웅장한 모습을 그리워하는 많은 독일인에게는 효과가 없다는 것을 알고, 나치는 그들의 대규모 집회를 정교하게 연출된 극적인 사건으로 만들었다. 본 행사가 시작되기 한 시간 전부터 제복을 입은 돌격대 밴드가 마을을 돌아다니며 행진하거나 집회 장소에 모여 힘찬 군가를 연주해 관심을 끌었다. 집회를 할 때도 돌격대가 대형을 이루어 집회 장소를 지켰다. 그들은 청중 가운데 야유하는 사람이 있으면 당장 끌어내 대개는 폭력적인 방식으로 처리해버리는 것으로 유명했다. 앞서 나온 연사들이 분위기를 띄워 청중들의 기대가 고조되면, 돌격대가 두 줄로 늘어서서 통로를 만들어 또다시 군가가 울려퍼지는 가운데 그날의 주요 인사가 들어오게 했다. 영국 대사가 말한 대로 다른 당의 진부한 행사에 비해 나치당은 '재즈 밴드처럼 사람을 휘어잡는 매력'이 있었다.

리페의 선거 운동에 나선 나치 연사들은 일반적인 패턴에 따라 먼저 독일이 겪는 고통과 비애를 유대인과 마르크스주의자들이 지배하는 공화제라는 '체제' 탓으로 돌리고 순수한 인종의 강력하고 자랑스런 나치화된 독일을 약속했다. 그들은 선거가 민족의 미래를 놓고 애국자인 나치와 매국노인 마르크스주의자들이 벌이는 십자군 전쟁인 양 말했다. 그러나 이 지역 유권자들의 관심사에는 거의 주의를 기울이지 않았다. 당시 주 정부는 혁명 뒤 계속 공화제를 지지하는 사회민주당 출신의 주지사가 이끌었고, 사회민주당은 이곳에서 늘 어느 당보다도 많은 표를 얻었다. 이곳 주지사는 1920년대 내내 사회주의 계열이 아닌 온건한 당들과도 잘 협력해, 그들의 존경과 신임을 받았다. 그런데도 나치는 늘 하던 대로 주지사와 사회민주당이 애국심이 없는 마르크스주의 국제주의자라고 비난하고 사회민주당의 주적이며 리페에서는 무시해도 좋을 세력인 공산당과 함께 싸잡아 헐뜯어 그들에 대한 신뢰를 무너뜨리려 했다.

나치는 선거 운동을 하는 동안 서기 77년에 토이토부르크 숲에서 로마군을 무찔렀다는 게르만족의 우두머리인, 케루스키족 헤르만과 자기들을 동일시했다. 그러나 공화파인 베를린 신문 〈포시셰 차이퉁〉이 지적했듯이, 겸손한 사회민주당 주지사는 도무지 로마 장군의 역할과는 거리가 멀었다. 또, 리페에서 가까운 빌레펠트에서 발행되는 신문에서 말한 대로, 돌격대의 엄격한 조직이나 그들이 오른손을 들어 로마 식으로 경례하는 것을 보면 나치는 헤르만이 아니라 오히려 전설적인 전투에서 헤르만과 싸운 적인 로마에 가까웠다.

히틀러는 이런 일반적인 노선에 따르면서도 이 선거 운동을 자신의 비타협적인 전략을 옹호하는 기회로 삼았다. 그가 1월 4일 저녁에 처음 한 연설에는 그 뒤 열흘 동안 계속 되풀이하게 될 주제들이 대부분 들어 있었다. 늘 그랬듯이 그는 지난 11월에 의회에서 과반수 세력을 결집하면 총리 자리를 주겠다고 제안한 힌덴부르크 대통령의 제안을 거절한 것에 대해서는 일언반구도 하지 않고 파펜과 슐라이허가 부총리 자리를 제안한 것만 말했다. 그러면서 그 자리를 사양한 것은 자신과 나치 운동의 명성을 '그런 이름뿐인 직위'와 맞바꾸고 싶지 않았기 때문이라고 했다. 그는 또 부총리직을 받아들여 그것을 통해 뒷구멍으로 조금씩 권력을 잡아야 한다는 견해에 반대하며, "나는 막후의 게임은 배운 적이 없으며 배우고 싶지도 않다는 것만 말할 수 있다"고 했다. 프란츠 폰 파펜과 비밀리에 만난 지 몇 시간도 안 되어 나온 이 거짓말은 그날 저녁 히틀러의 머릿속에 있었을 많은 것들을 짐작해볼 수 있게 해준다.

리페의 지역 상황은 나치에게 유리했지만, 이곳에서 선거를 할 때 이미 많은 나치당원들 눈에는 선거를 통해 합법적으로 권력을 잡겠다는 히틀러의 전략은 궁지에 몰린 것 같았다. 지난 7월에 총선에서 승리하고도 총리 자리를 얻지 못한 데다 11월 선거에서 또다시 큰 손실을 보자, 일반 나치당원들 사이에 갈수록 환멸과 좌절이 퍼져나갔다. 금방 승리의 전리품을 나눠 가질 수 있을 것이라는 기대에 부풀어 당에 들어온 사람들은 절망하기 시작했다. 히틀러가 경제적인 곤경에서 빠져 나올 수 있는 만병통치약을 주리라는 희망 때문에 히틀러를 따르게 된 많은 사람들도 마찬가지였다. 그 결과 평당원들의 사기가 전반적으로 떨어지기 시작했다. 12월 말에 나치의 탄생지이자 본거지인 뮌헨에서 나치당을 몰래 감시했다는 비난을 받은 공화국의 정치경찰은 나치가 와해되고 있는 낌새를 챘다. "날마다 사표를 내는 사람이 속출하고, 회비는 비정기적으로 들어오며, 회비가 밀려 제명당하는 일이 갈수록 잦아진다 … 당의 모든 부분이 … 무너지고 있다는 인상을 준다." 경찰은 나치당의 사기에 대해서 "이미 최고점을 지나 이제는 전망이 밝지 않다는 견해가 국가사회주의 당원들 사이에 널리 퍼져 있다"고 말했다.

이런 위기는 나치 운동을 심각한 재정난에 빠뜨렸다. 1932년에 두 차례나 대통령 선거와 총선거를 치른 데다 전국에서 가장 큰 프로이센 주에서도 의회 선거를 치르느라 그렇지 않아도 금고가 말라가는데 이제는 수입마저 줄고 있었다. 전에는 당원들이 내는 월회비가 전국적인 조직을 운영하는 데 필요한 주요 자금줄 역할을 해, 나치당은 거의 자립적인 조직이었다. 불경기가 지속된 몇 년 동안은 평당원이 급격히 불어나고, 돈의 가치는 떨어져 돈이 밀물처럼 쏟아져 들어왔다. 하지만 이제는 새로 들어오는 당원이 갈수록 줄어 가뭄에 콩 나듯 하는지라 돈 부족이 더욱 심해졌다. 명목상 당원으로 남아 있는 사람들도 얼마 안 가 당비를 내지 않는 사람이 많았다. 승리할 것이라는 희망이 줄어들자, 과거에는 정기적으로 내는 당비 외에 기부금을 냈던 사람들도 이제는 기금을 호소해도 반응이 별로 없었다. 정식 당원은 아니어도 당이 권력을 향해 가는 듯하자 기부를 했던 동조자들도 마찬가지였다. 지역에서는 주요 수입원이 당대회 때 받는 입장료였는데, 1932년 말에는 당에 대한 일반의 관심이 줄어들면서 입장료를 대폭 내렸는데도 오는 사람들이 줄어 그마저도 뚝 떨어졌다.

1933년 새해가 되자 돈이 나치당의 첨예한 문제가 되었다. 선거 운동에 필요한 장비와 물품을 외상으로 구입해, 지역 당 간부들은 당 때문에 생긴 빚을 직접 갚으라는 상인들의 빚 독촉에 시달렸다. 이런 빚을 갚기 위해 또 외상을 지는 것도 갈수록 어려워지거나 아예 불가능해졌다. 당에서 크게 불어난 직원들의 봉급을 주는 일도 마찬가지였다. 수입이 계속 올라간 호시절에는 수천 명이나 되는 나치당원들이 불경기치고는 꽤 괜찮은 봉급을 받고 정식 직원으로 일했다. 전국에 있는 본부 직원만 해도 1930년에는 56명이었는데 1932년에는 275명으로 대폭 늘었다. 봉급 등 지출해야 할 비용은 여전히 높은데 당 기금은 줄자, 기금 유용과 같은 온갖 부패에 대한 고발이 잇따라서 당 분위기도 흐려졌다. 수입원이 줄자 운동의 각 부문들 사이에도 마찰이 생겨, 당이나 돌격대의 각 단위 집단들이 어쩌다 들어오는 얼마 안 되는 기부금을 서로 받으려고 경쟁했다. 나치의 재정이 어렵다는 것은 일반 사람들 눈에도 훤히 보였다. 제복을 입은 돌격대가 길 가는 사람에게 떼지어 달려가 동

제복을 입은 돌격대가 길 가는 행인에게 떼지어 달려가 동전을 구걸할 정도로 심각한 나치당의 재정난을 공화파가 비웃은 만화 '새로운 공격.' 캡션은 '제발 한 푼만 줍쇼!' [베를린 일보, 1932년 12월 15일(#593)]

전을 구걸하며 깡통을 딸랑거렸고, 어떤 곳에서는 당이 돈을 모으려고 복권을 팔면서 당원들에게 복권을 강매했다.

그렇게 재정이 압박을 받는 상황에서, 리페처럼 넓지 않은 곳은 물론 그 어느 곳에서도 정교하고 강력한 선거 운동은 하기 어려웠을 것이다. 그러나 리페에서는 운송비도 거의 들지 않았고, 숙박 시설이나 집회 장소도 다른 곳에 비해 비싸지 않았다. 노동력은 당원들이 거의 모두 제공했고, 시골 마을을 돌아다니며 확성기로 집회 소식을 알린 차량도 마찬가지였다. 주 전체에서 자원 봉사자들이 집집마다 찾아다니며 유권자들의 지지를 호소했고, 한 푼이라도 절약하기 위해 11월 총선거 때 쓰다 남은 포스터도 낡은 정보 위에 새 정보를 오려 붙여 재활용했다. 또 이것을 보완하기 위해 당원들이 집에서 플래카드를 만들어 가지고 나왔다. 대부분 집회에 전국적으로 널리 알려진 나치 지도자들이 나와, 불경기치고는 꽤 비싼 입장료를 사는 사람들도 있었다. 집회에 드는 경비도 얼마 되지 않았다. 연사로 초빙된 유명한 나치들이 대부분 봉급을 받는 당 간부이거나 철도 무임 승차권이 있는 의원들이라, 사례금이나 교통비는 지불하지 않아도 되었다. 별로 많지 않은 돈으로는 넓은 술집 주인이나 큰 집회 장소를 가진 사람들을 설득하지 못하였으므로 넓은 장소를 빌리지는 못했지만, 빌린 텐트 세 개가 집회를 열 수 있는 경제적인 장소를 제공해주었다.

이런 유리한 조건에서도 나치는 1월 선거 운동을 하는 동안 줄곧 돈 문제에 시달렸다. 히틀러는 지역 당의 줄어드는 수입을 보충하기 위해 그의 개인적인 주요 수입원이었던 《나의 투쟁》으로 받은 인세에 손을 대는 파격적인 일까지 해야 했다. 한번은 그의 보좌관 하나가 생각다 못해 히틀러의 언론 담당 비서 오토 디트리히에게 다가가 다음날 당 지도자가 연설하기로 되어 있는 홀 임대료를 선불로 달라는데 당장 돈이 모자란다며 꽤 많은 돈을 좀 빌려달라고 했다. 그런가 하면 참다 못한 지역 채권자의 청구로 집달관이 당 대회장 입구에서 받은 입장료를 압수하는 일도 일어났다.

리페에서 선거 운동을 하는 동안 나치는 이렇게 재정난 때문에도 곤욕을 치렀지만 앞서 당의 관료 조직을 이끌었던 그레고르 슈트라서의 의도가 무엇인지도 몰라 불안했다. 슈트라서가 12월 초에 사임한 뒤 도통 사람들 앞에 모습을 나타내지 않아, 히틀러와 요제프 괴벨스 같은 그의 심복들은 슈트라서가 막후에서 당을 분열시키고 슐라이허 내각에 들어가기 위해 음모를 꾸미고 있다는 언론의 끈질긴 소문에 걱정하지 않을 수 없었다. 이들의 우려가 전혀 근거가 없는 것도 아니었다. 일부 슈트라서의 숭배자들이—그들 가운데는 연방의회 의원과 지역 당 우두머리도 있었다—그를 단념하려 들지 않았다. 그들은 슈트라서가 사임한 뒤에도 비공식적인 네트워크를 갖고 국가 사회주의의 사회주의적인 측면을 진지하게 받아들인 그의 유산이라고 생각되는 것을 간직하려 했다. 그리하여 1월에는 독일 여러 곳에서 의견을 달리하는 나치 신문들이 돌아다녔다. 1932년 12월 중순에는 슈트라서의 충성 분자이며 연방의회 의원이기도 한 헤세-다름슈타트가 스스로 당직을 사임했고, 곧 당에서 쫓겨났다. 그는 그 뒤 몇 주 동안 의견을 달리하는 신문에 기사를 써 슈트라서를 지지하는 세력을 다시 모으려 했다. 히틀러의 비타협적인 전략이 11월에 선출된 의회의 해산을 불러와 새 선거를 치르게 되면 당이 또다시 큰 손실을 볼 것이라는 슈트라서의 경고를 널리 알린 사람은 그외에도 많았다.

나치즘이 존속하는 동안 늘 그랬듯이 이렇게 의견을 달리한 사람들은 슈트라서의 사임을 히틀러 탓으로 돌리지 않고 괴벨스와 괴링 같은 '용사들' 탓으로 돌리며, 이들이 히틀러로 하여금 현실을 보지 못하게 가로막고 잘못된 조언으로 그를 잘못 인도하고 있다고 주장했다. 처음에는 의견을 달리하는 이들이 슈트라서가 다시 히틀러에게 돌아오도록 화해를 촉구하는 주장만 했다. 그런데 1월이 다 가도록 슈트라서가 움직이지 않자 실망한 이들이 히틀러가 이끄는 당의 전략에 대해 갈수록 도전적인 태도를 보이기 시작했다.

히틀러와 괴벨스는 리페에서 선거 운동을 하는 동안에도 슈트라서가 무슨 역할을 하고 있는지 몰라 계속 걱정이 되었다. 그런 참에 1월 10일, 전국에서 두 번째로 큰 도시인 함부르크에서 슈트라서에 동조하는 분위기가 나치의 충성심을 좀먹고 있다는 보도가 나와 그들의 가슴이 철렁 내려앉았다. 그렇지 않아도 그곳의 지역 당 우두머리가 은근히 배신자의 의견에 동조한다는 소문이 있던 터였다. 괴벨스는 일기에 "슈트라서는 '괴링과 괴벨스를 타도하자'라는 슬로건을 가지고 싸우려고 한다"고 적었다. 1월 12일에는 슈트라서가 지난 주에 힌덴부르크 대통령을 만났다는 소식이 전해지면서 히틀러의 심복들이 가장 두려워했던 일이 현실로 드러난 것 같았다. 괴벨스는 일기에 이렇게 토로했다. "슈트라서가 음모를 꾸미고 있다. 그는 힌덴부르크 편이다. … 그러니 내가 배신자라고 부를 수밖에. 내 그럴 줄 알았다. 히틀러는 부들부들 떨었다."

바로 같은 날인 1월 12일 당혹스럽게도 바로 리페에 있는 나치당원들 사이에도 알력이 있다는 증거가 드러났다. 오래 전부터 나치당에 몸담았고 지구당 위원장이기도 했던 어떤 의사가 사임 의사를 밝히며 쓴 분노에 찬 편지를 한 지역 신문에 공개했던 것이다. 이 의사는 선거를 통해 권력을 잡으려는 히틀의 전략은 실패했다고 선언하고 당 간부들의 자질이 낮은 것을 비판했다. 그는 너무 많은 '좀팽이 정치 사기꾼들… 악마의 마법사를 따르는 도제들… 허풍선이 상인들'이 단지 어중이떠중이들을 선동하는 재주가 있다는 이유만으로 당의 고위직에 올랐다고 썼다. 그리고 그들 사이에 '만연한 국가 지상주의'가 성실한 당원들을 소외시키고 있다며, "노예의 정신으로는 자유를 위한 투쟁을 할 수 없다"고 경고했다. 리페의 나치 대변인은 몇 번이나 이 의사는 그저 외톨이가 된 불평 분자일 뿐이라고 선언했다. 실제로도 더 이상의 탈당은 없었다. 하지만 나치는 선거 막바지에 반란의 망령에 시달리지 않을 수 없었다.

히틀러는 당원들의 사기가 저하되는 것과도 싸워야 했지만, 당에 딸린 40만 돌격대원들 사이에 커지고 있는 알력에도 대처해야 했다. 사실 그 동안에도 정치 지도부와 준 군사 조직인 돌격대의 관계는 몇 번이나 아슬아슬한 고비를 넘겼다. 돌격대원들은 일부만 당에 소속되어 있었고, 일부 돌격대 대장들은 늘 합법적인 수단으로 권력을 잡겠다는 히틀러의 결정에 회의하며, 그러느니 그들의 군사 조직인 돌격대로 공화국을 전복시킬 준비를 하는 편이 훨씬 나을 것이라고 생각했다.

1932년에 히틀러가 권력을 잡는 데 실패하고 당원 수가 줄기 시작하자, 이

전까지 돌격대의 비용을 모두 충당했던 당비의 몫이 줄면서 돌격대와 당의 갈등은 급격히 높아졌다. 또 일부 돌격대 대장들이 당의 정치 노선에 대해 품었던 회의가 현실로 확인되는 것 같았다. 1932년 여름과 가을에 좌절감이 고조되면서 정적에 대한 돌격대의 테러 공격도 급격히 늘었다. 대개는 잔인하기 그지없었던 이런 폭력적인 공격은 지역의 돌격대 대장이 명령한 경우도 있었지만, 기강이 문란해지면서 생긴 결과이기도 했다. 돌격대의 테러 행위가 특히 빈번하고 파괴적인 곳에서는, 당 간부들이 "11월 총선에서 나치가 큰 손실을 입은 것은 돌격대가 저지르는 범죄에 일반 대중이 분노한 탓"이라며 분개했다. 돌격대가 쓸데없이 선거 운동에 참여한다며 당 간부들이 불평하는 곳도 많았다. 그리하여 1932년 말에는 당과 돌격대의 관계가 눈에 띄게 나빠졌다. 1933년 1월에는 고위급 돌격대 대장이 무당파 신문에 히틀러가 합법적인 수단으로 권력을 잡으려는 것에 대해 비난하며 히틀러에게 좀더 직접적인 방법을 택하도록 촉구하는 글을 발표하는 이례적인 조치를 취했다.

그런데 리페에서 선거 운동을 하고 있을 때 돌격대가 명령에 불복하고 반란을 일으키는 사건이 터졌다. 문제가 발생한 지역은 오랫동안 나치의 본거지 가운데 하나였던 바이에른 북부에서 프로테스탄트가 지배적인 중앙 프랑켄이었다. 프랑켄 돌격대장 빌헬름 슈테그만과 중앙 프랑켄의 지역 당 우두머리 율리우스 슈트라이허의 싸움은 1932년 후반에 시작되어 갈수록 치열해졌다. 고참 나치이고 연방의회 의원이며 돌격대에서의 지위가 군 장성에 해당한 슈테그만은 슈트라서처럼 당의 이름에서 '사회주의'라는 말을 강조했다. 그는 독재를 일삼는 데다 돈이라면 사족을 못 쓰는 슈트라이허와 몇 번이나 부딪쳤는데, 슈트라이허는 반유대주의적인 포르노 잡지 〈돌격〉의 발행인으로 악명이 높았다. 이들의 불화는 1932년 말에 고조되었는데, 지역의 돌격대가 대대적인 선거 운동을 하면서 쓴 비용을 슈트라이허가 갚아주겠다고 해놓고선 약속을 어겼다고 슈테그만이 비난했기 때문이었다. 이에 대해 슈트라이허는 슈테그만을 횡령죄로 고발해 앙갚음하고 돌격대 중앙 본부를 설득해 그의 지휘권을 박탈하도록 하는 데 성공했다. 그러나 슈테그만은 부하 돌격대원들이 여전히 그에게 충성을 맹세해 본부의 명령을 무시할 수 있었다.

프랑켄에서 일어난 분쟁은 1월 둘째 주에 언론에 터졌다. 슈테그만의 측근 하나가 뉘른베르크에 있는 돌격대 본부에 처들어가 슈트라이허에게 충성하는 돌격대원을 감금하고 공식 서류를 파기하자, 슈테그만 추종자들과 슈트라이허 지지자들이 당 본부에서 피 터지게 싸움을 벌였던 것이다. 히틀러는 슈테그만의 권한을 모두 박탈하는 것으로 대응했다. 그리고 리페에서 선거를 하기 바로 전날 슈테그만을 그곳으로 소환했다. 슈테그만은 그곳에서 지도자의 심복들에게 둘러싸여 히틀러가 위협할 때 흔히 쓰는 분노에 찬 장광설을 들었다. 결국 당 지도자에게 무조건 복종하겠다고 맹세하는 글에 서명했고, 그것은 곧 언론에 공개되었다. 선거 운동용으로 연출해 널리 선전된 이 화해는 결국 오래 가지 않았다. 그러나 그때는 리페의 유권자들이 나치당원들이 다시 뭉쳤다는 인상을 받고 투표소에 갔기 때문에 소기의 목적은 달성한 셈이었다.

1월 15일 일요일 리페에서 실시된 선거—제3제국 선에 독일에서 완전히 자유롭게 실시된 마지막 선거—결과가 지금까지는 대개 히틀러와 나치당의 승리로 그려졌다. 숫자를 보면 언뜻 그 말이 맞는 것 같다. 나치당은 39.5퍼센트의 득표율로 선거에 나온 9개 당 가운데 가장 많은 표를 얻어 어떤 당보다도 많은 9석을 차지했다. 이는 지난 번 주 의회 선거에서 얻은 표보다 거의 70퍼센트가 늘어난 것이었다. 하지만 나치당이 1932년에 실시된 두 차례의 총선 때 리페에서 얻은 성적과 비교하면 이 결과가 아주 달라 보인다. 이번 선거에서 그들은 투표소를 찾은 10만 명이 채 안 되는 유권자들에게서 3만 9,000표가 조금 넘는 표를 얻었는데, 이것은 11월 총선거에서 얻은 표보다는 5,000표 가량이 많은 수였다. 그러나 이것을 7월 총선거에서 얻은 표와 비교하면 오히려 3,500표 가량이 적었다. 그들은 선거 운동을 하면서 그렇게 맹렬히 공격했던 좌익 당을 누를 수 있는 확실한 지반을 얻은 것도 아니었다. 사회민주당은 11월 선거 때보다 표를 3,000표나 더 얻었다. 나치당은 또 새로 유권자가 된 젊은이들의 표도 얻었지만, 그들이 얻은 표는 주로 독일국민당을 희생시켜 얻은 결과였다. 독일국민당은 11월에 얻은 표 가운데 거의 4,000표를 잃었다. 따라서 나치당이 리페에서 마르크스주의를 몰아내겠다고 약속한 것이 무색하게 좌파와 우파의 세력 관계는 본질적으로 변하지 않은 것이었다.

나치가 리페의 유권자들에게 펼친 정력적인 선거 운동과 그들이 거기서 누린 많은 이점을 생각하면 결국 그들이 거둔 성과는 그다지 인상적인 것이 아니었다. 아니 객관적으로 말해, 히틀러 당의 추락세가 멈추었다고는 말할 수 있어도 11월에 잃은 것을 완전히 회복한 것은 아니었다. 어쨌든 리페가 독일 전체에서 차지하는 비중이 그야말로 얼마 안 되는 데다 그곳의 성격이 일반적이지도 않기 때문에, 나치가 5,000표를 더 얻은 것이 1932년에 두 차례 실시된 총선에서 투표한 3,500만 명이 넘는 독일인의 일반적인 경향을 반영한 것이라는 주장은 아무래도 수긍하기 힘들었다. 거기서 가까운 파더보른에서 발행되는 한 가톨릭 신문은 리페의 결과를 일반 여론인 것처럼 그리려는 나치의 시도를 반박했다. "왜? 독일에는 리페에서 거둔 성과를 얻으려고 나치가 리페에서 한 것을 되풀이할 만큼 각 선거구에 1) 그렇게 많은 돈과 2) 그렇게 많은 연사와 3) 그렇게 많은 텐트, 자동차, 오토바이, 확성기를 가지

Er zog aus, um den deutschen Adler zu erlegen und hat zu 39 Prozent den lippischen Spatzen erobert

나치가 조그만 리페 주에서 5,000 표를 얻은 것을 위대한 승리라고 주장하는 것을 공화파가 비웃는 '승리.' 캡션은 '그는 독일의 독수리를 잡겠다고 나섰다가 리페 참새의 39퍼센트를 잡았다.' [베를린 일보, 1933년 1월 19일(#31)]

고 있거나 얻을 수 있거나 만들어내거나 쓸 수 있는 당이 없기 때문이다." 프랑수아-퐁세 대사는 그와 비슷한 근거에서 "그런 결과에는 뭔가 인위적인 것이 있다"는 결론을 내렸다. 날카로운 눈을 가진 공화파 신문 〈베를린 일보〉 편집자 테오도어 볼프는 그와 같은 견해를 훨씬 재미있게 표현했다. "사실 히틀러는 리페에서의 영웅적인 투쟁을 통해 그의 칼끝으로는 파리밖에 잡을 수 없다는 것을 똑똑하게 보여주었다."

괴벨스는 그의 타블로이드판 신문 〈공격〉에서 리페가 정치 활동의 주요 무대라고는 할 수 없다는 것을 마지못해 인정하면서도 나치가 으레 그렇듯 분석보다는 화려한 수사를 늘어놓았다. "전선의 이 한 귀퉁이에서 '공화제' 체제에 대한 공격이 재개되었다. 걷잡을 수 없는 민중의 반란이 또다시 시작되었고, 우리는 그것을 다시는 멈추지 않게 할 것이다." 그는 또 히틀러가 정부에 참여하라는 제안을 거듭 거절한 것이 결국은 옳았음을 선거 결과가 증명해주었다고 주장했다. 그리고 그의 주적인 슈트라서의 이름은 거론하지 않았지만 나치의 성과를 들먹이며 "바로 우리 당 주변에서 모든 사실을 아는 체하며", "나치즘은 성장을 멈추었고 따라서 지금까지 얻은 것을 놓치지 않으려면 타협하지 않을 수 없다"는 결론을 내린 사람들을 이렇게 비웃었다. "리페 선거는 이 당내 패배주의자들에게 쓰라린 교훈을 안겨주었다. 구제 불능이 아니라면 그들은 이제 가슴을 치고 후회하며 지도자가 강하게 남아 있으면 민중은 절대 흔들리지 않는다는 사실을 깨닫게 될 것이다." 나아가 이 미래의 선전 장관은 예의 그 허세를 부리며 나치가 리페 선거에서 또다시 우세를 보였으니 슐라이허 총리가 이제는 의회를 해산하면 나치가 또다시 큰 손실을 입으리라는 생각을 할 수 없을 것이라고 큰소리쳤다.

    나치가 리페에서 승리했다고 떠드는 데는 미심쩍은 부분이 있었지만, 리페의 승리는 히틀러에게 플러스가 되었다. 때맞춰 찾아온 선거에서의 승리로 히틀러의 비타협적인 태도가 전권을 획득하리라던 희망이 나치당원들 사이에서 사라지다가 다시 살아났고, 히틀러와 견해를 달리 하던 사람들은 의심의 눈초리를 받았다. 히틀러는 이런 유리한 분위기를 당장 써먹었다. 그는 언제나 그랬듯이 리페에서 승리할 것을 굳게 믿고, 배짱 좋게 선거에 앞서 바이마르에서 1월 15일 오후에 전국에 있는 나치 간부들이 모두 참석하는 비밀 회의를 소집했다. 만일 선거에서 기대에 어긋나는 결과가 나왔다면, 그가 당에서 전권을 행사하는 데 없어서는 안 될 지지를 보내는 그들 앞에서 몹시 난처한 상황에 빠졌을 것이다. 히틀러도 잘 알고 있었듯이 그들 중에는 아직도 히틀러의 비타협적인 전략에 의문을 품는, 그레고르 슈트라서의 숭배자들도 있었다. 그러나 리페의 선거 결과가 아직 알려지기 전인 1월 15일 오후에 히틀러는 이번 선거에서 나치즘이 다시 한번 상승세를 타는 것을 보리라고 자신있게 예측하며 바이마르에 도착한 회의 참석자들을 맞이했다.

리페에서 승리할 것이라고 말한 자신의 예측이 맞아떨어지자 한껏 우쭐해진 히틀러는 1월 16일 월요일 지역 당 우두머리들이 모인 비공개 자리에서 연설을 했다. 자기 지역 당무에 대해서는 상당한 재량권을 가진 지역 당 우두머리들은 전국 조직의 중추를 이루고 있었기 때문에, 그들의 충성 없이 당에서 치솟고 있는 불안을 잠재운다는 것은 꿈도 꿀 수 없었다. 따라서 히틀러는 그들을 어떻게든 자기 편으로 끌어들일 필요가 있었다. 나치의 관행에 따라 지도자의 연설 뒤에는 어떤 공식적인 토론이나 투표도 없었다. 성공 여부는 청중들이 그 자리에서 그의 말에 보이는 반응에 달려 있었다. 히틀러는 지역 당 우두머리들 앞에서 괴벨스가 말한 대로 '아주 단호하기 그지없는' 어조로 세 시간이나 분노에 찬 장광설을 늘어놓았다. 그는 여기서 자기가 바라는 대로 끝까지 총리직을 요구할 것이라는 결심에 전혀 변화가 없음을 분명히 했다. 그런 다음 비장의 카드를 꺼냈다. 리페에서 '승리'했다는 방금 들어온 소식에 한층 어깨가 든든해진 그는 이제 자신과 오랫동안 한패였던 그레고르 슈트라서를 청산할 준비가 되어 있었다. 히틀러는 이미 그 전 주에 슈트라서가 세운 나치의 노동 조직 지도자들을 리페로 불러 자신의 미래 계획에서 그들이 중요한 역할을 할 것이라는 전망을 제시해 이를 위한 포석을 깔아놓았다. 그리고는 이제 슈트라서에 대한 분노를 거침없이 드러내며 이 배신자를 매국노라고 욕하고 몇 년 전까지 거슬러 올라가 슈트라서가 저지른 죄를 낱낱이 고발했다.

자신의 전략에 의문을 표하는 사람은 누구든지 이렇게 가차없이 짓밟힌 슈트라서와 한패라는 뜻을 은근히 비춤으로써, 당 지도자는 지역 당 우두머리들 사이에서 다른 의견이 나오지 못하도록 그들의 불만을 솜씨 있게 짓눌렀다. 바로 며칠 전만 하더라도 괴벨스는 일기에 슈트라서가 운동을 배신하고 슐라이허 내각에 들어갈지도 모른다는 우려를 드러냈다. 그러나 이제는 히틀러의 장광설에 지역 당 우두머리들이 보인 반응에 한껏 의기양양해져 이렇게 적었다. "결국에는 모두 열광했다. 히틀러는 완벽한 승리를 거두었다. 이제 슈트라서 건은 완전히 끝났다. … 불쌍한 그레고르! 그의 가장 절친한 친구들까지 그에게 등을 돌렸다. … 모두 슈트라서를 버렸다." 그런데 이상하게도 히틀러가 말한 것은 하나도 빠짐없이 나팔을 불던 당 기관지가 이번에는 히틀러가 바이마르에서 연설한 것을 보도하지 않았다. 말할 필요도 없이 히틀러는 자신이 슈트라서를 비난한 사실을 비밀에 부침으로써, 당원들 사이에 불화가 있다는 말이 세상에 알려져 당이 정치적 피해를 보는 것을 막고 싶었을 것이다. 그러나 그로부터 며칠 안 되어 히틀러와 슈트라서가 헤어졌다는 말이 슐라이허 총리의 귀에 들어갔다.

괴벨스의 환호는 충분히 근거가 있었던 것으로 드러났다. 슈트라서가 정말로 끝장나버렸기 때문이다. 히틀러의 바이마르 연설은 화해의 가능성에 종지부를 찍었다. 아마 슈트라서는 설사 히틀러에게 도전해보고 싶은 생각이 들었어도 일찌감치 포기했을 것이다. 바이에른의 시골 지방 출신 약사였던 이 무덤덤한 사람에게는 히틀러에게 도전하려 했다면 필요했을 자존심과 권력욕이 없었다. 그는 또 국가사회주의당에는 히틀러가 없어서는 안 된다는 것을 인정할 수밖에 없는 불리한 처지에 놓여 있기도 했다. 여전히 나치즘의 신봉자였던 슈트라서는 한때는 그의 예언자이자 구세주였던 사람에게 등을 돌릴 수 없었다. 1월 셋째 주 말에 그는 조용히 괴링을 찾아갔고, 2년 동안 정치 활동을 삼가기로 했다. 히틀러가 권력을 잡은 뒤에는 정치에서 완전히 물러나 제약 회사에서 일자리를 잡았다. 여전히 당원으로 남아 지도자에 대한 충성을 끊임없이 맹세했지만, 그는 요주의 인물이었다. 1934년 6월 말 '장도(長刀)의 밤'으로 알려진 나치의 피의 숙청 때, 슈트라서는 자신이 미천한 신분에서 출세하도록 도와준 사람이 고용한 암살단에게 살해당했다.

리페와 바이마르에서 거둔 승리로 한껏 들뜬 히틀러는 자신의 정치적 전망이 밝아지자 이를 재빨리 이용할 속셈으로 바로 베를린으로 갔다. 1월 17일 화요일, 그는 히틀러 내각에 대한 독일국민당의 지지를 기대하며 이 보수적인 당의 지도자 후겐베르크를 만났다. 하지만 두 사람의 관계에는 문제가 많았다. 후겐베르크는 나치당이 사회와 경제에 대해 위험할 정도로 급진적인 생각을 가진 오합지졸에 지나지 않는다고 보았다. 그러나 그들이 대중의 지지를 이끌어내는 솜씨는 자기 당보다 훨씬 낫다는 것을 인정하지 않을 수 없었고, 그래서 그들의 운동으로 공화제를 무너뜨리고 권위적인 우파 정권을 세우는 데 이용하고 싶었다. 히틀러에게는 후겐베르크나 그의 당이 독일 사회를 근본적으로 변화시킬 필요가 있다는 것을 인식하지 못하고 시계를 거꾸로 돌리려고 하는 대책 없는 반동들이었다. 그러나 히틀러는 독일국민당이 영향력 있는 보수 집단에서 받는 존경 때문에 자기에게 도움이 될 수 있다고 보았다.

1929년에도 후겐베르크는 히틀러를 한껏 밀어준 적이 있었다. 정부의 승인 아래 독일이 전승국에 지불해야 할 전쟁 배상금의 지불 조건을 수정하려던 계획이 추진되었을 때, 이에 반대해 그것을 국민 투표에 부치려다 실패한 우파 위원회에 히틀러를 참여하게 해 명사들 틈에 히틀러가 낄 수 있게 했던 것이다. 게다가 나치가 선거에서 승리하면서 전에는 독일국민당을 지지했던 많은 유권자를 빼앗아갔지만, 후겐베르크는 히틀러에게 계속 구애의 손길을 내밀었다. 1931년 가을에는 두 당이 대대적인 선전과 함께 바트 하르츠부르크에서 열린, 공화제에 반대하는 대규모 집회에 함께 참여했다. 이것을 보고 공화제를 지지하는 사람들은 우파 세력이 결집해 '하르츠부르크 전선'을 형성할까 두려워했으나, 나치당과 독일국민당은 얼마 안 가 사이가 틀어졌다.

독일국민당 당수였던 알프레트 후겐베르크. 그는 1933년 1월 30일부터 6월 27일까지 히틀러 내각에서 농무장관 겸 경제장관을 지냈다.

1932년 대통령 선거 때는 후겐베르크가 히틀러 후보에 대한 지지를 거부해 그들 사이가 더욱 벌어졌다. 그 해 여름, 히틀러는 후겐베르크와 독일국민당이 파펜 내각을 지지한다고 비난해, 7월 총선에서 나치당이 후겐베르크 당에게 엄청난 손실을 입혔다. 11월 총선에서는 독일국민당이 나치당을 무책임한 급진주의자들이라고 공격해, 나치당에게 잃었던 표를 상당 부분 되찾는 데 성공했다. 그러자 나치즘이 여전히 주요 세력이지만 나치당의 후퇴로 히틀러를 다루기가 좀더 쉬워졌을 것이라 기대하고 후겐베르크는 화해를 시도하려고 했다. 그리하여 두 당이 12월에 비밀리에 만났고, 리페에서 선거 운동을 하는 동안에 후겐베르크는 나치에 대한 공격을 삼갔다.

히틀러와 만나기 나흘 전인 1월 13일, 후겐베르크는 슐라이허 총리를 만났다. 그 자리에서 둘의 이야기는 결론 없이 끝났지만, 후겐베르크는 잘하면 자신이 내각의 일원이 되어 국가의 경제 정책을 좌지우지할 수 있을지도 모른다는 희망을 가지고 나왔다. 그래서 그는 히틀러가 총리에 임명되는 것을 지지해주면 그 대가로 내각에 들어갈 수 있게 해주겠다는 제안에 반응을 보이지 않았다. 대신 그는 히틀러에게 함께 슐라이허 내각에 들어가 어떤 식으로든 의회 통치로 되돌아가는 것을 막기 위해 협력하자고 했다. 히틀러는 나치당이 자경단을 이용해 '마르크스주의', 그러니까 사회민주당과 공산당을 분쇄할 수 있게 해주면 슐라이허를 국방장관으로 받아들일 용의가 있다며 한 발 양보했지만 총리직에 대한 요구를 거둬들이는 것은 거부했다. 후겐베르크는 힌덴부르크 대통령의 반대로 히틀러가 총리가 되는 것을 기대할 수 없다고 말하자, 히틀러가 코웃음을 치며 대통령을 "여든 개의 문장으로 구성된 정치 어휘"밖에 되풀이할 줄 모르는 "축음기"라고 비웃었다. 후겐베르크가 히틀러에게 총리가 될 가망이 없다고 주장하자 "허튼 소리 마시오! 힌덴부르크를 좌지우지하는 사람들은 그 반대편에 있으니까" 하고 응수했다고 나중에 히틀러는 괴벨스에게 말했다. 히틀러와 후겐베르크의 만남은 결국 두 우파 지도자의 사이가 더 멀어지는 결과만 낳았다.

히틀러는 계속 지지를 요청하기 위해 전 총리 프란츠 폰 파펜과도 다시 한 번 만나려고 했다. 그는 이번에는 나중에 그의 외무장관이 된 샴페인 상인 요하임 폰 리벤트로프에게 중개인 역할을 맡겼다. 군 장교를 지낸 리벤트로프는 정치적 야심이 있는 욕심 많은 출세주의자였으나, 아주 세련된 매너말고는 이렇다 할 능력이 없었다. 괴벨스가 아주 신랄하게 지적한 바 있듯이 그는 돈으로 이름을 사고 돈과 결혼한 사람이었다. 가난한 귀족 친척에게 자기를 양자로 삼으면 연금을 주겠다고 설득해 그렇게 탐내던 '폰(von)'을 자기 이름에 집어넣었고, 그런 다음에는 라인 강변에서 샴페인을 제조하는 돈 많은 집 딸을 아내로 맞이했던 것이다. 제1차 세계대전 때 터키에서 파펜과 알게 된 리벤트로프는 1932년 여름에 히틀러에게 접근해 당시 총리였던 파펜과의 중개 역할을 자청하고 나섰다. 그러나 그때는 히틀러가 그의 서비스를 이용하지 않았는데, 그러자 리벤트로프는 나치당에 들어가 자기 자신을 히틀러에게 맡겼다는 것을 알렸다.

1월에 히틀러의 측근이 히틀러와 파펜이 비밀리에 만날 수 있게 주선해달라고 했을 때, 리벤트로프는 이를 기꺼이 받아들였다. 알아본 결과, 파펜은 히틀러가 리펜에서의 선거 운동 일정에 잠시 짬이 생겨 베를린에서 하루를 보낼 수 있게 된 1월 10일 곧바로 협의를 재개할 용의가 있는 것으로 드러났다. 그러나 히틀러는 리벤트로프에게 리페 선거 결과가 들어올 때까지 기다리라고 지시했고 둘의 만남은 일주일 연기되었다. 1월 18일 정오, 돌격대 대장 하인리히 히믈러와 에른스트 룀을 대동한 히틀러는 베를린의 화려한 달렘 지구에 있는 리벤트로프의 빌라에서 파펜과 함께 점심을 들었다.

1월 18일 리벤트로프의 집에서 가진 오찬에서 히틀러는 또다시 총리 자리를 요구했다. 리페 선거에서 나치당이 얻은 성과에 힘입어 그는 파펜이 이끄는 내각에 들어가 파펜 밑에 있을 가능성은 아예 배제해버렸다. 전 총리는 대통령이 히틀러를 총리에 임명하려 들지 않는다는 것을 일깨우며 자기는 대통령의 의견을 바꿀 힘이 없다고 했다. 그러면서 2주 전에 쾰른에서 제안했던 것처럼 또다시 힘을 합쳐 슐라이허를 몰아내, 자신이 이끌고 나치당이 지지하는 내각을 만들자고 했다. 히틀러는 여전히 그것을 받아들일 수 없었다. 결국 이날 오찬 회동은 그 전날 후겐베르크와 가진 협의와 마찬가지로

히틀러와 파펜은 1월 말에 샴페인 판매상 요아힘 폰 리벤트로프(동그라미 속 인물)의 베를린 저택에서 다시 만나 함께 손을 잡고 슐라이허 총리를 몰아내기로 했다. 리벤트로프는 나중에 히틀러 밑에서 독일 외무장관이 되었다.

아무런 성과도 없이 끝났다. 파펜과 히틀러는 언제 다시 만나자는 약속도 없이 헤어졌다. 이번에도 나치는 그들의 지도자가 파펜과 만난 것을 비밀에 부치려 했다. 그래서 1월 18일에 히틀러가 다른 곳에서 점심을 먹은 양 커버스토리에 엉뚱한 뉴스를 흘렸다. 그러나 몇몇 기자들은 그들이 만난 사실을 눈치채고 당장 보도했다. 대부분은 정확하지도 않은 사실을 기초로 온갖 억측을 일삼았지만.

후겐부르크에 이어 파펜과 만나서도 별다른 성과를 얻지 못한 히틀러는 당의 심각한 위기에도 제대로 대처할 수 없었다. 나치 지도자들은 여전히 심각한 재정난으로 모두들 골머리를 앓았다. 1월 중순, 베를린 주재 미국 대사관 대리 대사는 헤르만 괴링의 '오른팔' 과 같은 사람이 접근해 '나치당을 위해 미국에서 돈을 빌릴 수 있는 가능성' 을 타진했다고 말했다. 당에서 발행하는 신문들도 구독자뿐 아니라 거리에서 판매되는 부수마저 줄어 기자들 월급 맞추기도 힘들었고, 몇몇 신문은 결국 파산하고 말았다. 나치 간부들도 수입이 없어지면서 빚쟁이에게 시달렸다. 간부들의 연고주의와 재정 비리에 대한 비난도 더욱 빗발쳤다. 어떤 곳에서는 그로 인한 긴장과 알력으로 지역 조직이 와해 직전까지 내몰리기도 했다.

그래도 이런 어려움은 사람들 눈에 띄지 않게 어느 정도 감출 수 있었으나, 또다시 돌격대 안에서 일어난 반란은 어찌할 수가 없었다. 히틀러가 리페에서 선거를 하기 하루 전날 변절자 슈테그만을 불러 화해를 연출한 지 일주일만에 이 프랑켄 돌격대 대장이 또다시 날뛰었다. 그가 지역 당 우두머리 슈트라이허에 대한 도전을 선언하며 독자적인 준 군사 조직을 만들자, 거기에 6,000에서 7,000명이나 되는 중앙 프랑켄 지역 돌격대 대부분이 들어갔던 것이다. 히틀러는 이에 대해 슈테그만을 축출하는 것으로 대응했다. 당이 세를 얻고 있을 때는 나치당원들 사이에 반란이 일어나는 일도 거의 없었고, 설사 반란이 일어나더라도 히틀러의 금지령 하나면 충분히 주모자들을 고립시켜 반란을 무력화할 수 있었다. 그러나 나치당원들 사이에 사기가 떨어진 지금은 슈테그만이 그의 명령을 무시하고 프랑켄 돌격대 안에서 그를 따르는 사람들 대부분의 지지와 충성을 얻을 수 있었다. 당에서는 그들 역시 공개적으로 비난하며 당에서 축출했지만 분쟁이 사그라지기는커녕 오히려 더욱 확산되었다. 결국 나치당 지역 조직이 지역 당 우두머리인 슈트라이허 편과 슈테그만 편으로 갈라져, 전에는 나치의 튼튼한 요새였던 중앙 프랑켄 지구당이 사실상 두 개로 분열되었다.

처음에 슈테그만은 지역 당 우두머리에게 불만이 있을 뿐 히틀러에게 불만이 있는 것은 아니라고 말했다. 그러나 당에서 쫓겨나자 자신이 반란을 일으킨 근본적인 이유는 히틀러의 정치 노선에 회의가 들었기 때문이라는 뜻을 비쳤다. 퇴역 군인이었던 많은 돌격대 대장처럼 슈테그만은 오래 전부터 선거를 통해 권력을 잡겠다는 히틀러의 정책이 아무래도 미덥지 않았다. 그래서 언젠가는 일어날 권력 투쟁에 대비해 휘하에 있는 돌격대를 열심히 훈련시켰는데 히틀러의 합법적인 노선 탓에 아무것도 할 수 없게 되자 화가 났다. 1월 24일 많은 사람이 참여한 뉘른베르크 집회에서 그는 여전히 히틀러에 대한 인신 공격은 피하면서도 그의 전략을 비난했다. 슈테그만은 추종자들에게 "운동이 역사적인 순간을 놓쳤다"면서 "당이 앞으로 치를 선거에서도 모두 질 것이다"라고 말했다. 합법적인 수단으로 권력을 잡을 날을 기대하는 대중은 결국 그 믿음을 잃을 것이라고 경고하고, 돌격대가 이제 더 이상 당의 '소방대'나 '근위병' 이어서는 안 된다고 주장했다. '합법적인 것을 좋아하는 사람들'을 따르지 말고 권력 투쟁을 좀더 폭력적이고 혁명적인 방식으로 할 때가 왔다는 것이었다.

　슈테그만의 반란은 지난 몇 달 동안 나치가 잇따라 좌절을 맛보면서 1933년 1월의 돌격대에 널리 퍼져 있던 불안과 동요를 보여주는 것이었다. 슈테그만이 당에서 쫓겨난 뒤 지지를 호소했을 때도 많은 지역에서 우호적인 반응을 보였다. 헤센 주에서는 돌격대의 폭동이 잇따르면서 수많은 사람이 돌격대에서 나가거나 제명되었다. 슈테그만이 반란을 일으켰을 때처럼 헤센 주의 반란자들도 돌격대를 떠난 뒤 독자적인 준 군사 조직을 결성했다. 1월 중순에는 헤센 주 카셀에서 지역 당 우두머리의 착복에 항의하며 이 지역 돌격대 본부를 장악한 반란자들을 몰아내기 위해 경찰이 출동해야 했다. 얼마 뒤 슈투트가르트에서는 돈을 횡령했다는 비난에 못 이겨 돌격대를 위한 숙박소와 무료 식당이 문을 닫아야 했다. 1월 21일에는 뮌헨 경찰이 그 지역 돌격대가 빠른 속도로 줄고 있다고 말했다. "의무 불이행으로 12월에는 최소한 서른 다섯 명이, 1월에는 열 다섯 명이 돌격대 1중대에서 쫓겨났다."

베를린에서는 돌격대 중 그레고르 슈트라서를 추종하는 자들이 1월 내내 그에게 신호가 오기를 기다리며 슈트라서가 히틀러에게 도전해 당 지도자 자리를 차지하기를 바랐다. 그런데 아무 낌새도 보이지 않자 좌절한 일부 돌격대가 공산당이나 사회민주당과 거리에서 피비린내 나는 전투를 벌이며 욕구 불만을 분출해, 1월 내내 이런 충돌이 끊이지 않았다. 어떤 곳에서는 돌격대가 좀더 엄격하게 선발된 나치의 정예 부대인 친위대 SS와 충돌하기도 했다. 친위대는 엘리트를 자처하며 뽐냈고, 또 나치 지도자들은 아주 열성적인 돌격대원들에게 돌격대의 갈색 셔츠 대신 훨씬 멋진 검은 제복을 입으라고 꾀었기 때문에, 평민 출신이 대부분인 돌격대원들에게는 친위대가 불만을 터뜨리기에 좋은 표적이 되었다. 그러나 작센 주 마이센에서 부대 하나가 통째로 빠져나간 사건에서도 볼 수 있듯이, 친위대도 사기가 저하되어 있었다. 전국 곳곳에서 환상이 깨진 나치 돌격대들이 공산당으로 넘어갔고, 공산당은 기꺼이 그들을 받아들여 그들의 준 군사 조직에 편입시켰다.

돌격대의 사기가 떨어지고 있다는 것을 보여주는 이런 신호들도 그랬지만, 1932년 11월 총선에서 나치가 대패한 사실을 냉철히 분석해봐도 당의 미래가 불투명하다는 비관적인 전망이 갈수록 힘을 얻을 수밖에 없었다. 가을에는 노동자의 지지율을 끌어올리기 위해 사회의 급진적인 변화를 강조하며 파펜 내각이 부자와 특권층을 위한 도구라고 비난하는 선전 활동을 벌였다. 그 결과 노동자의 지지율은 아주 조금 올라갔는데, 선거에서 나치를 지지해 운동이 급성장하는 데 중요한 역할을 했던 중산층이 대거 이탈하고 말았다. 이는 앞으로 좌우 어느 쪽으로 가든 표가 깎일 수 있다는 것을 의미했다.

11월 선거에서 완패하자 나치가 몰래 실시한 내부 분석 결과는 당이 표를 모을 수 있는 한계치에 도달했다는 것이었다. 이것은 또한 나치 간부들도 널리 동의하고 있듯이 11월에 당을 저버린 사람들은 진정으로 운동의 대의를 신봉하는 사람들이 아니라는 것도 보여주었다. 전반적인 상황에 대한 항의 표시로, 또는 독일 문제를 단번에 해결해줄 만병 통치약을 바라고 나치당에 표를 던졌던 기회주의자들은 흥미나 인내심 또는 둘 다를 잃어가고 있었다. 이런 절망적인 분석 결과를 볼 때 그 보고서는 "또다시 선거를 해서는 안 된다"는 결론에 도달했다. 나치당이 또다시 유권자와 대면해야 한다면 "그 결과는 도저히 상상이 안 갈 것"이라고 말했다. 이것은 또 미래를 진단하며 "말과 플래카드, 전단을 가지고는 이제 아무것도 할 수 없다. 우리는 이제 행동해야 한다!"고 경고했다. 하지만 이것은 구체적으로 어떤 행동을 취해야 한다고는 말하지 않고, 히틀러가 어떻게든 "정치 변화를 가져오고", "독일 국민 앞에 행동하는 인간으로 나타나기"를 바랄 뿐이었다.

나치당이 갈수록 궁지에 몰리고 있는 것을 정계 또한 눈치채지 못할 리 없었다. 1월 19일, 폭넓은 정보에 접근할 수 있는 베테랑 관료인 외무부 사무차관은 워싱턴 주재 독일 대사에게 보내는 편지에서 나치당이 처한 어려운 상황을 아주 적나라하게 묘사했다. "국가사회주의당은 사정이 몹시 안 좋으며, 당 조직이 심하게 흔들리고 있고, 재정 상태도 엉망입니다. 잘못했다간 당이 급격히 와해되어 유권자들을 다시 흡수하지 못할까봐, 많은 사람이 공산당 쪽으로 넘어갈까봐 걱정하는 사람들마저 있습니다." 그보다 한 달 전에는 뮌헨 주재 오스트리아 총영사가, 나치즘은 기존 질서를 완전히 부정함으로써 부상한 운동이라고 규정했다. 따라서 당이 현실 정치에 어떻게 참여할지 결정해야 할 때가 되면 금방 와해될 것이라고 예측하며, 지금은 독일 문제에 대한 어떤 현실적 대응도 '종말의 시작'일 뿐이라고 생각하는 사람이 대다수인 것 같다고 말했다.

1933년 1월에 나치당이 얼마나 심각한 위기에 있었는지를 완전히 알기는 아마 쉽지 않을 것이다. 당 간부들이 세상에 알려지는 것을 막으려고 애쓰면서 십중팔구 많은 불만이 기록되지 않았을 것이고, 히틀러가 갑자기 1월에 총리가 되자 불만을 가졌던 사람들도 승리의 전리품을 차지하기 위한 쟁탈전에 끼여들려고 대부분 서둘러 흔적을 지웠을 것이다. 따라서 어느 모로 보나 남아 있는 증거들은 사태를 훨씬 줄여서 이야기하고 있을 것이고, 그것도 지역 당 우두머리를 향해 불만을 터뜨린 것이 대부분이다. 불만을 막음으로써 히틀러 개인은 보호를 받았지만, 당의 활력이 떨어지는 것은 피할 수 없었다. 그리고 현재 남아 있는 증거들은 다른 무엇보다도 나치당 안에서 의견을 달리했던 주요 인물들이 리페에서 거둔 '승리'에 결코 감동하지 않았다는 것을 분명히 보여준다. 경험 많은 정치 베테랑이었던 이들은 리페 선거가 선전을 통해 거둔 값싼 승리일 뿐이라는 것을 알았다. 한 돌격대 역사 전문가는 "히틀러의 정권 장악으로 하루 아침에 운명이 달라지기 직전에 돌격대는 거의 붕괴 직전에 있었다"고 썼다. 나치즘이 갈수록 힘을 잃었다는 것을 보여주는 다른 증거들과 함께 그의 연구 결과는 히틀러가 총리가 되지 않았다면 갈수록 커졌던 그에 대한 불만을 잠재울 수 없었으리라는 것을 말해준다. 순식간에 모든 상황을 바꿔버린 그런 횡재를 하지 않았다면, 권력을 잡을 수 없을 것이라는 좌절감이 계속 퍼져 히틀러에 대한 환상이 더욱더 깨졌을 것이다.

1월 중순에 후겐베르크와 파펜을 만나고도 아무런 성과가 없자 히틀러는 당의 사기 저하를 막고 당 관리들의 기운을 북돋우기 위해 순회 강연에 들어갔다. 그는 마치 군복 같은 짧은 갈색 상의에 황갈색 승마 바지와 검은색 군화를 착용하고—이것은 나중에 나치의 제복이 되었다—1월 20일 스포츠 센터인 슈포르트팔라스트에서 베를린 지역에 있는 당 조직 간부들이 모인 자리에서 연설을 했다. 히틀러는 그들에게 앞으로 수세기 동안 독일의 미래를 결정하게 될 투쟁에 참여하고 있다는 것을 명심해야 한다고 말했다. 그러면서 지난 세기에 프로이센이 나라의 분열을 극복하고 민족의 통일을 달성했 듯이 나치 운동은 현재 독일인을 분열시키고 있는 정당과 이익 집단들을 뛰어넘는 데 필요한 힘을 제공할 것이라며, 나치즘에 반대하는 적들에게 도전적인 메시지를 던졌다. "당신들이 우리에게 주먹을 날릴 수는 있어도 결코 우리를 무찌를 수는 없을 것이다! 우리는 언제든지 다시 투쟁에 나설 것이며, 절대로 우리의 깃발을 버리지 않을 것이다. 나의 사명은 이 운동을 앞장서 이끄는 사람으로서 끊임없이 전진하는 것이다. 운명이 내게 생명을 허락하는 한, 나는 결단코 깃발을 내리지 않고 끝까지 전진할 것이다." 그는 청중에게 "지도자들이 불굴의 의지를 가지고 있는 한 당은 분명히 승리할 것"이라고 말했다. 늘 그랬듯이 히틀러에게 정치는 결국 의지력의 문제였다.

그러나 히틀러의 그럴 듯한 허장성세에도 불구하고 그의 연설에는 방어적인 기조가 깔려 있었다. 그는 당이 후퇴한 사실을 인정하면서도 이번에도 타협을, 그의 말을 빌리면 '원칙을 버리고 교묘히 발뺌하기'를 거부했다. 부하들에게는 그런 중대한 순간에 그들이 '민족 양심의 화신'임을 명심하고 절대 굴하지 말고 전진해야 하지 않겠느냐고 꾸짖었다. 히틀러는 슈트라서의 이름을 언급하지는 않았지만 이런 위협적인 말이 그를 배신한 변절자와 그 변절자에게 동조하는 나치당원들을 겨냥한 것임을 분명히 했다. 그는 청중들에게 운동이 승리하기 위해서는 무엇보다 단결이 필요하다면서 그것은 곧 좋은 나치가 되는 것이라고 일깨워주었다. "당의 동시 여러분, 동포 여러분, 여기 들어오면 여러분은 자신의 의지를 다른 사람들의 의지에 통합시키고, 그 거대한 의지와 하나가 되어야 합니다. 여러분은 하인이 되어 하나뿐인 지도자에게 자신을 맡겨야 합니다." 그는 또 그들에게 적들의 저항은 나치의 힘을 강철처럼 단련시킬 뿐이며, 그런 저항을 극복했을 때 결국 '최후의 승리'를 할 것이라고 말했다.

그 뒤에도 며칠 동안 히틀러는 나치 간부들이 모인 자리에서 무조건 믿어 달라고 호소했다. 프랑수아-퐁세 대사는 파리로 보낸 보고서에서 히틀러가 슈포르트팔라스트에서 한 연설에 대해 평하며 아주 조심스럽게 회의를 나타냈다. "히틀러씨가 어디까지가 개인의 소신을 펼친 것이고 어디까지가 선전의 필요성에 굴복한 것인지 참으로 분간하기 어렵다." 대사는 나치 내부의 심각한 위기가 결코 끝나지 않았다고 보았고, 따라서 히틀러가 그의 군대를 복종시키는 가장 좋은 방법은 그들을 선동하는 것이라는 판단을 내리지 않았을까 의심했다.

그런데 놀랍게도 히틀러는 그렇게 불안한 처지에 있으면서도 1월 하반기에 전혀 동요하는 모습을 보이지 않았다. 그는 자신의 비타협적인 권력 추구가 긍정적인 결과를 낳을 조짐이 없고 따라서 성공하지 못하면 그 삶의 유일한 목표가 된 운동이 위태로울 수 있는데도 아주 침착했다. 자신이 독일을 이끌어야 한다는 확고한 신념은 수많은 사람을 매료해 그에게 무조건 신뢰를 주게 하기도 했지만 히틀러 또한 덕분에 정신적인 고뇌에 빠지지 않았다. 히틀러는 자신이 실패할 것이라는 생각은 도저히 못했고, 조금만 있으면 자기 것이 될 권력이 오기를, 확신에 차서 기다렸다. 그 와중에도 일상적인 생활의 압박을 받지 않았기에 정치가로서 사는 동안 누릴 수 있었던 보헤미안 같은 자유 분방한 삶을 계속 누렸다. 오후에 커피 마시는 시간이 되면 그는 여전히 추종자들과 가신들에게 둘러싸여 좌중을 주도했다. 베를린에서는 그런 모임이 그가 머무는 고급스런 카이저호프 호텔의 화려한 카페에서 열렸다. 그리고 늘 가장 가까운 심복들과 추종자들에게 둘러싸여 보내는 그의 저녁은 다음날 새벽까지 이어졌다.

히틀러는 후겐베르크와 파펜을 만나고도 아무런 성과를 얻지 못해 자신의 정치적 운명이 불확실한데도 1월 18일 수요일 저녁에 베를린에서 막 개봉

한 새 영화 '반란자'를 보러 갔다. 이 영화는 나폴레옹이 오스트리아의 티롤 지방을 점령하자 한 학생이 영웅적으로 저항한 이야기를 신파적으로 그렸는데, 히틀러는 이 영화를 보고 그와 동행한 괴벨스가 나중에 일기에 쓴 대로 "완전히 열광했다." 히틀러는 이 영화가 어찌나 재미있던지 다음날 저녁에 다시 그 영화를 보러 갔다. 아마도 비천한 출신의 주인공이 강렬한 애국심과 열렬한 연설로 마침내 사람들을 들고일어나게 해 외국의 압제에 저항하도록 이끈 영웅 이야기가 히틀러에게는 자신의 투쟁이 정당하다는 것을 말해주는 듯했을 것이다. '반란자'의 주인공은 히틀러처럼 타협을 거부했다. 주인공은 주저하지 않고 자신이 신봉하는 대의에 몸을 바쳤고, 나중에 당시 유명했던 한 영화 평론가가 말했듯이, 패배할 위험이 있는데도 절대 굴하지 않았다. 히틀러가 가지고 있는 자신의 운명에 대한 흔들리지 않은 믿음처럼, 이 티롤 지방 학생의 광신도와 같은 확신은 그에게 다른 사람들을 장악할 수 있는 힘을 주었다. '반란자'가 영웅이 순교하는 것으로 끝난다는 사실도 이 영화에 열광하는 히틀러의 마음을 가라앉히지 못했다. 그 또한 순교할 준비가 되어 있었기 때문이다. 히틀러가 1월 20일 베를린 슈포르트팔라스트에서 추종자들에게 설명한 대로, "내가 이 일을 택한 것은 달리 선택의 여지가 없었기 때문입니다. 이것이 내가 일생을 바쳐 해야 할 일이라는 것이, 이것과 함께 내 인생이 흥하거나 망하리라는 것이 내게는 너무 분명했기 때문입니다."

4. 슐라이허, 망상의 희생자가 되다

히틀러가 1933년 새해 첫날 저녁에 뮌헨에서 바그너의 '뉘른베르크의 명가수'를 감상하고 있을 때, 쿠르트 폰 슐라이허 총리는 베를린에서 자크 오펜바흐의 오페레타 '트레비종드의 공주'를 보고 있었다. 이국적인 동양을 배경으로 한 그 익살스런 소극이 절정에 이르렀을 때, 출연자 가운데 하나가 절망적으로 부르짖었다. "우리 이제 어떡하지?" 그러자 다른 출연자가 대본에도 없는 엉뚱한 말로 대답했다. "새 내각을 꾸리고 의회를 해산할 거야." 즉흥적으로 내뱉은 이 시의적절한 대사에 관중은 한바탕 웃음을 터뜨렸다. 하지만 총리는 얼굴을 잔뜩 찌푸리며 우거지상을 해, 정치 상황이 생각보다 불안정하다는 것을 아는 듯했다.

이 나라가 계속 시끄럽고 어지럽다는 것은 그날 언론에 수많은 정치 폭력 사태가 보도된 것을 봐도 알 수 있었다. 연휴에는 정치적으로 휴전을 하기로 해놓고도 그들은 새해를 축하하는 섣달 그믐날 행사를 완전히 망쳐버렸다. 지난 3년 동안 독일의 거리를 전쟁터로 바꿔놓은 공산당과 나치당의 유혈 충돌로 베를린에서만 수십 명이 부상당하고 전투에 참여한 60명 정도가 체포되었던 것이다.

그날 저녁 늦은 시간에는 노동자 지구에서 집으로 가던 여자 재봉사가 한 번도 본 적이 없는 나치 돌격대의 총에 맞아 숨졌다. 자전거를 타고 도망가면서 "하일 히틀러!"라고 외친 살인자는 나중에 희생자를 공산당원으로 잘못 알았다고 증언했다. 같은 날 밤 도시의 다른 곳에서는 나치당원이 열 아홉 살 된 공산당원을 칼로 찔러 숨지게 했고, 히틀러 유겐트인 열 여섯 살 소년은 공산당원으로 추정되는 사람의 칼에 찔려 목숨을 잃었다. 다른 곳에서도 정치적 혼란은 수그러들지 않고 계속되어, 새해를 맞이해 공화파가 펼쳤던 낙관적인 전망에 어두운 그림자를 던졌다.

정치 폭력이 난무하는 이 혼란스런 분위기의 밑바탕에는 3년 동안 계속된 경제 불황으로 확산된 빈곤과 궁핍이 있었다. 1932년 중반부터 주식과 채권 시장을 비롯한 각종 지수는 경기가 회복되고 있다는 조짐을 보여주었지만, 600만이 넘는 실업자와 그 가족들의 형편이 당장 풀리는 것은 아니었다. 1933년 초에는 이미 베를린 실업자의 반 이상이 정부에서 지급하는 실업 수당을 받을 수 있는 기한이 끝나, 시에서 보조하는 얼마 안 되는 실업 수당에 의존하고 있었고, 그것으로는 입에 풀칠하기도 어려웠다. 한 미국 기자는 이렇게 얼마 안 되는 실업 수당으로 사는 3인 가족은 작은 감자 여섯 개와 빵 다섯 개, 양배추 작은 것 하나, 마가린 한 조각, 아이에게 먹일 우유 반 리터로 하루 세 끼를 해결해야 한다는 계산을 내놓았다. 고기는 물론 구경조차 할 수 없었고, 일요일에야 겨우 세 식구에게 청어 한 마리씩이 돌아갔다. 이러니 당연히 영양 실조가 사회적으로 큰 문제가 되었고, 아이들은 문제가 더욱 심각했다. 식량과 집세 사이에서 선택을 강요받자 집을 포기하고 나와 식사는 자선 단체에서 운영하는 무료 식당에서 해결하고 잠은 값싼 여인숙이나 겨울철 추운 날씨를 피할 수 있게 시에서 마련한 따뜻한 강당 같은 데서 해결하는 사람도 많았다. 아직 일자리가 있는 사람들도, 길거리에서 사과와 연필을 팔러 다니거나 일자리를 구걸하는 팻말을 들고 다니는 사람들 대열에 끼게 될까봐 두려워해야 했다. 불경기는 차츰 수그러들고 있는지 몰라도, 불경기가 낳은 결과는 아직도 곳곳에 현재형으로 남아 있었다.

12월 중순 전국에 방송된 라디오 연설에서 슐라이허 총리는 실업자들이 처한 곤경을 해결하겠다며 자신의 정책은 '일자리를 만들라!'는 두 마디 말로 이루어질 것이라고 약속했다. 기업에 대한 규제를 완화해 간접적으로 고용을 촉진하려 했던 파펜의 정책과 손을 끊고 새 총리는 정부가 직접 새로운 일자리를 창출할 수 있는 계획에 재정 지원을 하겠다고 했다. 그는 또 전 내각에서 도시 실업자 가운데 일부를 인구가 부족한 동북 지역의 시골 농가에 정착시키려 한 노력에도 박차를 가해 이를 더욱 확대해나가겠다고 했다. 조직된 노동자들의 항의에 대해서는, 고용주가 단체 교섭을 통해 정한 수준 이하로 임금을 낮출 수 있게 해준 파펜 내각의 법령을 폐기 처분하겠다고 했다. 아울러 그는 파펜이 실업 수당을 받기 위해서는 엄격한 수입 조사를 받도록 한 것도 폐지하고 실업 수당을 사회 보험으로 되돌려놓겠다고 했다. 새 총리는 자본주의도 사회주의도 지지하지 않는다며 실용주의에 바탕을 두고 경제 문제에 접근하겠다고 약속했다. 그리고는 자신이 대중의 인기에 영합하려는 포퓰리스트라는 데 전혀 의심을 남겨놓지 않으려는 듯 자신을 '허물없이 친하게 지낼 수 있는 장군'이라고 불러도 좋다고 했다. 그러면서 이것이야말로 군대의 전통인 장교와 사병의 밀접한 연대를 보여주는 명칭이라고 주장했다.

　슐라이허는 또 이 라디오 연설을 통해 자신의 정치적 의도에 대해 불안해하는 공화제 옹호자들을 안심시켰다. 그는 자신이 정부의 수반에 임명되면서 몇 가지 중요한 유보 조항을 받아들인 것은 국방장관 겸 총리는 '군사 독재의 냄새'가 나는 탓이기도 하다고 말했다. 그러나 자기 경우에는 그런 두려움은 전혀 근거 없는 것이라며 청취자들을 안심시켰다. "전에도 말했지만 오늘 다시 말하면, 총검 끝에는 잘 앉아 있을 수 없습니다. 그러니까, 대중의 폭넓은 지지가 없으면 오래 통치할 수 없다는 것이지요." 그런데 이채롭게도 그는 파펜이 제안한 헌법 수정 계획에 대해서는 일언반구가 없었다. 슐라이허는 자신의 총리직에 대해 말하면서 자신을 그냥 군인이 아니라 "잘하면 단시일에 끝날 비상시국에 어떤 당파에도 기울지 않고 사회의 모든 부분의 이해 관계를 살피는 청지기"와 같은 것으로 보아달라고 했다. 자기는 "칼이 아니라 평화를 가져오기 위해" 왔다고 했다. 슐라이허는 어떻게 통치할 것인가에 대해서는 "내가 불신해마지 않는" 의회가 "내각에 아무런 간섭 없이 의회의 그 유명한 방법에 방해받지 않고 정책을 수행해나갈 수 있는 기회를 주기 바란다"는 희망을 표시했다.

사람들의 눈에 슐라이허는 의회를 달래 어떻게든 잘해보려는 태도는 별로 보이지 않았다. 슐라이허는 자기 목적을 달성하려면 최소한 2년은 의회의 방해를 받지 않을 필요가 있다고 생각했다. 그가 구상하는 것은 그동안 의회가 몇 달 만에 한 번씩 열려 울분을 토로하되 내각이 하는 일에는 영향을 끼치지 않는 것이었다. 그는 사람들이 무엇보다도 국가 안보에 관심을 기울이게 해 경제 위기에 시달리는 동안 그토록 국론을 분열시켰던 국내 문제는 국가 안보 다음 순위에 둘 수 있기를 바랐다. 슐라이허가 취임하고 얼마 안 되어 제1차 세계대전 전승국들이 긴 협상 끝에 독일도 똑같이 무장할 권리가 있다는 원칙을 수용했다. 완전히 무장 해제를 하도록 한 베르사유 조약에 따르기보다는 앞으로 고안해낼 국가 안보 체계 안에서 독일도 군사적인 평형을 유지할 수 있게 해주는 수준에서, 전승국들은 독일이 재무장하는 것을 허락해주는 쪽으로 기울었던 것이다. 그 양보가 실제로는 무엇을 뜻하는지 아직 확실하지는 않았지만, 슐라이허에게는 그것이 민병대를 편성할 수 있는 길을 터놓았고, 이는 국민 개병제를 재개하기 위한 첫 번째 조치가 될 터였다. 그는 내각이 재무장을 추진하는 데 전념하도록 해, 독일이 군사적으로 무력한 상태를 종식시킨 공을 자신이 차지하려 했다.

취임한 지 한 달이 된 1월 첫째 주에도 슐라이허는 이런 목표를 향해 거의 나아가지 않았다. 그는 파펜 내각이 추진한 인기 없는 정책들을 대부분 거부해 파펜 내각 말기에 갑자기 커졌던 내란의 위험은 피할 수 있었다. 그러나 1월 24일에 의회가 다시 소집될 예정이어서 파펜 내각의 몰락을 가져온 의회의 불신임 투표를 막아야 하는 문제가 있었다. 게다가 파펜은 독일국민당의 지지라도 받았지만 슐라이허는 아직 정치적으로 별로 중요하지 않은 두 자유주의 군소 정당말고는 의회 안에 이렇다 할 지지 세력이 없었다.

슐라이허가 조직된 노동자들에게 보낸 화해의 제스처는 확실히 그에게 얼마간 신망을 가져다주었다. 가톨릭중앙당과 연계되어 있는 기독교 노조 지도자들도 그의 제의를 조심스럽게 수용하는 기미를 보였고, 전국에서 가장 큰 노동자 조직인 자유노조 지도자들도 정부가 직접 돈을 대 일자리를 창출하겠다는 약속을 우호적으로 바라보며 그 약속이 지켜져서 조합원들 사이에 널리 퍼져 있는 실업이 줄어들기를 바랐다. 그러나 자유노조의 태도는 슐라이허에게 정치적으로 제한된 의미밖에 없었다. 자유노조와 연계되어 있는 사회민주당이 여전히 새 총리에게 강경한 태도를 보이며, 슐라이허의 내각이 그토록 혐오했던 파펜 내각의 연장선상에 있을 뿐이라고 비난했기 때문이다. 사회민주당은 슐라이허가 자기 당의 가장 강력한 지지 세력이었던 프로이센 정부를 와해시킨 일에 연루되어 있다고 보았고, 따라서 사회민주당 의원 121명이 공산당 의원 100명과 함께 슐라이허에 대해 아주 강경한 태도를 취했다. 사회민주당에 대한 적대감으로 그들과의 어떤 협력 가능성도 배제했던 공산당도 슐라이허 내각을 거부하는 데에는 힘을 합쳤다.

그러나 사회민주당의 한 거물은 히틀러가 권력에 접근하는 것을 막기 위해 슐라이허와의 차이를 접고 동료들의 의견을 무시할 각오가 되어 있었다. 오랫동안 프로이센 주지사였고 가장 뛰어난 사회민주당 정치인 가운데 하나였던 오토 브라운이 1월 6일 총리를 방문해 아주 대담한 거래를 제안했다.

프로이센 주 주지사 오토 브라운. 슐라이허 총리에게 함께 손잡고 히틀러의 집권을 막자고 했으나 거절당했다.

만일 슐라이허가 힌덴부르크 대통령을 설득해 프로이센에 그의 내각이 다시 들어설 수 있게 해주면, 자신이 총리와 함께 대통령을 설득해 연방 의회와 프로이센 주 의회를 해산하고 헌법에 규정된 시일 안에 새 선거를 치르지 않아도 되도록 해주겠다는 것이다. 그리고는 둘이 손잡고 나치가 궁지에서 벗어나지 못하도록 봄까지 비상 포고령으로 통치하자는 것이었다.

브라운은 히틀러 당이 이미 기울고 있다고 주장했다. 특히 경제가 바닥을 치고 향상되고 있는 것을 볼 때, 몇 달 뒤에 선거를 하면 나치당이 엄청난 손실을 볼 것이 뻔하다는 것이었다. 그런 상황에서 선거를 하면 제대로 기능을 할 수 있는 연방 의회와 프로이센 의회가 구성될 것이라고 그는 예측했다. 그러나 슐라이허는 브라운의 제안에 부정적인 반응을 보였다. 그는 대통령을 설득해 오랫동안 불화와 알력을 겪은 중앙 정부와 프로이센 주 정부의 관계가 회복되게 할 자신이 없다고 했다. 그러나 슐라이허는 지난 여름 자신이 주도해, 힌덴부르크가 프로이센 주지사인 브라운과 프로이센 장관들의 권한을 박탈하도록 했을 때 공화제를 지지하는 가장 큰 당인 사회민주당과 협력할 가능성은 사실상 배제했다는 말은 하지 않았다.

브라운과 달리 슐라이허는 나치를 약화시킬 방도를 찾고 있지 않았다. 오히려 그들을 이용할 생각이었다. 그는 아직도 나치당 의원 196명을 토대로 의회에서 그의 내각을 지지할 용의가 있거나 아니면 적어도 반대는 하지 않을 과반수 세력을 형성하고 싶었다. 그래서 슐라이허는 그레고르 슈트라서가 나치당직을 사임하고 이탈리아로 급히 사라진 지 한 달이 지난 1월 후반에도 그에게 희망을 걸고 있었다. 12월 중순에 장군들이 모인 자리에서도 설명했듯이 그는 "히틀러의 구세주 같은 축복을 받으며 슈트라서 아래 있는 나치당과 협력하려고" 했다. 그래서 1월이 오면 "함께 해볼래?" 하고 물으려 했다. 물론 그들이 거절하면 그 순간 싸울 수밖에 없을 것이고, 그러면 의회도 해산해야 하겠지만, 도덕적 우위를 차지하기 위해 일단은 나치가 정부에서 일정한 책임을 맡도록 설득하는 데 노력을 아끼지 않으려 했다. 슐라이허는 그들과 대결해야 할 때가 오면 그저 심술이나 부리지는 않을 것이라고 했다. 그것은 가차없는 싸움이 될 것이었다. 그러나 그는 히틀러 당을 깨부수는 것은 국가에 이익이 되지 않는다고 했다. 슐라이허는 예전처럼 나치즘의 야만성을 보지 못하고, 나치가 와해되면 그 힘과 재능이 공산당 쪽으로 흘러 들어가게 될까 두려웠다.

그때 나치 지도자들은 슐라이허가 나치를 분열시킬 속셈으로 그레고르 슈트라서에게 내각에 있는 자리를 제안했을 것이라고 생각했다. 이런 생각을 가진 사람은 당시에도 많았지만 역사가들도 대부분 이러한 견해를 받아들였다. 하지만 사실은 그렇지 않았다. 12월 초에 총리와 슈트라서의 만남은 잘 된 것 같았다. 1월 6일 슐라이허가 슈트라서를 위해 비밀리에 주선한 힌덴부르크와의 만남도 그런 것 같았다. 소문에는 대통령이 슈트라서에게 급진적인 면이 없다는 것을 알고서 안도감을 표시하며 그를 부총리로 받아들일 용의가 있다는 뜻을 비쳤다고 했다. 그러나 슈트라서가 호의적인 인상을 주었을지 몰라도 슐라이허가 실제로 그를 내각에 임명하겠다는 제안을 했다는 증거는 없다. 또한 그때나 지금이나 많은 사람이 추정하듯이 총리가 슈트라서를 이용해 나치당을 분열시켜 나치당 의원 가운데 일부가 그의 내각을 지지하도록 하려 했다는 증거도 없다. 그냥 단순히 당시 상황을 정치적으로 계산해봐도 그랬을 가능성은 없다. 슐라이허는 나치당 의원 196명 가운데 슈트라서를 따를 사람은 기껏해야 60명 정도밖에 안 될 것이라고 내다봤다. 슈트라서가 그런 분리를 해내더라도 나치당의 60표로는—거기에 중도와 중도 우파 당의 표를 합해도—내각에 반대하지 않을 과반수 세력을 형성할 수 없었다. 그러면 오히려 나치당 의원 130명 정도가 사회민주당 의원 121명과 공산당 의원 100명과 손을 잡고 전체 의석이 584석인 의회에서 불신임 안을 처리할 수 있었다.

따라서 1월 16일 슐라이허가 그의 내각에 인정했듯이, 나치당에서 슈트라서가 이끄는 세력의 지지만으로는 내각이 안고 있는 의회 문제를 풀 수 없었다. 그는 장관들에게 히틀러의 협력만이 의회에서 내각에 우호적인 과반수 세력을 얻는 길이라고 말했다. 히틀러가 거듭 밝혔듯이 자신이 이끄는 내각이 아니면 어떤 내각도 반대하겠다는 그 의지를 어떻게 하면 꺾을 수 있을까 하는 것이 문제였다. 슐라이허는 이를 위해 슈트라서를 나치당을 분열시킬 쐐기가 아니라 히틀러를 움직일 지렛대로 써먹으려 했다. 이런 전술이 먹히려면 히틀러가 정말 당이 분열될 위험에 있다고 믿도록 해야 했다. 따라서 당분간은 슈트라서가 내각에 있는 것보다는 없는 것이 총리에게는 더 나았

총리가 두 나치인 히틀러와 그레고르 슈트라서 사이에서 누굴 고를까 고민하는 것을 풍자한 '슐라이허의 고민.' 캡션은 '그럼 이제 어느 쪽이 이길까?' [전진, 1933년 1월 17일(#28)]

다. 그를 내각에 임명했다가는 히틀러가 과거 자신의 오른팔이었던 슈트라서와 단호히 손을 끊고, 나치당이 내각에 반대하도록 할 것이 뻔했기 때문이다.

슐라이허는 히틀러에게 압력을 넣기 위해 새 총선거라는 지렛대도 써먹었다. 1932년 마지막 몇 달 동안 선거에서 나치가 입은 손실과 누가 봐도 명백한 그들의 재정난을 볼 때, 비용이 많이 드는 총선을 치렀다가 또다시 표를 잃을지 모른다면 그것은 히틀러가 우려하는 사태라고 생각한 것이다. 슐라이허도 그런 결과는 피하고 싶었다. 나치가 표를 잃으면 공산당의 힘이 강해질까 두려웠기 때문이다. 하지만 히틀러에게 압력을 넣기 위해 그는 측근에게 지시해 의회에서 불신임 투표를 하면 대통령의 포고령을 받아내 의회를 해산하고 새 선거 일정을 잡을 것이라고 언론에 흘리게 했다. 게다가 히틀러가 내각과 협력하거나 불리한 상황에서 또다시 선거를 치르는 일을 피하기 위해 시간을 끌지 못하도록, 나치가 의회의 휴회 기간을 늘리거나 불신임 투표를 연기하는 것을 지지하면, 그것은 내각이 대통령 포고령으로 통치하는 것에 대한 묵인으로 받아들이겠다는 소문도 흘렸다. 그러면 나치도 내각의 정책을 지지하는 꼴이 되어 경제적으로 어려운 시기에 정책에 대한 책임을 지지 않음으로써 얻는 반사 이익을 얻지 못할 것이고, 그러면 히틀러가 애써 내각에 반대하는 이미지를 구축해놓은 것도 물거품이 될 터였다.

히틀러가 그렇게 거듭 자신의 비타협적인 노선을 재확인했는데도, 슐라이허는 1월 후반에 히틀러가 결국에는 뜻을 굽힐 것이라는 확신을 몇 번이나 표명했다. 1월 10일, 그는 한 기자에게 "당이 권력의 자리에 오르는 순간을 보지도 못했는데 자기 밑에서 와해되는 것을 느끼고 히틀러는 거의 자포자기 상태에 있다"고 자신 있게 말했다. 1월 13일 저녁 기자들에게 베푼 비공식 만찬에서 슐라이허 총리는 나치에 관한 질문을 받고 빙그레 웃으며 거만하게 말했다. "내가 그들을 보살필 거요." 그러면서 걱정 말라는 듯 기자들에게 "내게 곧 복종하게 될 테니까" 하고 말했다. 자기 목표는 나치가 스스로 '구세주라는 믿음'을 버리고 슐라이허 자신이 이끄는 권위주의적인 정부를 지지하지 않을 수 없도록 그들을 약화시키는 것이라고 말했다. 그날 저녁 리페 선거에 대해 묻자, 그는 나치가 이길 전망은 희미하다며 히틀러가 그곳에 가 선거 운동에 참여한 것은 '점쟁이를 찾아간 것'이나 다름없다고 비웃었다. 분명히 전쟁 때 동료 장교가 슐라이허에 관해 말한 것이 아직도 유효한 것이 틀림없었다. "그는 아무래도 어려움을 극복해야 얻을 수 있는 걸 과소평가하는 경향이 있는 것 같다."

자신이 히틀러를 꼼짝못하게 할 수 있다는 총리의 확신은 세 가지 큰일 날 망상에 기대고 있었다. 이 가운데 가장 명백한 망상은 슈트라서가 반란을 일으키고 새 총선을 치러야 할지도 모르는 위협적인 사태에 히틀러가 신중하게 합리적으로 대처할 것이라고 가정한 것이다. 물론 그런 위험에 부딪히면 정치가들은 대부분 굴복하고 손실을 줄이기 위해 타협하려 했을 것이다. 그러나 슐라이허는 히틀러와 몇 번이나 오랫동안 이야기를 나누고도 히틀러가 평범한 정치인이 아니라는 사실을 눈치채지 못했다. 히틀러가 자기만 독일의 미래를 위한 올바른 타개책을 가지고 있고 운명은 자기편이기 때문에 결코 실패할 수 없다고 굳게 믿는다는 것을 보지 못했던 것이다. 히틀러는 결국 전권을 차지할 거라는 확고부동한 믿음이 있었기에 슐라이허가 이용하려는 그런 정치적 어려움을 피하기 위해 타협할 마음이 눈곱만큼도 없었다. 총리의 전략은 히틀러의 정신 상태에 대한 근본적으로 그릇된 가정에 바탕을 두고 있었던 것이다.

슐라이허의 시야를 흐린 두 번째 망상은 히틀러가 여전히 정치적으로 고립되어 있다고 가정한 것이었다. 이는 슐라이허가 프란츠 폰 파펜을 과소 평가한 탓이었다. 총리는 자신이 한때 쉽게 이용할 수 있는 도구라고 생각했고 지금도 여전히 순진한 얼간이라고 보는 사람을 진지하게 받아들일 수 없었다. 슐라이허는 설마 파펜이 속 다르고 겉 다를 줄은 꿈에도 생각지 못하고, 쾰른에서 히틀러를 만난 것은 슐라이허 내각에 대한 히틀러의 지지를 얻기 위한 노력이었을 뿐이라는 파펜의 거짓 주장을 곧이곧대로 받아들였다. 그 결과 총리는 옛 친구가 이미 자신에 대한 음모를 꾸미기 시작했다는 것을 눈치채지 못했다. 더군다나 자신을 총리 자리에 앉힌 힌덴부르크 대통령도 그런 음모에 끼어들었으리라고는. 힌덴부르크가 파펜에게 앞으로도 계속 히틀러와 자신을 연결하는 비밀 연락책 역할을 하라고 말한 다음날인 1월 10일, 슐라이허는 한 기자에게 히틀러가 쾰른에서 대통령과 늘 접촉할 수 있는 창구를 마련하려 했으나 그의 희망은 물거품이 되었다고 자신 있게 말했다. 그리고는 "히틀러는 힌덴부르크에게 거의 공산주의자 못지않게 나쁜 영향을 끼친다"고 덧붙였다.

세 번째 가장 이상한 망상은 히틀러가 실제로는 총리 자리를 원하는 것이 아니라는 믿음이었다. 12월 중순 슐라이허는 장군들이 모인 자리에서 지난 11월에 힌덴부르크 대통령이 히틀러를 총리에 임명하겠다고 제안했는데도 아무 대답이 없는 것은 히틀러가 '속으로는' 그 자리를 원치 않기 때문일 것이라고 했다. 1월에는 그런 의심이 확고한 믿음이 되었다. 그 믿음의 이유도 쾰른 회동에 대해 프란츠 폰 파펜이 말한 것을 곧이곧대로 믿은 데 있었다. 히틀러가 슐라이허 내각을 지지하는 대신 국방장관과 내무장관 자리를 달라고 했다는 파펜의 거짓 주장에서, 총리는 히틀러의 행동 방식을 다시 한번 확인했다. 그가 1월 13일 저녁에 기자들과 만찬을 하며 설명했듯이, "히틀러는 자신이 파펜에게 말하는 내용은 모두 대통령에 곧바로 전달된다는 것을 알았고, 따라서 히틀러의 요구는 말할 필요도 없이 대통령의 주의를 끌기 위한 것이었다. 게다가 히틀러는 경찰과 군을 모두 장악할 수 있는 장관 자리를 요구함으로써 힌덴부르크가 자기에게 줄 것이라고 생각한 것보다 일부러 더 많은 것을 요구했다. 이것은 지난 몇 달 동안 그가 보인 행동 방식과 일치한다. 히틀러는 중대한 시점에서 늘 대통령이 거절하길 바라고 너무 높은 요구 조건을 내걸었다." 히틀러가 자기 대신 총리 자리를 차지하기 2주 전인 1월 16일 비공식 만찬에서 기자들에게 말했듯이 그리고 다시 그의 내각에서 털어놓았듯이, "결론은 뻔했다. 미래의 독재자가 실은 권력을 원하지 않는다."

그런데 히틀러가 높은 자리를 원하지 않는다는 말을 듣고 슐라이허 내각의 장관들이나 기자들은 이의를 제기하지 않았다. 그것은 당연히 총리가 자기들보다 더 좋은 정보망을 통해 더 많이 알고 있으리라고 가정한 탓이었을 것이다. 베를린 정계의 많은 정보통들은 국방장관인 슐라이허가 곳곳에 촉수를 뻗친 고도로 발달된 비밀 정보망을 가지고 있을 것이라고 믿었다. 전 총리인 브뤼닝과 파펜, 힌덴부르크 대통령의 비서 실장 오토 마이스너, 그리고 슐라이허 내각에서 적어도 한 사람은 혹시 슐라이허의 첩자가 자기 전화를 도청하지 않을까 의심했다. 하지만 그런 의심이 사실로 드러난 일은 없었다. 그리고 풍부한 정보를 마음대로 쓸 수 있기는커녕 슐라이허는 오히려 다른 정치가들의 태도와 행동에 대해 판단할 수 있는 믿을 만한 정보가 부족해 곤란을 겪고 있었다. 특히 나치당에서 일어나고 있는 일에 대한 지식이 부족했다. 그래서 그는 독일의 왕세자였던 빌헬름이 자기에게 보내는 편지에 특별히 세심한 주의를 기울였다. 그 편지들은 빌헬름이 뮌헨에 있는 나치 돌격대 조직에서 주변부에 있는 예순 다섯 살 된 퇴역 장군에게 받은 것이었다. 그러나 슈트라서의 충실한 지지자인 왕세자의 정보원은 아주 사소한 정보밖에 제공하지 못했고, 그마저도 헷갈리는 소문과 뒤섞여 있는 경우가 많았다. 특히 1932년 12월에 슈트라서가 히틀러와 손을 끊은 다음에는 더욱 그랬다. 이 모든 것을 볼 때, 총리는 1933년 1월에 곧 그를 이길 사람의 활동과 의도 또는 나치당이 빠져 있던 위기에 대해 거의 아는 것이 없었다.

협박과 공갈로 히틀러의 협력을 얻어내려 했는데 아무런 성과도 거두지 못하자, 슐라이허는 그러한 노력에 더욱 박차를 가했다. 1월 10일, 슐라이허와 그의 언론 담당 비서는 세 장관의 임명을 통해 내각에 대한 정치적 '지지'를 얻을 계획이라는 말을 언론에 흘렸다. 거기서 그레고르 슈트라서는 부총리와 중앙 정부의 내무장관뿐 아니라 프로이센의 주지사 자리까지 제안받은 것으로 밝혀졌다. 저명한 가톨릭중앙당 의원이자 기독교 계열 노동조합 지도자인 아담 슈테거발트는 노동장관에 지명되었다. 농업과 경제 분야를 맡을 두 장관직은 독일국민당 당수 알프레트 후겐베르크에게 돌아갔다. 슐라이허는 한 기자에게 브리핑을 하며 이렇게 조정한 뒤에도 그의 내각은 의회 내각이 아니라 똑같이 대통령 내각이 될 것이라고 못박았다. 그들이 내각에 들어와도 그들이 속한 당과는 공식적인 유대 관계를 맺지 않을 것이기 때문이었다. 그러나 슐라이허는 그들이 입각하면 그들이 속한 당에서도 내각에 협조하는 태도를 보였으면 좋겠다는 뜻을 비쳤다. 세 당을 모두 합치면 의회에서 충분히 과반수 세력이 될 수 있었다.

언론에 이런 말을 흘리면서 슐라이허는 사실 허세를 부리고 있었다. 그는 후겐베르크에게 내각에 들어오겠다는 동의도 얻지 못했을 뿐 아니라 늘 으르렁대는 이 정치가에게 그런 제안조차도 하지 않았다. 그것은 슈테거발트도 마찬가지였다. 게다가 그는 슈트라서와 협상을 최종 마무리짓는 것도 주저하고 있었다. 그의 허세가 겨냥한 것은 말할 필요도 없이 히틀러였고, 그 목적은 그에 대한 압력을 높이는 것이었다. 슐라이허는 히틀러가 빨리 타협하지 않으면 옛날에 히틀러의 똘마니였던 사람이 폭넓은 지지를 받는 중앙 정부의 요직뿐 아니라 높은 지지를 받는 프로이센 주 정부의 주지사 자리까지 차지할 것이라고 협박해 내각에 대한 반대를 철회시키려 했다. 그런 자리에 따라올 전리품까지 챙기면, 슈트라서는 히틀러를 버리고 자기에게 오는 나치들에게 상당히 괜찮은 보상을 해줄 수 있는 자리에 있게 될 터였다.

히틀러에 대한 압력을 높이기 위해 슐라이허의 언론 담당 비서는 1월 10일, 그 전 주에 슈트라서가 힌덴부르크를 비밀리에 만난 사실을 언론에 공개했다. 총리는 또 기자들을 통해 자기가 굳이 히틀러에게 만나자고 하지 않겠지만 그의 문은 항상 열려 있다는 것도 알렸다. 이번에도 그는 히틀러가 정치적 위협에 신중하게 대응할 것이라고 오판했다. 히틀러는 리페에서 선거 운동을 하다 슈트라서가 대통령을 만났다는 소식에 대경실색했지만, 총리와의 면담을 요청하지는 않았다. 그랬다간 자신이 탄원하는 처지에 놓이고, 자신의 위치가 아주 불리해진다는 것을 알았기 때문이다.

일주일 만에 슐라이허의 허세는 그야말로 허세임이 드러났다. 견문이 넓은 정계의 평자들은 그가 의회의 지지를 얻기 위해 내놓은 방안에 곧바로 회의적인 반응을 보였다. 슈트라서처럼 비교적 합리적인 나치도 정부로 끌어들이기 힘든 것은 차치하더라도, 공화제를 지지하는 노동조합주의자 슈테거발트와 조직된 노동자의 주적이며 반민주적인 독일국민당의 후겐베르크 사이에 놓인 깊은 골을 볼 때 두 사람이 협력할 가능성은 거의 없어 보였다. 그리고 그것은 곧 사실임이 드러났다. 1월 13일 슐라이허가 후겐베르크를 만나 농무장관과 경제장관 자리를 제안했을 때, 후겐베르크는 총리가 적어도 1년 동안은 의회를 무시할 완전히 권위적인 정권을 세우겠다고 해야만 내각에 들어가겠다고 했다. 그것은 슈테거발트의 국민당으로서는 도저히 받아들일 수 없는 것이었다. 아니나다를까 그 다음 월요일인 1월 16일 아침, 기독연합 기관지는 슈테거발트가 후겐베르크와 함께 내각에서 일할 가능성은 없다고 분명하게 밝혔다. 같은 날 아침, 가톨릭국민당 당수 몬시뇨르(로마 가톨릭 교회에서 고위 성직자들에게 사용하는 칭호-옮긴이) 루드비히 카스도 총리에게 찾아가 같은 말을 전했다. 히틀러는 그날 늦게 바이마르에서 그 지역 당 지도자들에게 연설하며 그레고르 슈트라서와 영원히 결별했다.

슐라이허는 그 뒤 며칠 안 되어 히틀러와 슈트라서가 결국 갈라섰다는 소식을 들었지만, 1월 16일 아침 나절에는 이미 후겐베르크와 슈테거발트가 서로 양립할 수 없는 것이나, 나치가 리페 선거에서 승리한 사실이 널리 알려져 있었다. 그런데 같은 날 아침 늦게 각료 회의에서 총리가 리페 선거 결과에 대해서는 전혀 언급하지 않은 채 의회의 지지를 얻겠다며 이미 물 건너간 계획을 발표한 것을 보면, 그가 지독하게 정보가 없었거나 현실에서 벗어나 망상에 사로잡혀 있었다고밖에는 말할 수 없다. 그가 현실을 인정한 부분이라곤 슈트라서 및 후겐베르크와 짝을 이룰 세 번째 인물로 슈테거발트의 이름을 직접 말하지 않고 '중앙당 의원'이라고만 한 것이었다.

그런데 어쨌거나 슐라이허는 우파인 독일국민당이라도 내각을 지지하게 하고 싶었는데, 1월 16일 각료 회의가 있었던 그 주에 그 꿈마저 물거품이 되고 말았다. 총리에게 내각에 들어가는 조건을 얻어내는 데 실패한 후겐베르크는 당내 과격론자들의 압력이 거세어지자 결국 슐라이허에 대한 전면 공세에 들어갔다. 1월 20일 금요일, 그는 강경한 어조로 내각의 교체를 요구하는 결의안에 찬성표를 던졌다. 후겐베르크는 슐라이허의 "우유부단한 정책과 지연 전술"을 비난하며, 그것은 힌덴부르크 대통령이 파펜을 총리로 임명했을 때 착수하기 시작한 권위주의적인 과정을 해칠 위험이 있다고 공격했다. 총리가 파산한 시골 농장을 이주자들에게 나누어주도록 한 것에 대해서도 슐라이허 정책에서 사회주의 국제주의자들의 냄새가 난다며 그 정책은 "농촌을 볼셰비즘에 빠뜨릴 위험"이 있다고 했다. 이 선동적인 문서는 1월 24일에야 발표되었으나, 총리는 1월 21일 저명한 독일국민당 의원에게서 복사본을 받았다. 그때부터 슐라이허가 후겐베르크와 그의 당으로부터 좀처럼 수그러들지 않는 적대감에 부딪혔음은 물론이다. 그래서 1월 21일에는 총리가 내각을 개각할 의도가 전혀 없다고 주장하고 있었다.

슐라이허는 의회의 지지를 이끌어내려던 계획이 물거품이 되기 전에도 자신의 의도에 대한 혼란을 야기해 쓸데없이 자기 입장을 복잡하게 만들었다. 1월 13일 기자들과 가진 만찬에서, 그는 자신이 의회의 지지를 얻으려고 노동조합과 같은 공화파의 요구를 들어주고 있다는 우파의 비난에 대해 화를 냈다. 자기 목표는 의회에 의존하지 않는 강력한 권위주의 정권이라고 했다. 하지만 그것은 바로 며칠 전에 의회의 지지를 얻기 위해 내각을 개각할 계획이라고 발표한 것과는 앞뒤가 맞지 않았다. 그날 만찬 자리에서 슐라이허는 또 불신임 투표를 할 가능성이 보이면 의회를 해산하고 새 선거 일정을 잡겠다고 위협했던 것도 얼버무렸다. 그는 그 자리에 참석한 기자들에게 지난 11월에는 누구나 선거를 다시 하길 바랐지만 지금은 나라 분위기가 바뀌었다고 했다. 이제는 의회가 해산될 경우 헌법에 규정된 60일 이내에 새 선거를 치르지 않아도 정당과 유권자는 물론 업계와 노동자도 반대하지 않을 것이라고 했다. 그로부터 사흘 뒤인 1월 16일에도 그는 내각에서 본질적으로는 똑같은 말을 했다. 그 결과 총리가 그런 식으로 헌법을 위반할 가능성이 있다는 것을, 언론은 토론의 주제로 삼았다.

새 선거를 피할 가능성을 띄우면서 슐라이허는 파펜 총리 시절에 자신이 두 번이나 승인했으나 결국 거부한 계획을 되살리려고 했다. 1월 중순에는, 다시 총선을 하면 나치 표가 많이 줄어들긴 하겠지만 의회에서 그에게 우호적인 세력에는 별로 중대한 변화가 일어날 가능성이 없다는 사실을 깨달았던 것 같다. 그래서 슐라이허는 한동안 새로운 '대통령당'을 만들어 유권자들이 대통령의 의지에만 따르는 내각을 지지할 수 있는 길을 열어줄까 궁리했던 것이다. 그는 그것을 실행에 옮기지는 않았다. 그러나 그는 동기야 어떻든 의회에서 나치의 협력을 얻으려는 노력이 실패할 경우 어떻게 할 것인지를 미리 밝히는 전술적인 실수를 저질렀다. 총리가 새 선거를 막을지도 모른다는 보도만 믿고 히틀러가 비타협적인 태도를 취하기로 결심했을 가능성은 거의 없지만, 총선을 다시 하면 나치가 큰 손실을 입으리라는 확신이 부족하다는 것을 슐라이허 자신이 드러냄으로써 히틀러가 더욱 결심을 굳히도록 했을 수는 있다. 만일 히틀러가 슐라이허의 생각—새 선거를 무기로 나치당을 톡톡히 혼내주려는—을 알려고 했다면, 슐라이허는 히틀러에게 그렇게 되지 않으리라는 희망만 준 셈이 되었을 것이다.

슐라이허가 새 선거를 막을지도 모른다는 언론 보도에 공화국의 옹호자들은 화들짝 놀랐다. 그런 헌법 파괴 행위에 대한 염려는 슐라이허가 지지를 받고 싶어한 주요 정당 가운데 하나인 가톨릭국민당 지도부에서 특히 강했다. 독일 제국의 첫 번째 총리인 비스마르크 치하에서 박해를 받았던 종교적 소수 집단의 대변자로서, 가톨릭국민당 지도부는 특히 공화국 헌법을 글자 하나라도 위반하는 사례가 없나 눈에 불을 켜고 지키고 있었다. 따라서 그들은 총리가 헌법 조항 가운데 하나를 위반할지도 모른다는 가능성에 대해 깊이 우려했다. 사회민주당의 경우는 그런 가능성이 슐라이허에 대한 그들의 뿌리깊은 불신을 다시 확인해주었을 뿐이다. 이와는 대조적으로 공화제를 반대하는 보수주의자들은 그것을 총리가 자기들이 그토록 미워하는 바이마르 헌법 및 의회민주주의와 결별하겠다는 뜻을 보여주는 것으로 환영했다. 그런데 바로 얼마 지나지 않아 총리실에서 헌법을 어기면서 새 선거를 연기할 의도가 없다고 밝혀 모든 사람이 어리둥절할 수밖에 없었고, 결국 슐라이허에 대한 불신만 높아졌다. 슐라이허는 그 조심성 없는 말 때문에 그가 그토록 벗어나려 했던 정치적 고립에 더욱 빠지게 되었던 것이다.

    그런 고립은 내각에서도 마찬가지였다. 슐라이허는 장관을 임명할 때 자기에게 충성하는 장관들로 새 판을 짜지 않고 보수적이고 비정치적인 전문가들로 구성된 파펜 내각을 그대로 둔 채 그 가운데 두 명만 교체했다. 국방장관의 젊은 보좌관이 그러면 파펜 내각처럼 그의 내각도 똑같이 인기가 없을 것이라고 말하자, 슐라이허가 이렇게 대답했다. "그래, 이 녀석아, 네 말이 백 번 옳아. 하지만 난 지금 당장은 이 사람들이 없으면 안 돼. 지금은 내게 이들밖에 없으니까." 슐라이허는 처음부터 그의 내각은 임시 내각일 뿐이라고 여겼고, 언제든지 현직 장관들을 자신의 정치적 지지도를 높여줄 사람들로 교체할 준비가 되어 있다고 떠들었다. 그는 정치적인 전략 전술을 짤 때도 내각의 조언이나 안내를 받으려 하지 않았다. 그나마 갈수록 줄어드는 각료 회의에서도 거의 일상적인 일만 다루었다. 어쩌다 정치적인 상황을 처

슐라이허 총리가 일자리 창출 계획을 위해 뽑은 귄터 게레케 장관. 이 계획은 경제 여건을 향상시키는 데 이바지했으나, 그 공은 히틀러에게 돌아갔다.

리하려 할 때에도 그는 장관들에게 자신의 의도를 살짝 비치기만 했다. 결국 각료들 가운데 일부는 슐라이허가 추구하는 것에 대해 아주 잘못된 견해를 갖게 되었다.

당연히 슐라이허 내각의 사기는 높지 않았다. 회의할 때 그가 뭔가 숨기며 위압적인 태도를 보이는 것도 한 원인이었다. 슐라이허 자신이 행정부 일에 깊숙이 관여하지 않으려 한 것도 그랬다. 해결하기 곤란한 문제를 다룰 때 내각에서 그에게 도움을 청해도, 그는 거의 또는 전혀 협력하지 않았다. 슐라이허가 무엇보다도 우선 순위에 놓겠다고 약속한 일자리 창출과 도시 실업자들의 농촌 정착 프로그램을 위해 슐라이허 자신이 특별 임명한 귄터 게레케마저 그런 경험을 했다. 슐라이허가 정력적으로 활동하면서 정부를 지지하는 보수주의자 게레케를 임명한 것은 정부에서 동원할 수 있는 자원을 끌어모아 시급히 해결해야 할 가장 큰 문제였던 높은 실업률을 떨어뜨리기 위해서였다. 1월 초에 게레케가 그런 프로젝트의 진전을 막는 관료주의적 걸림돌을 제거하기 위해 총리의 간섭을 요구했을 때, 슐라이허가 거절하자 그는 크게 실망했다.

슐라이허는 또 복잡하고 다루기 힘든 무역 정책도 회피했다. 그 때문에 그가 파펜 내각에서 물려받은 농업장관과 경제장관은 오랫동안 사이가 좋지 않았다. 농업에 관련된 사람들은 식량 가격을 늘 낮게 유지할 수 있게 정부가 식량 생산자들을 위해 중재에 나설 것을 요구했다. 특히 농업을 대변하는 사람들은 수입 농산물과의 경쟁을 줄이기 위해 높은 관세 같은 장벽을 요구했다. 이에 대해 산업계에서는 식량 수출국들이 독일 공산품의 수입을 막기 위해 똑같이 장벽을 세워 복수할 것이라며 그런 보호주의 정책에 대해 경고하고 나섰다. 농업장관은 농민들 편에 섰고, 경제장관은 기업가들 편에 섰다. 그러나 총리는 그런 분쟁에 일일이 끼여들지 않겠다고 했다. 두 장관이 보기에는 도저히 화해할 수 없는 차이에 대해 둘이 알아서 타협하라고 한 것이다. 두 사람은 겉으로는 잘 화합하는 척하면서도 뒤에서는 계속 서로 으르렁댔고, 서로 물러서지 않으려고 사임하겠다고 위협이나 하니 일이 제대로 될 리 없었다. 농업장관은 나중에 슐라이허 내각에서의 경험은 "정말 고문이었다"고 말했다.

관료들과의 소원한 관계보다 더 국정을 파탄으로 이끈 것은 갈수록 벌어지는 슐라이허와 최고 권력자인 힌덴부르크 대통령의 관계였다. 처음부터 베를린에는 대통령이 총리에게 냉담하다는 소문이 떠돌았다. 1월 둘째 주에는 총리와 그의 참모가 "문제가 있는 것은 아니지만 슐라이허와 대통령의 관계가 파펜과 대통령의 관계만큼 그렇게 우호적이지 않다는 것"을 기자들 앞에서 공개적으로 인정하고 있었다. 두 사람의 관계가 왜 그렇게 나빠졌는지 그 원인을 모두 알기는 아마 힘들 것이다. 그러나 슐라이허가 음모를 꾸며 자기가 총애하는 프란츠 폰 파펜을 몰아냈을 것이라는 대통령의 전혀 허무맹랑하지만은 않은 의심이 한 가지 요인이 된 것만은 확실한 것 같다. 총리와 그의 참모는 그것을 부인하려 했으나, 수도의 정가에는 이런 견해가 널리 퍼져 있었다.

슐라이허는 총리가 되자마자 힌덴부르크에게 전임자의 공과를 따지지 않을 것으로 기대한다는 말을 들었다. 그러나 얼마 안 가 그가 대통령의 말을 귓등으로 흘려들었다는 것이 드러났다. 1월에는 그가 기자들에게 파펜이 총리로서 한 일에 대해 신랄한 평을 하고 있었다. 기자들 가운데는 파펜과 은밀하게 선이 닿는 사람들이 있었고, 슐라이허가 그런 경솔한 언동을 했다는 말이 대통령 귀에 들어가지 않게 막을 이유가 파펜에게는 없었다. 힌덴부르크의 정보원 가운데 또 하나는, 슐라이허가 일자리 창출을 위해 특별히 장관에 임명했으나 그에게 불만이 많은 게레케였다. 게레케는 지난해 대통령 재선 운동 때 재정 관리를 하면서 힌덴부르크 가족과 친밀한 사이가 되었는데, 특히 옛 육군 원수이자 현 대통령의 아들이며 군 장교인 오스카르 폰 힌덴부르크 대령과 밀접한 관계를 가지고 있었다. 그런데 게레케는 갈수록 슐라이허를 나쁘게만 보고 있었으니, 힌덴부르크 부자는 총리에 대해 긍정적인 말은 거의 듣지 못했을 것이다.

파펜 역시 슐라이허와 대통령의 관계가 나빠지는 데 크게 이바지했다. 속으로 이를 갈며 복수의 칼을 갈던 전 총리는 사임한 뒤에도 대통령에게 접근할 수 있는 특권을 누렸다. 그는 힌덴부르크의 요청으로 총리 때와 마찬가지로 빌헬름 가의 내무부 건물에 있는 아파트에서 계속 살았다. 그 건물과 총리 관저 사이에는 외무부 건물 하나밖에 없었고, 바로 그 총리 관저에 있는 아파트에 힌덴부르크 대통령이 살고 있었다. 1932년 봄에 총리 관저에서 세 건물 떨어져 있는 대통령궁을 급히 수리할 필요가 있어 건물을 모두 비우는 바람에 원래는 총리가 있어야 할 그 아파트를 대통령이 차지했던 것이다. 그래서 내무부 건물 뒤로 나와 빌헬름 가를 따라 죽 늘어선 건물 뒤에 있는 한적한 정원을 가른 문을 지나면, 사람들 눈에 띄지 않게 총리 관저 뒷문으로 들어가 대통령을 만날 수 있었다. 모든 책임에서 벗어난 파펜은 자기에게서 총리 자리를 빼앗아간 사람에 대해 하루 종일 음모를 꾸밀 수 있는 이상적인 자리에 있었다.

파펜은 이렇게 대통령에게 쉽게 접근할 수 있었던 데 반해 슐라이허는 국가 수뇌와 직접 대면할 기회가 한정되어 있었던 것 같다. 힌덴부르크와 슐라이허가 똑같이 총리 관저에서 업무를 보았지만, 이쪽저쪽으로 불규칙하게 뻗은 그 커다란 건물에서 대통령 집무실은 옛날에 지은 쪽에 있고 슐라이허의 집무실은 1920년대 말에 빌헬름 가 쪽으로 덧붙인 별관에 있어 두 사람이 좀 떨어져 있었다. 또 파펜과 달리 슐라이허는 관청 건물이 늘어선 빌헬름 가에서 살지 않았다. 그는 결혼한 지 1년 된 아내와 함께 얼마 전 이사한 개인 주택에서 계속 머무는 쪽을 택했는데, 그 집은 빌헬름 가에서 좀 떨어져 있었다. 슐라이허는 일할 때도 총리 관저에서 1마일 넘게 떨어져 있는 국방부에서 많은 시간을 보냈고, 심지어는 총리의 업무 영역에 있는 일까지도 여전히 군 참모들에게 많이 의존했다.

슐라이허는 몇 년이나 측근에서 힌덴부르크를 보좌했는데도 국가 수뇌와 행정부의 수반으로 만나면서부터 서로 사이가 틀어졌다. 이와는 대조적으로 파펜은 총리를 하는 동안 옛 육군 원수의 환심을 샀는데, 거의 아첨에 가까울 정도로 옆에서 그를 염려하고 보살핀 덕분이었다. 이렇게 굽실거리며 헌신하는 파펜에 익숙해지자 힌덴부르크는 무뚝뚝하고 자기 중심적인 슐라이허

담장에 난 출입문에 서 있는 힌덴부르크 대통령과 프란츠 폰 파펜. 빌헬름가에 늘어선 주요 공관에는 저마다 정원이 딸려 있었는데, 이 정원과 정원을 가르는 담장에는 출입문이 있어, 총리직에서 물러난 뒤에도 내부무에 있는 아파트에 살았던 파펜은 1933년 1월에 이 출입문을 통해 사람들이나 언론의 눈에 띄지 않고 대통령에게 찾아갈 수 있었다.

가 입맛에 맞지 않았다.

히틀러가 총리가 된 지 일주일이 되었을 때, 오스카르 폰 힌덴부르크가 오스트리아 외교관과 대화를 하면서 슐라이허와 자기 아버지의 긴장된 관계를 언뜻 드러내는 말을 했다. 오스카르는 파펜의 '성품'을 칭찬하면서, 총리였을 때 그가 보인 처신은 '또 다른 신사'와는 아주 대조적이었다고 말했다. 물론 그는 이렇게 에둘러 말했지만 외교관은 그 '신사'가 슐라이허를 가리키는 말이라는 것을 금방 알아차렸다. 젊은 힌덴부르크는 최근에도 자기 아버지가 내각에서 어떤 조치를 계획하고 있다는 말을 듣고 염려스러운 목소리로 "그랬다간 그들이 모두 내게 덤벼들걸" 했더니 그 '신사'가 "그렇겠죠.

총리관저의 뒷면. 그 앞으로 나무가 울창한 정원이 펼쳐져 있다. 히틀러는 프란츠 폰 파펜의 인도로 이 건물의 뒷문으로 들어가 2층 왼쪽에 있는 세 유리창 뒤에 있는 방에서 총리에 취임했다.

하지만 어쩔 수 없습니다"라고 했다는 것이었다. 그러나 대통령의 아들에 따르면, 얼마 전에 아버지가 그와 비슷한 우려를 표시했을 때 파펜은 "아니 그럴 리 없습니다. 그럼 제가 왜 여기 있겠습니까?" 하며 그를 안심시켰다고 했다. 젊은 힌덴부르크의 기준으로 보면—아마 그의 아버지의 기준으로 봐도 그랬겠지만—파펜의 알랑거리는 말이 '기사다운 충직함'을 보여주는 것이었고, 슐라이허에게는 그것이 부족했다. 이 대화 내용을 빈에 알리면서 이 오스트리아 외교관은 "정치적으로는 설명할 수 없을 것 같은 많은 일도 그 이면을 보면 인간적으로 이해가 된다"고 말했다.

1월에도 대통령이 매우 중시하는 문제로 총리와 대통령 사이에 마찰이 생겼다. 그 세대의 보수적인 많은 독일인과 마찬가지로 힌덴부르크는 무엇보다도 농업을 우위에 두었다. 그에게 농업은 그냥 경제의 한 부분이 아니라

히틀러의 통치가 끝난 뒤의 총리관저(1946년).

국민 생활의 기초이며 모든 전통과 가치의 원천이었다. 그런데 1월 11일, 농민을 대변하는 가장 큰 압력 단체였던 농민연맹 지도자들이 농업 정책에 대해 불평을 털어놓았다. 무역 장벽을 세워 독일 농산물이 값싼 외국 식량과 경쟁하는 것을 막았던 파펜의 정책을 슐라이허 내각이 계속 이어나가겠다고 해놓고 약속을 어겼다는 것이었다. 대통령은 그 말을 듣고 화가 치밀었다. 농민연맹 지도자들은 또 슐라이허 내각이 갱신하지 않아 12월 말에 시효가 만료된 파펜의 포고령도 다시 부활시켜달라고 했다. 그것은 파산한 농가의 땅에 저당권을 행사하기 전에 유예 기간을 두도록 한 법령이었다.

이런 불평에 힌덴부르크는 그날 당장 농업장관과 경제장관뿐 아니라 총리까지 불러 자기가 보는 앞에서 농민 지도자들의 요구를 들어주라고 했다. 그야말로 헌법에 규정된 자신의 권한을 넘어선 독단적인 월권 행위였다. 슐라이허와 두 장관은 무역 장벽에 관해서는 지금 후속 조치를 취하기 위해 준비하고 있으니 좀 기다려달라는 말로 겨우 농민 지도자들을 달랬다. 그러나 슐라이허가 파산한 농민들에게 부채를 회수하기 어려울 것을 염려해 유예 기간을 다시 부활하는 것에 대해서는 망설이자, 힌덴부르크가 끼여들어 내각이 왜 그렇게 망설이는지 모르겠다며 다음날까지 이 문제를 어떻게 처리할지 알려주기 바란다고 했다.

슐라이허는 1월 11일 오후에 대통령이 농민연맹 지도자들 앞에서 호통을 치자 그 자리에서는 그것을 감수했으나 거기서 나오자마자 농민연맹에 대한 인내심이 바닥나버렸다. 총리도 알고 있었듯이, 농민연맹은 이미 오래 전에 일반적인 경제 압력 단체에서 벗어나 아돌프 히틀러 당의 정치 도구가 되어 있었다. 많은 프로테스탄트 농민의 지지와 충성에 힘입어 나치는 풀뿌리 조직인 이 연맹에 침투해 각 단위 조직에서 높은 대표성을 획득했다. 연맹 지도부에 있는 나치들에게는 슐라이허에게 경제적인 양보를 얻어내는 것만으로는 충분하지 않았다. 그들은 그를 끌어내리고 히틀러를 대신 그 자리에 올리고 싶었다. 그래서 그들의 독촉에 못 이겨 농민연맹 지도부가 1월 11일 아침에 총리에게 맹렬한 공격을 퍼붓는 결의문을 언론에 발표했다. 그들은 슐라이허 내각이 "국제적인 성향의 수출 산업과 그 주변에 있는 엄청난 부자들의 도구"라고 규정하고, "순수한 마르크스주의 정권도 해결하지 못하는 농촌의 빈곤화에 무관심하다"고 비난했다. 그런데 그날 오후 연맹 대표자들이 그 결의안에 대해서는 일언반구도 없이 대통령과 총리를 만났던 것이다. 슐라이허는 그들 가운데 하나가 결의안을 건네줘 그 자리가 끝나고서야 그것에 대해 알았다. 그는 결의안의 선동적인 내용에도 화가 났지만 그 자리가 끝날 때까지 그것을 보여주지 않은 것에 더욱 화가 났다. 그래서 총리실에서 곧바로 연맹이 신의를 저버렸다고 비난하며 내각은 더 이상 연맹 지도자들과 협의하지 않을 것이라는 성명서를 언론에 발표하도록 했다.

슐라이허는 나치가 농민연맹을 조종하고 있다는 사실을 꿰뚫어보고 그들과 단호히 손을 끊었지만, 대통령은 그 조직에 대해 여전히 우호적인 시각을 가지고 있음을 분명히 했다. 동맹 지도자들은 대통령이 그들의 말에 귀를 기울이는 동조자라는 것을 알았다. 그들도 잘 알고 있었듯이 힌덴부르크는 독일 동부의 농업을 지배하는 융커 귀족과의 밀접한 유대에 자부심을 느끼는 프로이센의 유서 깊은 집안 출신이었다. 그러나 그는 직업 군인의 길을 걸어 시골 생활을 많이 접해보지 않았고, 농사를 지어본 경험도 없었다. 그런 그가 말년에 갑자기 지주가 되었다. 1927년 여든 번째 생일에 동프로이센에서 힌덴부르크의 집안에 조상 대대로 내려오던 땅을 선물로 받았던 것이다. 주로 산업계에서 기부한 돈으로 산 그 땅은 곧바로 그가 가장 좋아하는 휴양지가 되어, 수도에서 수행해야 할 공식적인 업무에서 벗어날 수 있을 때마다 그는 거기서 시골 대지주의 역할을 즐겼다.

힌덴부르크는 농민연맹이 전통적으로 자기들의 경제적 이익을 보호해줄 것으로 기대하는 시골 휴양지의 이웃 융커들과 자신이 한마음이라는 것을 발견했다. 그러자 연맹에서도 힌덴부르크를 자기 편으로 여기게 되었다. 1월 11일 슐라이허가 연맹과 손을 끊은 뒤, 대통령은 지역에 있는 연맹 지부에서 항의하는 편지와 전보를 받았다. 그는 틀림없이 이웃 융커들에게도 항의 편지와 전보를 많이 받았을 것이다. 1월 12일 연맹 지도자들은 '총리가 자기들이 신의를 저버렸다고 말하지만, 자기들은 고통받는 농민들을 염려해 그랬을 뿐'이라고 주장하는 공개 편지를 써 힌덴부르크의 지지를 호소했다. 이런 탄원은 헛되지 않았다. 슐라이허는 결국 1월 16일 파산한 농민에게 저당권 행사를 못하도록 막는 새로운 조치를 취하라는 힌덴부르크의 고집에 굴복하지 않을 수 없었고, 그 다음날인 17일 대통령은 바로 며칠 전에 총리가 관계를 끊은 조직의 지도자들에게 우정어린 편지를 보냈다.

1월 18일, 그렇지 않아도 갈수록 틈이 벌어지던 슐라이허와 힌덴부르크 사이를 더욱 갈라놓는 사건이 터졌다. 의회 예산 위원회에서 가톨릭중앙당 의원이 이른바 동부 지원 프로그램의 혜택을 받은 융커들이 공금을 횡령했다고 비난한 것이다. 이 프로그램은 몇 년 전 경제적으로 뒤진 동프로이센 지역에서 빚에 허덕이는 농지 소유자들의 파산을 막기 위해 실시된 것으로 이때 정부는 수백만 달러나 되는 돈을 뿌렸다. 그런데 이 중앙당 의원을 비롯한 공화파 지지자들은 원래 발표하지 않고 비밀에 부쳐두었던 상세한 기록을 바탕으로, 이름 있는 많은 융커들이 이 프로그램에서 그들에게 지원한 납세자의 돈을 착복했다고 비난했다. 대통령의 친구와 친척이 포함된 이들 융커들이 그 돈으로 융자금을 갚거나 설비에 투자해 농지를 다시 살리는 데 쓰지 않고 땅과 경주마, 값비싼 자동차를 사거나 수많은 사람이 빈곤에 허덕이고 있을 때 프랑스 리비에라 같은 휴양지에서 사치스런 휴가를 즐기는 데 썼다는 것이었다.

이 예산 위원회의 조사 내용은 일주일 동안 전국 신문의 1면을 이 동부 지원 스캔들로 도배하는 센세이션을 일으켰다. 슐라이허가 예산 위원회에서 비난을 퍼부은 것과 무슨 관련이 있었다는 증거는 없었다. 한 달 전에 그는 의회가 쉬는데 위원회 활동을 계속하는 것은 '뚱딴지 같은 짓'이라며 말리기까지 했다. 그러나 워낙 그가 뒤에서 음모를 꾸미는 것으로 유명해, 몇몇 사람들 눈에는 그가 농민연맹이 그의 내각을 공격하자 그에 대한 앙갚음으로 위원회에 이 시한 폭탄 같은 정보를 흘렸다는 소문이 그럴 듯해 보였다. 힌덴부르크가 돈을 유용한 혐의로 비난받은 사람들 가운데 일부와 밀접한 관계를 가지고 있었기 때문에, 그런 소문이나 그의 융커 친구들이 총리의 조사를 막지 않았다고 원망하는 소리가 대통령 귀에 들어가지 않았을 리 없다.

특히 프란츠 폰 파펜이 자주 그의 곁에 있는 상황에서는.

힌덴부르크가 슐라이허에게 냉담하다는 것이 갈수록 분명해지면서 정가에서는 총리가 과연 지난 9월의 파펜처럼 자기 뜻대로 의회를 해산할 수 있는 대통령의 포고령을 받았을까 하는 의문이 떠올랐다. 1월 10일, 기자들이 이 문제에 관해 묻자 총리실의 언론 담당 대변인은 슐라이허와 대통령의 관계가 파펜과 대통령의 관계만큼 그리 우호적이지 않다는 것을 인정하지 않을 수 없었다. 또 그는 총리가 의회를 해산할 수 있는 포고령을 '받을 것이 절대 확실하다'고 주장해, 슐라이허가 아직 공식 문서를 받지 못했다는 사실을 드러내고 말았다. 그런데 1월 13일, 슐라이허가 기자들과의 만찬에서 의회의 과반수가 자기에게 반대하면 의회를 해산할 것이라고 역시 절대 확신을 가지고 말해, 그 자리에 있던 기자들은 그가 필요한 문서를 이미 손에 쥐고 있는 것이 틀림없다는 결론을 내렸다.

그러나 1월 13일 만찬에 참석한 기자들 가운데는 그와는 사뭇 다른 인상을 받고 떠난 사람들도 있었다. 그들이 앉은 테이블은 게레케가 주재했는데, 그는 그 전날 오스카르 폰 힌덴부르크로부터 슐라이허에게 아직 포고령이 없으며, 아마 자기 아버지에게 포고령을 받지 못할 것이라는 말을 들었던 것이었다. 그러면서 덧붙이기를 젊은 힌덴부르크가 한때는 슐라이허의 친구였으나 지금은 그를 경멸한다고 했다. 게레케의 말과 총리의 확신이 일치하지 않자 만찬 뒤에 기자 하나가 총리실의 언론 담당 대변인에게 어떻게 된 거냐며 해명을 요구했다. 거기서 기자는 슐라이허가 이미 힌덴부르크에게 포고령을 받았다는 확답을 들었다. 하지만 기자들은 나중에 자기들이 받은 인상을 서로 비교하면서 총리가 적대적인 의회와 마주쳤을 때 대통령이 과연 총리를 지지할 의사가 있는가 하는 중요한 문제에서 아무런 결론도 내릴 수 없었다.

슐라이허는 자신의 기대를 거스르는 이 모든 조짐에도 아랑곳없이 여전히 대통령에게 의회를 해산하는 포고령을 받을 수 있을 것이라고 굳게 믿었다. 그는 문제가 단순하다며, 대통령이 처음에 자기를 위해 대통령의 권한을 모두 사용할 준비가 되어 있다고 했으니 그것이면 충분하지 않느냐고 했다. 그는 1월 16일에도 대통령 비서 실장 오토 마이스너가 보낸 위험 신호를 무시하고 고집스럽게 자기 생각을 꺾지 않았다. 마이스너는 그레고르 슈트라서와 아담 슈테거발트, 알프레트 후겐베르크를 내각에 등용해 내각에 대한 정치적 지지를 얻겠다는 총리의 말을 듣고, 그랬다간 대통령 내각이라는 내각의 성격을 해칠 수 있고 힌덴부르크의 지지를 계속 받을 수 없을 것이라고 경고했다. 그러나 슐라이허는 마이스너의 반대를 귓등으로 흘려들으며 특유의 거만한 어조로 대통령과 이 문제에 대해 충분히 논의했다고 우겼다. 그 자리에 있던 각료 가운데 질문을 한 사람은 없었지만, 만일 그렇다면 대통령의 견해를 속속들이 알고 있는 것으로 유명한 마이스너가 어떻게 그것을 모를 수 있는지 모두들 의아스러웠을 것이다. 며칠 뒤 슐라이허는 내친 김에 각료 하나에게 대통령이 자기에게 자꾸 의회를 해산하라고 재촉한다고 말했다. 그러나 의회 운영 위원회가 의회를 언제 다시 소집할지 결정하기 위해 만나기로 되어 있던 날의 전날인 1월 19일, 총리실 공보관은 기자들에게 총리가 아직 의회를 해산하는 포고령을 받지 못했다고 인정하지 않을 수 없었다.

1월 중순에 슐라이허는 빠르게 정치의 주도권을 상실해갔다. 그가 내각에 대해 정치적 지지를 얻겠다고 한 것도 진전을 보지 못했고, 실업을 줄이기 위해 정부가 과감한 조치를 취하겠다고 한 것도 약속을 지키지 못했다. 일자리 창출과 실업자의 농촌 정착 프로그램을 맡은 게레케는 총리가 나 몰라라 하는 통에 위원회에서 발목이 잡힌 채 도무지 일을 진척시킬 수 없어 환장할

사방에서 슐라이허 총리를 무너뜨리려고 하는 것을 묘사한 '공격할 때가 무르익은.' 캡션은 '이해가 안 되네. 옛날에는 내가 계략의 명수였는데.' [전진, 1933년 1월 16일(#43)]

노릇이었다. 정치적으로 민감한 무역 정책에서도 내각이 분열되어 아무것도 못하고 있는데, 슐라이허는 농업의 이익을 대변하는 사람들에게는 보호무역 조치를 취하겠다고 약속하고 수출업계에게는 그런 조치에 반대한다면서 시간을 벌었다.

슐라이허는 이런 문제들이 도무지 해결될 기미를 보이지 않자 갈수록 재무장에 관심을 집중시키며 국내 문제가 조만간 뒷전으로 밀리길 바랐다. 그는 1월 13일, 기자들과의 만찬에서도 한 달 전에 전승국들이 독일도 똑같이 무장할 권리가 있다고 인정한 것을 전략적으로 어떻게 활용할지 설명하면서 저녁 시간 대부분을 썼다. 그는 1934년 봄에는 민병대가 제 기능을 할 수 있게 한 다음 국민 개병제로 나아갈 계획이라고 했다. 베르사유 조약 탓에 독일이 가질 수 없게 된 중장비도 조만간 군이 갖게 될 것이라고 큰소리쳤다. 1월 15일, 퇴역 장교들의 조직에서 연설할 때도 그는 독일도 똑같이 무장할 수 있는 권리와 국민 개병제를 위해 전력을 다하겠다고 했다. 큰 인기를 노리고 했을 것이 뻔한 이 선전은 그 뒤 며칠 동안 내리 슐라이허 내각의 발목을 잡는 뉴스에 묻혀 그다지 관심을 끌지 못했다.

1월 18일, 파펜에 대한 슐라이허의 망상은 완전히 깨졌다. 나치는 온갖 노력을 다해 그날 히틀러가 리벤트로프 집에서 전 총리와 오찬 회동한 사실을 비밀에 부치려 했으나, 바로 그날 저녁 베를린 언론에 폭로되었던 것이다. 논평을 요청하자, 총리실 공보관은 슐라이허가 사전에 그 회동을 승인했고 파펜은 그저 몇 가지 문제를 분명히 해 나치와 내각의 의견 차이를 좁히려 했을 뿐이라고 말해 기자들이 믿도록 했다. 하지만 슐라이허는 그렇게 어리석지 않았다. 1월 4일 쾰른에서 파펜이 히틀러를 만났을 때와 마찬가지로 그는 옛날에 자기 똘마니였던 사람이 한 일에 대해 사전에 몰랐다. 그러나 쾰른 사태 이후 자기와 상의도 없이 히틀러를 만났다고 파펜을 호되게 꾸짖은 것을 보면, 그쯤에는 그가 더 이상 파펜이 나치 지도자와 시시덕거린 것을 선의에서 나온 어리석은 짓으로 치부할 수 없었을 것이다. 이제 나머지 한 가지 가능성은 자신이 한때 총리 자리에 올렸다가 끌어내린 사람이 자신에 대해 음모를 꾸미고 있다는 것이었다.

1월 셋째 주 말에 사태가 파국을 향해 치닫고 있을 때도 슐라이허는 이미 그 전제가 무너진 전략을 붙들고 있었다. 그때는 이미 그레고르 슈트라서를 무기 삼아 새 선거를 했다가는 또다시 손실을 볼 것이 뻔하다고 위협해 나치의 협력을 얻어내려던 노력이 실패했다는 것을 보여주는 증거가 수두룩했다. 그런데 군사 훈련을 받았다는 그가 계획이 실패할 경우를 대비해 후퇴할 길을 마련해놓지 않는 중대한 전략적 오류를 저질렀다. 그는 여전히 히틀러가 움찔해 꼬리를 내리리라고 믿었고, 그것이 안 되면 힌덴부르크가 당연히 의회를 해산하고 새 선거 일정을 잡지 않아도 되도록 해줄 것으로 믿었다. 그래서 그는 최소한 자신의 권력을 강화할 시간이라도 벌어줄 방어적인 자세를 취하는 것도 고려하지 않았다. 아니 그러기는커녕 마치 아무것도 변한 것이 없는 듯 오히려 공세적인 전략을 밀고 나갔다. 그 결과 그는 의회와의 대결을 피함으로써 총리직에 더 오래 머물 수 있는 기회를 놓쳐버렸다.

그런 기회는 1월 20일 금요일에 왔다. 그날 운영 위원회는 앞서 1월 24일에 의회를 소집하기로 한 결정을 다시 검토하기로 했다. 그날 결정에 따라 슐라이허 내각과 적대적인 의회 과반수 세력이 언제 그 피할 수 없을 것 같은 대결을 벌일지가 결정될 터였다. 그 모임에서 공산당과 사회민주당 대표들은 일정대로 밀고 나가자며 의회가 열리는 대로 곧바로 불신임 투표를 강행할 의지를 분명히했다. 이 위원회에서 나치 대표였던 빌헬름 프리크는 당장 불신임 투표를 하자고 떠드는 나치 신문들과 달리 그보다 훨씬 소극적인 자세를 취했다.

전에 공무원이었던 프리크는 나치치고는 신중한 사람이었다. 그는 그레고르 슈트라서처럼 히틀러의 비타협적인 전략에 대해 우려하고 있었고, 따라서 12월 마지막 순간이 되기 전에는 슈트라서의 입장을 지지했던 사람이었다. 프리크는 슈트라서와 마찬가지로 의회가 해산되어 새 선거를 치르면 나치가 막대한 피해를 볼까봐 두려웠다. 다른 나치 지도자들도 섣부른 대결에는 뒷걸음질쳤다. 늘 선봉에 섰던 괴벨스도 프리크와 의견이 같아 1월 20일 일기에 '우리는 시간을 벌어야 한다'고 썼다. 그 전날 저녁 히틀러, 괴링, 괴벨스와 전략 회의를 한 끝에 1월 20일에 열린 운영 위원회에서 프리크는 내각이 예산안을 제출할 수 있을 때까지 의회의 휴회 기간을 늘리자고 했다. 슐라이허의 재무장관이 그 얼마 전에 봄까지는 예산안을 준비하지 못할 것이라고 말했으니, 그는 나치가 그때까지 의회 소집을 연기할 뜻이 있다는 것을 비친 셈이었다.

만일 프리크의 제안이 받아들여졌다면 이후 사태가 전혀 다른 방향으로 나아갔을지도 모른다. 내각이 예산안을 제출할 수 있을 때까지 의회가 휴회를 했으면, 내각과 내각에 적대적인 의회의 과반수 세력 사이에 있었을 대결도 그때까지 연기되었을 것이다. 그리고 그때 불신임 투표를 하게 되면, 의회가 해산되어 헌법에 규정된 대로 60일 이내에 새 선거를 하더라도 그것을 늦봄이나 초여름까지 미룰 수 있었을 것이다. 그랬으면 그때는 당연히 슐라이허의 상황이 눈에 띄게 나아졌을 것이다. 먼저 총리가 도와주지 않는데도 게레케가 그토록 열심히 완성시키려 한 일자리 창출 프로그램이 가동되었으면 그 정치적 이익을 거둬들일 수도 있었을 것이고, 경제 상황도 1932년 후반부터 느리지만 눈에 띄게 전반적으로 향상되고 있었으니 그 공도 슐라이허에게 돌아갔을 것이다. 의회의 휴회 기간이 늘어났으면, 가을까지는 예정된 주 의회 선거가 없었으니 히틀러가 리페에서처럼 선거전의 승리를 통해 추종자들의 사기를 진작시킬 기회도 없었을 것이다. 그랬으면 히틀러가 권력을 잡지 못하면서 생긴 좌절감이 커지면서 히틀러 당의 내부 위기도 빠르게 악화되었을 것이다. 그런 상황에서 늦봄이나 초여름에 새 선거를 했다면, 당연히 정치적 극단주의에 대한 열기가 식어 나치당이나 공산당이나 후퇴할 것이 뻔했고, 총리의 힘은 그만큼 더 강해졌을 것이다.

그러나 이 가운데 어느 것도 실현되지 못했다. 운영 위원회에 참석한 정당 대표들은 휴회 기간을 연장하자는 프리크의 제안을 승인할 정도로 충분한 지지를 보였는데도, 내각 대표로 참석한 총리 비서 실장 에어빈 플랭크가 그것을 한마디로 거부했다. 플랭크는 내각이 하루라도 빨리 정치 상황이 확실해지기를 바란다며, 어떤 식으로든 휴회 기간을 늘리는 것에 반대한다고

1928년에 중요한 관청 건물이 대부분 있던 베를린 중심가를 공중에서 찍은 사진. 나중에 히틀러가 일으킨 전쟁으로 건물이 거의 모두 파괴되었다.

말했다. 프리크의 제안을 받아들인다는 것은 당연히 총리 쪽의 전술적 후퇴를 의미했을 것이다. 슐라이허는 지난 몇 주 동안 줄곧 히틀러가 겁을 먹고 협력하기를 바란다면서 플랭크가 위원회에서 채택한 견해—휴회 기간을 늘리는 것에 반대하는—를 고수했기 때문이다. 슐라이허가 자신의 입지를 강화하고 경제 회복이 가져다줄 정치적 이익을 기다리기 위해, 시간을 벌려고 그런 입장에서 후퇴하는 것을 한 번이라도 고려해봤다는 증거도 없을 뿐더러, 플랭크도 프리크와 같은 예상치 못한 사태가 발생했을 때 전술을 바꿀 수 있는 재량권이 없었던 것 같다. 결국 나치의 제안은 플랭크의 거부로 투표도 해보지 못하고 기각되었다. 플랭크의 묵인으로 가톨릭중앙당이 좀더 협의를 할 수 있게 휴회 기간을 일주일만 연기하자는 안이 운영 위원회에서 과반수 지지를 얻어, 독일 정치의 앞날을 가름할 중요한 날이 1월 31일이 되었다.

이렇게 1월 20일에 기회를 놓치면서 사태는 전환점을 맞이했다. 그때는 몰랐지만 이로써 프란츠 폰 파펜이 옭아매려던 음모에서 벗어날, 얼마 남지 않은 기회 가운데 하나를 슐라이허는 놓치고 말았다. 파펜의 목적은 히틀러의 지지를 얻고 힌덴부르크 대통령이 슐라이허에게 등을 돌리게 해 그를 총리 자리에서 끌어내리고 나치가 포함된 우익 내각의 건설자로 자기가 나서는 것이었다. 프리크가 제안한 것처럼 슐라이허와 의회의 대결을 오랫동안 미뤘다면 그의 음모가 실현되기가 훨씬 어려웠을 것이다. 무엇보다도 의회의 휴회 기간을 늘렸다면 슐라이허가 의회를 해산할 수 있는 권한을 요청해 서둘러 자신에 대한 대통령의 지지를 시험해볼 필요도 없었을 것이다.

의회의 휴회 기간을 늘리자는 것을 한마디로 거절함으로써, 슐라이허는 자신에 대한 음모가 막 추진력을 얻었을 때 자신에 대한 대통령의 신임 문제를 현안으로 부각시켰다. 게다가 휴회 기간을 일주일만 연기하자는 안을 받아들임으로써, 음모자들이 그들 사이의 차이를 조정하고 대통령을 설득하기

슐라이허 내각과의 대결을 두려워했으나 히틀러 내각에서 내무장관이 된 빌헬름 프리크(왼쪽). 슐라이허의 총리 비서실장 에어빈 플랑크. 1944년에 히틀러 암살 계획에 참여했다가 실패해 목숨을 잃었다(오른쪽).

위해 절실히 필요했던 시간을 거저 준 꼴이 되었다. 이제 총리가 권력을 유지할 수 있는 유일한 가능성은, 총리직에 있는 동안 별로 한 일이 없어 거의 보여줄 것이 없는 때에, 과연 그가 대통령에게 의회를 해산하는 포고령을 얻을 수 있느냐에 달려 있게 되었다.

쿠르트 폰 슐라이허가 1월 20일 열린 운영 위원회에서 전술적 대안을 고려하지 못한 것은 그가 가진 망상 가운데 가장 치명적인 것으로 드러난 망상 탓이었다. 그것은 바로 그가 총리직에 취임했을 때 힌덴부르크 대통령이 슐라이허를 위해 자신의 모든 권한을 사용하겠다고 약속한 것을 무슨 일이 있어도 지키리라고 믿은 것이었다. 그것이 헛된 망상임이 드러나는 데는 오랜 시간이 걸리지 않았다. 운영 위원회가 끝나고 얼마 안 되어 에어빈 플랑크가 전 총리 브뤼닝에게 전화해 떨리는 목소리로 "이제 끝장입니다"라고 말했다. 이어 플랭크가 브뤼닝에게 설명한 대로, 그가 위원회에서 슐라이허를 대변해 말한 것은 오스카르 폰 힌덴부르크가 자기 아버지는 틀림없이 총리에게 의회를 해산할 수 있는 포고령을 주리라고 말한 것에 근거를 두고 있었다. 그런데 그 뒤에 슐라이허가 오스카르 폰 힌덴부르크는 자기에게 등을 돌렸고 따라서 대통령에게 포고령을 받지 못하리라는 사실을 알았다는 것이었다. 브뤼닝이 당장 운영 위원회를 다시 소집하는 것이 어떻겠느냐고 했지만, 플랭크는 그래도 소용없다고 했다. 그는 체념한 듯 "슐라이허는 끝났습니다"라고 말했다. 당장 그런 것은 아니었지만, 총리의 망상 탓에 그가 정치적으로 살아남을 가능성은 거의 없었다.

5. 음모는 확대되고 슐라이허는 권력을 포기하다

    1월 22일, 뼛속까지 한기가 스며드는 우중충한 일요일 늦은 아침, 제복을 입은 경찰들이 베를린의 노동자 지구에 있는 주요 광장 뷜로브플라츠에 우르르 몰려와 그곳에 있는 공산당 본부 리프크네히트 하우스를 침입했다. 그들은 건물을 수색하고 그곳에서 일하는 사람들을 대부분 쫓아냈다. 그 가운데는 공산당에서 펴내는 일간지 〈붉은 깃발〉 편집자도 있었는데, 그는 총구의 위협을 받으며 건물 밖으로 나왔다. 밖에서 잇따라 도착한 트럭에서 내린 경찰들이 눈 덮인 광장에 쫙 퍼져, 길 가던 사람들을 쫓아내고 일반 차량도 통과하지 못하도록 지역을 봉쇄했다. 무장한 경찰 트럭과 기관총을 든 경찰들이 교차로 곳곳에 자리를 잡았다. 다른 경찰 부대들은 거총 자세로 광장으로 들어가는 한적한 거리를 가로질러 피켓 라인을 형성했다. 이웃에 있는 많은 건물에서는 경찰들이 지붕에 올라가 쌍안경으로 지역을 샅샅이 훑었다. 호기심에 이끌려 아파트 발코니에 나오거나 창문을 열고 밖을 내다보는 사람들은 안으로 들어가 문과 창문을 닫으라는 명령을 들었다. 동네에 있는 몇 집은 수색을 당했다. 경찰이 갑자기 이 난리를 피운 이유는 오후 1시쯤 갈색 셔츠를 입은 나치 돌격대가 경찰의 보호 아래 줄을 지어 광장으로 다가왔을 때 분명해졌다. 그들은 행진을 하면서 "우리는 자유를 경멸한다! 우리는 유대인 공화국을 저주한다!"고 외쳤다.

    지역 주민들이 그들에게 무슨 적대 행위라도 할까봐 거의 같은 수의 경찰이 곳곳에 포진해 있는 가운데 모두 합쳐 1만 5,000명쯤 되는 나치 돌격대가

베를린의 노동자 지구에 도열한 경찰들. 슐라이허 내각은 1933년 1월 22일에 일어난 나치 시위를 허락하는 데 그치지 않고 그것을 공식적으로 보호하기까지 했다.

뷜로브플라츠에 모였다. 정부의 승인을 받은 이 시위의 표면적인 이유는 근처에 있는 묘지까지 행진을 하는 것이었고, 그곳에서 히틀러는 3년 전에 공산당원들에게 총을 맞고 죽은 잔인하기로 이름난 베를린 돌격대 대장 호르스트 베셀을 추모하는 행사를 벌였다. 이런 시위의 근저에는 바로 공산당의 문 앞에서 도전적으로 힘을 과시해 떨어지는 나치의 사기를 높이려는 속셈이 있었다. 그 결과는 기대 이상이었다. 정부는 이에 대항하는 시위를 하겠다는 공산당의 요청을 받아들이지 않았고, 경찰은 폭력을 막으라는 명령을 수행하면서 몇 차례나 항의 시위를 하는 공산당원들과 충돌해, 이 가운데 두 명이 총에 맞아 부상을 입고 일흔 명에 가까운 사람들이 체포되었다. 나치는 이 대규모 시위를 통해 법과 질서를 대변하는 세력과 손을 잡고 공산당에 대항함으로써 그들이 마치 존경할 만한 위치에 있는 듯 기세가 등등해졌다. 그

1933년 1월 22일 시위 때 베를린의 공산당 본부 앞에 운집한 나치 돌격대.

러나 이것이 독일 좌파에게는 사기를 떨어뜨리는 충격파가 되었다. 그 뒤 며칠 동안 나치 언론은 이 사건을 위대한 승리라고 떠들었다. 그로부터 3년 뒤에 출판된 회고록에서 한 베를린 돌격대원은 그것이 나치의 운명을 바꾼 주목할 만한 사건이었다고 술회했다. 괴벨스는 그 환희를 억누르지 못하고 일기 첫머리에 이렇게 썼다. "골목에서 분노해 날뛰는 빨갱이들 … 무장한 차량과 기관총. 창문에서 우리를 쏘지 못하게 막는 경찰들 … 카를 리프크네히트 하우스 앞에서 행진하는 돌격대라니, 이 얼마나 환상적인 일인가! … 우리는 전투에서 승리했다."

나치의 승리가 슐라이허에게는 패배였으나 그것은 자초한 일이기도 했다. 바로 그 전날에도 괴벨스는 정부가 시위를 못하게 막을까봐 걱정했다. 괴벨스는 총리가 시위를 금지하고 싶어하는데 국방부 내의 저항 때문에 그러지 못하고 있다는 말을 들었다. 그러나 이를 뒷받침해주는 증거는 없다. 지난 7월 중앙 정부가 프로이센 주 정부를 접수하면서 프로이센의 경찰청장이 된 총리는 수도에서 경찰력에 대해 절대적인 권한을 누리고 있었다. 그는 마음만 먹으면 행진을 금할 수도, 공산당 본부와 같이 도발적인 장소가 아닌 곳에서 행진을 하도록 요구할 수도 있었다. 그러나 슐라이허는 그러지 않았다. 대신 지난 몇 년 동안 수도와 그 외 많은 도시의 거리에서 엄청난 혼란을 일으킨 암살단원을 지키는 경비대로 경찰을 탈바꿈시키는 조치를 허락했던 것이다.

슐라이허가 왜 나치의 도발임이 분명한 것에 대해 그렇게 수동적인 자세를 취했는지는 여전히 분명하지 않다. 어쩌면 그가 히틀러를 잘 구워삶으면 내각에 협력하도록 할 수 있지 않을까 하는 망상을 가지고 있었을지도 모른다. 사실 공화파 지지자들 중에도 정부가 화해의 제스처로 나치의 시위를 묵인하지 않았나 의심하는 사람들이 있었다. 아니면 슐라이허가 그 일이 있기 전에 힌덴부르크 대통령에게 요청하기만 하면 받을 수 있을 거라고 믿었던 포고령을 받을 수 없다는 말을 듣고 충격을 받은 나머지 두 손 두 발을 다 내려놓았을지도 모른다. 수도에서 발행된 주요 가톨릭 신문 〈게르마니아〉의 베를린 특파원은 정부를 휩쓴 '지독한 숙명론'이 어떤 행동도 하지 못하도록 막은 것 같다고 말했다. 〈프랑크푸르트 자이퉁〉의 특파원은 총리의 태도가 '세상을 등진 듯한 초연함'을 보여주는 것이었다고 말했다. 그러나 그 이유가 뭐든 슐라이허는 나치가 시위를 하도록 허락했을 뿐 아니라 그것을 보호해주기까지 했으니 히틀러의 사기가 하늘을 찌르도록 부추긴 셈이었다.

같은 날인 1월 22일 저녁, 두 남자가 아내와 함께 베를린의 유명한 넓은 가로수길 운터 덴 린덴에 있는 국립 오페라 하우스의 칸막이 좌석에 앉아 있었다. 그곳에서는 셰익스피어의 '눈에는 눈, 이에는 이'를 경쾌한 오페라로 만든 리하르트 바그너의 '연애 금지'를 공연하고 있었다. 막간에 두 부부는 다른 관객들과 뒤섞여 지인들과 인사를 나누었다. 다음 막이 시작되는 것을 알리는 종이 울리자 그들은 자리로 되돌아갔다. 그러나 객석의 조명이 희미해지며 다시 음악이 울려퍼지기 시작하자 두 남자는 바로 일어나 나갔다. 그들은 보관소에서 외투와 모자를 돌려받은 뒤 뒷문을 통해 오페라 하우스를 떠났다. 밖으로 나오자 그들은 눈이 쏟아지는 오페라 광장을 가로질러 택시를 잡았다. 누가 따라오는 사람이 없는지 택시의 뒷창문으로 확인을 한 뒤, 곧바로 운전사에게 상류층이 사는 달렘 지구로 가자고 했다. 그곳에 도착해 택시가 떠나자 그들은 목적지까지 걸어갔다. 그들이 눈에 푹푹 빠지는 발로 어렵사리 찾아간 곳은 요아힘 폰 리벤트로프의 집이었고, 몰래 그 집에 찾아간 사람은 대통령의 아들인 오스카르 폰 힌덴부르크와 비서 실장인 오토 마이스너였다. 그들이 도착하니 전 총리인 프란츠 폰 파펜과 아돌프 히틀러가 그들을 기다리고 있었다. 히틀러는 그곳에 헤르만 괴링과 다른 거물급 나치 두 명과 함께 있었다.

이 야간의 랑데부는 프란츠 폰 파펜의 작품이었다. 1월 18일 리벤트로프 집에서 오찬 회동을 했을 때 히틀러가 그 어느 때보다도 강력히 총리직을 요구하자, 파펜은 결국 그의 인생에서 가장 중요한 결정에 다다랐다. 그가 다시 권력을 잡을 수 있는 가능성이 가장 높은 길은 히틀러에게 총리직을 양보하되 그를 자기 목적에 맞게 이용할 수 있는 조건으로 하는 것이라는 결론을 내린 것이다. 따라서 파펜은 내각을 히틀러가 이끌되 힌덴부르크 대통령과의 친분을 이용해 실제 권력은 자신이 잡을 수 있는 가능성을 타진해보기 시작했다. 그리고 그런 노력이 실패할 경우에 대비해, 그가 총리직에 있을 때 이미 경험한 바 있는 좌파와 우파 양쪽의 대대적인 정치적 반대가 있더라도 자신이 다시 총리 자리에 앉을 준비도 했다. 리벤트로프 집에서 저녁 모임을

오스카르 폰 힌덴부르크는 아내, 자식과 함께 베를린의 빌헬름 가에 있던 대통령의 공관에서 혼자 된 아버지와 함께 살았다.

갖기 이틀 전인 1월 20일 금요일, 파펜은 자기 계획을 대통령의 아들과 비서실장에게 털어놓음으로써 슐라이허에 대한 음모를 확대하기 시작했다. 그리고 1월 20일 저녁에는 리벤트로프에게 오스카르 폰 힌덴부르크와 마이스너가 오는 일요일 저녁 히틀러와 만날 때 자기와 자리를 함께 하기로 했다고 전했다.

파펜은 오스카르 폰 힌덴부르크를 자기 음모에 끌어들임으로써 늙은 대통령과 누구보다도 가까우면서 자기처럼 쿠르트 폰 슐라이허를 싫어하는 사람과 손을 잡았다. 자기 아버지와 할아버지처럼 직업 군인 장교였던 젊은 힌덴부르크는 집안을 빼고는 달리 내세울 것이 없는 사람이었다. 프랑수아-퐁세 대사는 그가 "얼굴이 두껍고 야비하며 교육도 제대로 받지 못했다. 아버지처럼 키도 크고 체격도 우람하지만 아버지와 달리 행동거지에 품위가 없다"고 말했다. 군에서도 그다지 두각을 나타내지 못한 오스카르 폰 힌덴부르크는 공식적으로는 대통령의 군 행정 장교였고, 비공식적으로는 서로 비밀을 주고받을 수 있는, 대통령의 가장 가까운 친구였다. 그와 그의 가족은 대통령이 지내는 곳에서 함께 살았기 때문에, 그보다 대통령에 대해 많이 아는 사람이 없었다. 늙은 힌덴부르크가 여든 줄에 접어들면서 아들의 영향력이 커지고 정치적으로도 중요해지자, 재치 있는 베를린 사람들 사이에서는 "느닷없이 나타난, 헌법에 없는 대통령의 아들"로 알려졌다.

한때는 슐라이허의 절친한 친구였던 오스카르 폰 힌덴부르크는, 슐라이허가 총리로 될 즈음 일어난 사건 탓에 그와 도저히 화해할 수 없는 적이 되었다. 두 사람은 모두 정확히 왜 그들의 우정이 깨졌는지 공개적으로 밝히지 않았다. 그러나 여러 가지 정황으로 볼 때 전쟁 때 동료 장교가 슐라이허에 대해 "경솔하게 입을 놀려 적을 만들지만 않는다면 앞으로 크게 될 것"이라고 예언한 말이 그것을 가장 잘 설명해줄 듯싶다. 아마도 슐라이허가 젊은 힌덴부르크에게 뭐라고 한 말이 그의 자존심에 커다란 상처를 주어 도저히 그를 용서할 수 없게 된 것 같다는 말이다. 프로이센 장교들의 신사도에서는 그렇게 모욕을 주는 것을 심각하게 받아들였고, 과거에는 그런 모욕을 당했다 싶으면 죽음을 무릅쓰고 결투를 벌이기도 했다. 이유야 어쨌든 오스카르는 슐라이허에게 엄청난 적대감을 갖게 되었다. 그것은 그의 아내도 마찬가지였다. 이 거만한 남작 부인은 슐라이허 내각에 있는 사람과 이야기를 하면서 슐라이허를 가리켜 "우리의 푸셰"라고 말했다. 푸셰는 프랑스 혁명 때 지조 없이 여기 붙었다 저기 붙었다 한 경찰국장으로, 정세에 따라 어찌나 음모를 잘 꾸몄던지 그는 프랑스 혁명에서도 살아남아 나폴레옹 제국과 그 뒤를 이은 부르봉 왕조에서도 공직을 지켰다.

파펜은 또 오토 마이스너를 슐라이허에 대한 음모에 가담시킴으로써 대통령의 아들 다음으로 대통령과 가까운 사람의 손을 잡았다. 대통령 비서 실장으로서 그는 누구라도 대통령에게 접근하는 것을 통제할 수 있었으며, 대통령이 여는 중요한 회의에도 거의 모두 참석했다. 마이스너는 당시 힌덴부르크를 가리켜 '마이스너의 조각상'이라고 비웃던 사람들이 상상했던 것보다는 영향력이 세지 않았어도, 거의 대통령의 결정을 좌우할 수 있는 자리에 있었다. 그와 수도 없이 만난 프랑수아-퐁세 대사는 "이상하게 기분 나쁜 사람"이라며 그에 대해 말하기를 "불그레한 얼굴에 땅딸막하고, 늘 옷보다 조금 뚱뚱하며, 두꺼운 안경알 뒤에 번득이는 눈빛을 감추고 있다"고 했다. 1920년부터 대통령 비서실을 이끈 직업 공무원이었던 마이스너는 첫 번째 대통령이었던 사회민주당의 프리드리히 에베르트에게 충성을 했다가 보수적인 힌덴부르크에게 역시 충성을 바치는 데 전혀 어려움이 없었다. 간사한 그는 윗사람의 권력 관계의 변화에 민감한 약삭빠른 하인의 심성을 지니고 있었다. 슐라이허가 처음 총리가 되었을 때부터 마이스너는 전에 그 자리에 있었던 사람에게도 그랬듯이 애써 그에게 호감을 가졌다. 그러나 1월 셋째 주에는 총리의 권력에 누수 현상이 일어나는 것을 눈치챘고, 앞으로 권력을 쥐게 될 가능성이 가장 높은 사람의 환심을 살 때라는 것을 깨달았다.

마이스너와 오스카르 폰 힌덴부르크는 1월 22일 밤, 리벤트로프 집에서 열린 모임에 가서 처음에는 집주인이 낸 샴페인을 마시며 사람들과 함께 그냥 이런저런 이야기를 나누었다. 그러나 얼마 안 있어 히틀러가 대통령의 아들과 단둘이 이야기하고 싶다고 했다. 두 사람은 따로 떨어진 방으로 사라졌고 거기서 그들은 한 시간쯤 밀담을 나누었다. 젊은 힌덴부르크 앞에서 히틀러는 그때까지 나치즘에 대해 전혀 동조하지 않았던 사람과 만났다. 두 달 전에 대통령의 아들은 현실을 꿰뚫어본, 아주 날카로운 메모를 통해 아버지에게 히틀러와 협상을 하려들었다간 어떤 위험에 부딪칠지 모른다며 미리 경고하려 했다. 히틀러가 어떻게든 대통령 총리가 되려 한다는 것을 알고,

젊은 힌덴부르크는 그가 대통령 내각과 의회 내각의 뚜렷한 차이를 얼버무리려 할 것이라는 정확한 예측을 내놓았다. 그는 또 히틀러가 어떤 합의를 하든 지키지 않을 것이며, 히틀러를 임명하면 결국 일당 독재로 갈 수밖에 없다는 것도 경고했다.

1월 22일 저녁, 히틀러와 오스카르 폰 힌덴부르크 사이에 무슨 이야기가 오갔는지는 오랫동안 추측의 대상이었다. 대개는 히틀러가 자기를 총리에 임명하지 않으면 젊은 힌덴부르크나 그의 아버지에게 좋지 않으리라는 협박을 했을 것이라고들 말했다. 그러나 그랬을 것 같지는 않다. 왜냐하면 그렇게 협박할 만한 근거도 없었을 뿐더러 히틀러도 귀족들이 명예에 관해서는 아주 과민한 반응을 하는지라 그렇게 막 나갔다가는 당연히 힌덴부르크가 반발하리라고 알았을 것이기 때문이다. 그보다는 오스카르 폰 힌덴부르크가 자신과 나치의 관계를 부인한 2차 대전 후의 재판에서 거의 진실을 말했을 가능성이 높다. 그는 거기서 히틀러가 다른 사람을 자기 의지에 굴복시키려 들 때면 으레 구사했던, 독일의 불행을 치유하기 위해 자신이 투쟁한 것과 자신이 갖고 있는 계획에 대해 장광설을 늘어놓는 것을 들을 수밖에 없었던 이야기를 아주 상세히 했다. 그러면서 그는 히틀러가 당시 정치 상황에 대해 이야기한 뒤 어떤 내각이든 자신이 참여하지 않는 내각에는 결사 반대하겠다는 뜻을 분명히 하며 이야기를 마무리짓기에, 정치는 자기 일이 아니며 자기는 아버지의 결정에 영향을 끼칠 힘이 없다고 항변했다고 한다. 히틀러는 오스카르와 나눈 대화에 대해 어떤 기록도 남겨놓지 않았다. 그러나 이틀 뒤 그는 괴벨스에게 대통령의 아들을 설득하는 데 실패했다며, 오스카르를 가리켜 "어리석음의 화신"이라고 말했다.

히틀러가 젊은 힌덴부르크에게 열변을 토하는 동안, 헤르만 괴링은 마이스너를 대화로 끌어들였다. 아버지가 옛 제국 정부에서 식민지 고위 관리를 지냈고 제1차 대전 때 가장 뛰어난 전투기 조종사로 전국에 이름을 날렸던 괴링은 나치 지도부에서 독일 상류층에 가장 가까운 사람이었다. 그런 그가 히틀러 편에 있어서 마이스너와 힌덴부르크 같은 명문가 출신의 눈에도 벼락 출세한 히틀러에게 뭔가 함부로 할 수 없는 점이 있는 것 같았다. 통통하고 상냥한 괴링은 사교술이 뛰어나 다른 사람이 긴장을 늦추고 편하게 대화하도록 이끌 수 있었지만, 히틀러는 혼자서 두서없이 꿈 같은 이야기를 마구 늘어놓는 바람에 서로 진지하게 대화를 나눌 틈이 없었다. 1월 22일 저녁 마지막 순간에 드레스덴에서 급히 달려온 미래의 공군 사령관이자 육군 원수인 괴링은 히틀러의 가장 중요한 대변인 역할을 맡아, 그 다음 주에 배후에서 중요한 협상이 계속되는 동안 아주 능란한 솜씨로 자신의 역할을 수행했다.

　마이스너에게 접근하면서 괴링은 회유하는 태도를 취했다. 그는 대통령 비서 실장에게 히틀러를 총리로 만들어주면 나치는 내각에서 한 자리만 줘도 만족할 것이라고 말했다. 다른 장관직은 연립 내각을 구성할 다른 정당이나 정당에 소속되지 않은 전문가들에게 할당할 수 있고, 국방장관과 외무장관도 대통령의 선택에 맡기겠다고 했다. 괴링은 또 히틀러 내각이 궁극적으로는 왕정을 복고하는 쪽으로 나아갈 것이라는 말도 했다. 이것은 말할 필요도 없이 공화국의 대통령이면서도 여전히 확고한 왕정주의자임을 공공연히 밝히는 힌덴부르크의 비위를 맞추기 위한 발언이었다.

　히틀러와 오스카르 폰 힌덴부르크가 다시 다른 사람들과 자리를 함께 하자, 리벤트로프가 손님들에게 가벼운 식사와 함께 샴페인을 좀더 들자고 했다. 이어진 대화에서 거기 있던 사람들이 모두 한 가지에 동의했다. 쿠르트 폰 슐라이허가 나가야 한다는 것이었다. 헤어질 때쯤에는 분명하게는 아니라도 한 가지 중요한 거래가 성사되었다. 파펜이 히틀러 내각의 부총리 자리에 만족할 뜻을 비치자, 히틀러가 괴링을 통해 자신이 내각을 이끌게 되면 내각의 구성에 대해서는 크게 양보할 뜻을 넌지시 알렸던 것이다. 슐라이허의 후임에 대해서는 마이스너와 오스카르 폰 힌덴부르크만 뚜렷한 언질을 주지 않았다. 그러나 얼마 안 가 명백해졌듯이, 대통령의 비서 실장은 그때 이미 히틀러에게 넘어갔고, 오스카르 폰 힌덴부르크만 여전히 며칠 동안 파펜이 총리 자리에 복귀하는 쪽으로 기울어져 있었다. 그런데도 마이스너는 나중에 말하기를, 택시를 타고 달렘에서 베를린 중심가로 돌아가는 길에 한동안 말이 없던 젊은 힌덴부르크가 체념한 듯, 파펜이 히틀러에게 총리 자리를 주는 쪽으로 기울어 부총리 자리에 만족할 뜻을 비치니 이제는 그럴 수밖에 없을 것 같다고 했다는 것이다.

  다음날인 1월 23일 월요일 아침, 파펜은 힌덴부르크에게 찾아가 자기 계획을 말했다. 총리를 바꿔야 한다는 말에는 대통령도 반대하지 않았다. 몇 주 전에 자신이 총리에 임명한 사람에 대한 대통령의 지지도가 형편없이 떨어진 탓이었다. 그러나 파펜이 슐라이허의 후임으로 히틀러를 제안하자 대통령은 망설였다. 파펜이 총리 자리에서 쫓겨난 것을 도저히 받아들일 수 없었던 대통령은 그가 다시 돌아왔으면 했다. 히틀러를 불신하고 경멸했던 힌덴부르크는 나치 지도자를 행정부의 수반으로 불러오자는 파펜의 제안에 저항했다. 힌덴부르크가 그 즈음 한 보수적인 귀족에게 은밀히 털어놓았듯이, 그는 히틀러가 기껏해야 우정장관감밖에 안 된다고 생각했다.

  대통령이 1월 23일 아침, 파펜과 논의하다 마이스너와 오스카르 폰 힌덴부르크를 불러들였을 때, 마이스너는 히틀러를 총리에 임명하자는 전 총리의 제안에 찬성했다. 그는 히틀러가 내각을 이끌고 파펜이 부총리가 되는 것이 정치 위기에서 벗어날 수 있는 가장 좋은 길이라고 주장했다. 그러면 다른 당의 지지도 이끌어낼 수 있을 뿐 아니라 나치에게 정부를 책임지게 함으로써 혁명을 부르짖는 선동을 그만두고 점진적인 발전의 길로 나아가게 할 수 있다는 것이었다. 마이스너는 전에 슐라이허가 말한 나치를 '길들이는' 전략을 옹호한 셈이었지만, 이번에는 그 전략에 슐라이허가 배제되어 있었다. 그러나 늙은 힌덴부르크와 그의 아들은 여전히 회의적인 태도를 보이며 슐라이허가 권좌에서 물러나면 히틀러보다 파펜이 총리에 임명되어야 한다는 견해를 고수했다. 결국 파펜은 히틀러를 총리로 밀려는 계획에서 별다른 진전을 보지 못한 채 자리를 떴지만, 속으로는 여전히 힌덴부르크의 의견에 적극 찬성했다.

음모를 꾸민 사람들은 1월 22일 저녁에 리벤트로프 집에서 만난 것을 어떻게든 비밀에 부치려 했지만, 이것은 곧바로 총리 귀에 들어갔다. 슐라이허는 1월 23일 아침, 마이스너에게 전화해 전날 저녁에 리벤트로프 집에서 무슨 일이 있었는지 물었다. 기록이 없어 이에 대해 마이스너가 뭐라고 했는지는 알 수 없지만, 그가 무슨 말을 했든 파펜과 히틀러뿐 아니라 이제는 대통령과 가장 가까운 사람까지 총리에 대한 음모를 꾸미고 있다는 사실을 숨길 수는 없었을 것이다. 슐라이허는 마침내 자신의 위치가 불안하다는 것을 깨닫고 힌덴부르크가 자신을 믿고 지지할지 시험해보기로 했다. 그래서 같은 날 11시 30분에 대통령과 만나기로 했다.

1월 23일 힌덴부르크와의 운명적인 만남을 추진하면서 슐라이허는 순간적인 충동에 따라 행동한 것 같다. 그가 취할 수 있는 정치적 방안에 대한 지침으로는 그의 참모들이 준비해준 메모밖에 없었던 것으로 알려져 있다. 그것은 내각에 적대적인 의회의 과반수 세력에 대처할 수 있는 방안을 세 가지 제시했다. 첫 번째는 파펜이 총리 시절 말기에 제안한 것처럼 의회를 해산하고 새 선거를 헌법에 규정된 60일 안에 하지 않고 더 연기하는 것이었다. 그러나 이런 행동을 취할 경우에는 양당으로부터 헌법을 위반했다는 비난을 받을 것이고 그러면 내각이 수세에 빠질 위험이 있다는 경고가 붙었다. 이러한 경고는 두 번째 방안에도 뒤따랐는데, 이것은 의회의 휴회 기간을 강제로 늘리고 의회의 과반수가 건설적인 방안에 동의하면 언제든지 다시 의회를 소집할 수 있다고 하는 것이었다.

국방부 메모에서 제시한 세 번째 방안에서는 일찍이 저명한 법률 전문가들이 지적한 공화국 헌법의 결함을 수정하려고 했다. 이 전문가들은, 헌법을 만든 사람들이 의회 안에 내각에 대해 적대적인 과반수 세력이 존재할 수 있다는 것을 내다보지 못했다고 했다. 그런데 1932년 7월 총선거를 실시한 뒤 바로 그런 가능성이 현실이 되었다. 나치당과 공산당이 의회에서 과반수 세력을 형성했으니 내각에 대한 불신임안을 통과시킬 수는 있어도 둘이 손을 잡고 내각을 지지할 리는 없었다. 이런 불일치로 국정이 교착 상태에 빠지는 것을 막기 위해, 일부 전문가들이 의회에서 내각에 대한 불신임안을 통과시키려면 미리 의회에서 과반수 지지를 받을 수 있는 차기 내각에 대한 합의에 도달해야 한다는 헌법 수정안을 채택하도록 촉구했다. 이와 비슷한 방안은 제3제국이 붕괴된 뒤 전후 독일 연방 공화국 헌법의 초석이 되었다. 그러나 내각에 반대하는 세력이 의회에서 과반수 의석을 차지한 1933년 1월의 정치 상황에서는 전체 의석 3분의 2의 찬성이 필요한 이 헌법 수정안이 도저히 고려 대상이 될 수 없었다.

따라서 국방부 메모에서는 이런 헌법상의 결함을 비판하는 다른 전문가들이 임시방편으로 내놓은 것을 세 번째 방안으로 승인했다. 그것은 불신임을 받은 내각이 그냥 임시 내각으로서 국정을 운영하도록 하는 것이었다. 전문가들은 총리와 내각을 임명할 수 있는 권한은 대통령밖에 없으니, 대통령은 언제까지나 임시 내각이 국정을 운영하도록 해도 헌법에 위배되지 않는다는 것이었다. 이것이 마음에 안 들면 의회에서 내각에 반대하는 과반수 세력이 언제든지 그들 스스로 총리와 내각을 구성하면 된다는 것이었다.

국방부 메모를 작성한 사람들은 틀림없이 이 마지막 방안을 선호했을 것이다. 의회에서 보수적인 소수 정당을 대표하는 짐펜되르퍼도 마찬가지였다. 그는 1월 19일 슐라이허와 만난 자리에서 이와 같은 방안을 제안했다. 전에 베를린 주재 바이에른 공사도 슐라이허가 총리에 임명되기 하루 전날 그에게 똑같은 제안을 했다. 이것은 이미 뷔르템베르크에서 공화파 내각이 남긴 선례도 있었다. 그들은 1932년 말, 주 의회에서 불신임을 당했는데도 그냥 이를 무시했다. 이 세 번째 방안은 부정할 수 없는 바이마르 헌법의 결함을 해결해주면서 헌법을 어겼다는 비난을 받을 가능성이 가장 적은 상당한 이점이 있었다. 게다가 다른 두 방안보다 정당들을 자극할 가능성도 훨씬 적었다. 무엇보다도 그렇게 되면 대통령이 달리 무슨 행동을 취할 필요 없이 의회에서 불신임당한 총리가 그냥 그대로 있게 내버려두면 되었다. 힌덴부르크가 갈수록 중요한 결정을 내리기 싫어하는 것을 감안해도 분명히 이 전략이 가장 좋았다.

세 번째 방안은 또 슐라이허에게 위험할 정도로 좁은 그의 지지 기반을 넓힐 수 있는 기회도 주었다. 슐라이허가 헌법을 어기고 새 선거를 연기하면, 당연히 공화국 지지자들이 그를 공격하는 공산당과 나치당을 거들고 나설 것이 뻔했다. 그러나 불신임 투표를 무시하는 근거로 전문가들이 지적하는 헌법상의 결함을 들먹이면, 바로 그 전문가들 사이에 공화파임이 분명한 사람들까지 있는 마당에, 당연히 막무가내로 나오지는 못할 터였다. 또한 세 번째 방안은 조직된 노동자나 재계의 반대에 부딪힐 가능성도 적었다. 두 집단 모두 지난 몇 달 동안 불안하게나마 경기가 회복되고 있는데 또 내각이 바뀌고 총선까지 치르게 되면 경기가 다시 나빠지지 않을까 두려워했다. 따라서 이렇게 폭넓은 지지를 얻게 되면, 슐라이허는 좌파와 우파 중에서도 극단에 있는 공산당과 나치당만이 임시로 총리직에 있는 자신을 반대한다고 주장할 수 있는 위치에 서게 될 터였다. 물론 대통령이 총리에게 냉담한 것을 볼 때, 슐라이허가 불신임 투표를 무시하도록 대통령이 내버려둘 것이라고 확신할 수는 없었다. 그래도 슐라이허가 총리 자리를 지킬 가능성은 세 번째 방안을 택했을 때 가장 높았다. 그렇게 되면 권력을 향한 히틀러의 야망도 방해를 받게 되어 그의 추종자들이 좌절한 나머지 나치당을 더욱 위기에 빠뜨릴 가능성도 높았다.

국방부 메모에서 가장 선호한 계획이 이렇게 이점이 많은데도 슐라이허는 그것을 거부했다. 그 이유를 기록으로 남겨놓지 않았지만 그가 1월 13일 기자들과 비공식 만찬을 하면서 한 말은 그 이유를 짐작케 해주는 단서를 제공해준다. 슐라이허는 대통령 임시 내각이 불신임을 받은 뒤에도 제자리를 지킬 수 있을지는 몰라도, 내각에 적대적인 의회의 과반수 세력이 법률을 제정할 수 있는 비상 포고령을 무효화시켜 내각의 경제 정책을 궁지에 빠뜨릴 수 있다고 했다. 실제로 그것은 그 계획의 약점이었고, 국방부 메모에서 빠뜨리고 언급하지 않은 것이었다. 그러나 메모에서 지적한 대로, 세 번째 방안은 내각에 적대적인 의회의 과반수 세력과 갈등이 계속될 경우 막판에는 의회를 해산하고 새 선거를 미룰 수 있는 여지가 있었다. 하지만 그런 현실적인 고려와 상관없이 슐라이허는 당연히 세 번째 방안이 마음에 들지 않았을 것이다. 세 번째 방안을 선택할 경우, 자기와 협력하지 않으면 의회를 해산하겠다고 그렇게 으름장을 놓았던 데서 자존심을 누르고 한 발 뒤로 물러서야 했기 때문이다. 그렇게 한 발 물러나 총리 자리를 보전하는 것은 슐라이허처럼 방어적인 전투보다 공격적인 전투를 좋아하고 개인의 용기를 강조하는 프로이센 군인 전통에 물든 사람에게는 자신의 무능함을 드러내는 꼴이 되었을 것이다.

슐라이허가 세 번째 방안을 거부하면서 폭넓은 토론이나 사려 깊은 분석을 토대로 했다는 증거는 없다. 그는 내각으로부터도 조언을 구하지 않았고 행정부의 헌법학자들로부터도 조언을 구하지 않았다. 대신 늘 그랬듯이 그는 국방부에 있는 참모에게 의지했다. 슐라이허가 받은 유일한 조언은 그가 헌법에 관한 문제에서 믿고 의지하게 된 육군 중령 오이겐 오트에게서 받은 것으로 알려졌다. 이 장교의 충고는 총리가 받은 메모의 복사본에 육필로 씌어 있었는데, 그것은 딱 한마디 '첫번째 방안!' 이었다.

슐라이허는 이 간결하고 명료한 충고에 따라 국방부 메모에 제시된 방안 가운데 첫 번째 방안을 택하기로 결정했다. 그러니까 대통령에게 의회를 해산하고 헌법에 규정된 시일 안에 새 선거 일정을 잡지 않아도 될 권한을 달라고 요청하기로 한 것이다. 즉, 그는 그가 선택할 수 있는 방안 가운데 가장 위험한 것을 고른 셈이었다. 그런 결심을 하기 바로 전에 그는 대통령의 아들이 자기에게 등을 돌렸고 대통령에게 의회 해산 명령을 받지 못할 것이라는 경고를 들었다. 그러나 설사 그런 경고가 허무맹랑한 것으로 드러나 대통령이 그의 요청을 들어주었어도, 그렇게 드러내놓고 헌법을 어겼다간 국방부 메모에서 경고한 대로 좌우를 막론하고 모든 정당으로부터 강력한 반발을 받았을 것이다. 게다가 생각해서 빠뜨린 것이겠지만, 그 메모는 프란츠 폰 파펜이 두 달 전에 똑같은 제안을 했다는 사실을 힌덴부르크 대통령이 당연히 기억하고 있으리라는 것을 일깨워주지 않았다. 그것은 또 파펜이 그런 제안을 했다가 슐라이허 자신이 주도한 내각의 반대에 부딪혀 실각한 것을 대통령이 잊었을 리 없다는 것도 지적하지 않았다.

물론 총리의 관점에서 보면 이제 상황이 변했으니 지난 11월에 파펜이 헌법을 어기려고 했을 때 자신이 반대한 것이 문제가 안 되었을 것이다. 슐라이허는 자신이 헌법을 고치려는 파펜의 계획을 무산시키고 조직된 노동자들을 잘 달랬기 망정이지 그렇지 않았더라면 지난 11월에 내전이 일어났을 것이라고 확신했다. 경제 상황 또한 그때보다 진정되었고, 얼마 안 있어 그의 일자리 창출 프로그램이 가동되면 더욱 한시름 놓을 수 있게 될 터였다. 그리고 가장 중요한 점은 슐라이허가 이제는 국내 치안에 문제가 생기더라도 군이 훨씬 잘 대처할 수 있다고 말할 수 있었다는 것이다. 그의 명령으로 국방부가 12월과 1월에 수많은 조치를 취해, 지난 11월에 국방장관이 공산당과 나치당이 동시에 반란을 일으키면 군이 이에 대처하지 못할 것이라고 비판하면서 밝힌 많은 문제점을 시정했던 것이다. 파펜이 몰락했을 때와는 대조적으로 그때는 군이 정치적인 파업을 진압할 수 있는 여러 가지 계획을 가지고 있었을 뿐 아니라 최루 가스의 공급도 대폭 확대되었다. 규모가 군 병력의 거의 반이나 되는 프로이센 경찰도 필요하면 군의 명령을 받도록 되어 있었다.

슐라이허는 이런 주장으로 무장하고 1월 23일 월요일 오전 11시 30분에 힌덴부르크와 만났다. 그는 1월 31일에 의회가 소집되면 십중팔구 과반수가 불신임안을 상정할 것이라면서 의회를 해산할 수 있는 포고령을 요청했다. 그리고 다시 선거를 하더라도 의회 구성이 크게 달라지지 않을 것이라며 새 선거도 헌법에 규정된 60일 이상 연기할 수 있게 해달라고 했다. 분명히 마이스너가 기록했을 그날의 공식 기록에는 그 자리에서 이야기된 내용이 간략하게 적혀 있을 뿐이지만, 슐라이허는 아마 자기가 총리가 된 뒤에 나아진 정치 상황과 국내에서 소요가 일어나더라도 이에 대처할 수 있는 군의 능력이 향상된 것을 지적하며 자신의 요청을 옹호하려 했을 것이다.

그러나 힌덴부르크는 아무 말이 없었다. 그는 이미 슐라이허와 꽤 소원해졌고, 1월 11일 농민연맹 지도자들과 만난 뒤로는 서로 개인적인 접촉도 거의 하지 않았던 것 같다. 1월 23일 아침 슐라이허와 만나기 직전에 파펜과 마이스너, 아들 힌덴부르크가 이제는 그만 총리를 갈아치우자고 했을 때, 대통령은 이의 제기를 하지 않았다. 그래도 슐라이허가 불신임안을 무시하고 임시로 그냥 그 자리에 있게 해달라고 했다면, 특히 헌법상의 결함을 지적하는 전문가들의 의견으로 그 정당성을 피력했다면, 대통령도 당연히 그를 그만 버리고 싶은 마음을 다시 한번 고려해보았을 것이다. 그런데 파펜이 제기했다가 다른 사람도 아닌 총리 자신이 반대해 무산된 계획을 두 달도 안 되어 총리가 똑같이 제안하니, 힌덴부르크는 당연히 그때의 고통스러웠던 기억이 떠올랐을 것이다. 그러니 힌덴부르크로서는 슐라이허의 제안을 거절하기도 쉬웠을 것이다. 그는 의회를 해산해 달라는 요청에는 그냥 숙고해보겠다고만 했다. 그러나 규정을 어기고 새 선거를 60일 이상 연기해 달라는 요청에는 퉁명스럽게 거절했다. 힌덴부르크는 그랬다가는 헌법을 어겼다고 사방에서 자기를 공격할 것이라고 주장했다. 정당 지도자들이 비상 사태 선포를 승인하고 헌법을 어겼다고 자신을 비난하지 않겠다고 했을 때만 그것을 고려해보겠다고 했다.

　슐라이허도 잘 알고 있었듯이, 서로 으르렁거리는 정당 지도자들 사이에서 그런 동의를 구하기는 하늘의 별 따기였다. 그는 또 현실적인 여건 때문에 무산되었지만 파펜이 새 선거를 무한정 연기하자고 했을 때는 대통령이 두 번이나 그것에 무조건 동의한 것도 알고 있었다. 분명히 힌덴부르크는 헌법을 지키지 못하는 것에 대해 선택적인 반응을 보였다. 대통령의 우려를 누그러뜨리려고 슐라이허가 재계와 노동계 지도자들에게 새 선거를 연기하면 받아들이겠느냐고 물어보자고 했지만, 힌덴부르크는 그것에 대해서도 긍정적인 대답을 하지 않았다. 총리는 의회를 해산하는 포고령을 내려달라는 요청에 대통령이 바로 대답할 것이라고는 기대하지 않았다는 듯, 그럼 나중에 다시 이 문제를 가지고 대통령과 이야기하겠다면서 그야말로 냉랭하기 그지없이 회동을 마쳤다.

슐라이허는 1월 23일, 힌덴부르크에게 거절당하고 그야말로 한 방 먹었으나, 그의 운명이 당장 어떻게 된 것은 아니었다. 그날 일어난 일이 언론에 발표되지 않았고, 따라서 일반 대중이 알고 있는 한, 그는 여전히 그의 자리에 확고히 있었다. 하지만 슐라이허는 이제 대통령이 헌법을 어기면서까지 자신을 구해주지 않으리라는 것을 알았고, 따라서 국방부 메모에서 제안한 첫 번째 방안과 두 번째 방안은 더 이상 쓸모가 없었다. 힌덴부르크가 의회를 해산할 가능성을 완전히 배제하지는 않았지만, 새 선거를 연기하지 않으면 의회를 해산해도 소용없었다. 의회를 해산하고 60일 이내에 새 선거를 할 경우, 총리에 적대적인 의회의 과반수 세력이 없어질 리 만무했고, 그렇게 되면 새 선거를 치른 뒤 다시 내각에 대한 불신임안에 직면해야 했기 때문이다.

그렇다면 이제 의회에서 내각에 대한 불신임안이 통과되더라도 임시 내각으로 남기 위해 헌법상의 결함에 호소하는 세 번째 방안이 남았다. 그 경우 슐라이허는 아직 헌법상의 결함을 지적하는 법률 전문가들의 도움을 받아 공화제를 지지하는 정당들과 조직된 노동자, 재계가 그것에 대해 최소한 묵인이라도 할 수 있도록 전력을 다해 노력할 수 있었다. 그러나 시간이 없었다. 1월 31일 화요일에 의회가 소집되면 며칠 안에 불신임안을 채택할 것이 뻔했기 때문이다. 하지만 헌법 전문가로부터 이익 집단에 이르기까지 세 번째 방안을 지지하는 폭넓은 세력을 엮어낼 수만 있다면, 노골적으로 헌법을 어기지도 않고 의회를 해산하지도 않는 세 번째 방안에 대한 폭넓은 지지 기반을 가지고 다시 대통령에게 갈 수도 있었다.

슐라이허의 위치에 노련한 정치가가 있었다면, 아마 그렇게 하면 권력을 유지할 수 있다는 것을 알고 그 기회를 잡았을 것이다. 그런 직업을 가진 사람은 누구나 알 듯이, 무슨 일을 이루려면 권력이 필요하고, 권력을 잡았으면 그것을 유지하는 것이 궁극적으로는 그 사람의 능력을 보여주는 것이다. 진정한 정치가라면 절대 왕정주의자든 공화주의자든 민간 독재자든 군부 독재자든 이것은 자명한 사실이다. 아돌프 히틀러는 누구보다도 이것을 잘 알았다. 그는 권력을 잡으면 절대 놓지 않겠다고 공공연하게 말하고 다녔다. 지난 10월, 쾨니히스베르크에서 연설할 때도, 그는 "일단 권력을 잡으면 우리는 무슨 일이 있어도 놓지 않을 것이다. 우리는 그것을 빼앗아가도록 가만히 있지 않을 것이다"라고 선언했다.

슐라이허는 학교에서 당연히 군사 전략과 전술을 배웠을 텐테도 자기 위치가 뻔히 불안정한 상황에서 뒤로 물러설 수 있는 여지를 남겨놓지 않았다. 그는 분명히 사관 생도일 때나 하급 장교였을 때, 신중한 지휘자는 어떤 행동을 하다라도 늘 계획이 실패할 경우에 대비해 다른 대안을 생각해두어야 한다고 배웠을 것이다. 그런데도 그는 자신의 정치적 경륜이 시험대에 오른 중대한 국면에 그런 교훈을 써먹지 않았다. 분명히 대통령이 딱 잘라 거절했는데도 의회를 해산하고 새 선거를 무기한 연기하는 방안에 집착하는 비현실성을 보였다. 그는 이번에도 내각이나 노련한 직업 관료들에게 조언을 구하지 않고 무작정 앞으로 나아갔다.

헌법을 어기고 새 선거를 연기하는 계획을 포기하지 않음으로써 그는 결국 공화국의 지지자들과 함께 돌아올 수 없는 다리를 건넜다. 총리가 만일 국방부 메모에 제시된 세 번째 방안에 대해 공화국을 지지하는 헌법학자들의 동조를 얻었다면, 가톨릭중앙당과 사회민주당도 그것을 암묵적으로 승인했을지 모른다. 그런데 그의 참모들의 부인에도 아랑곳없이 그가 헌법에 규정된 대로 새 선거를 실시하지 않고 그것을 정당화하기 위해 비상 사태를 선포할 계획이라는 소문이 떠돌아, 가톨릭중앙당과 사회민주당의 거센 항의를 불러일으켰다. 슐라이허 자신도 1월 26일 사회민주당 계열의 노조 지도자들을 만났을 때, 그런 계획에 대해 답변하며 그것에 대한 지지를 얻으려다 실패해 그 소문에 무게를 실어주었다. 그 결과 공화국을 지지하는 가장 큰 정당에서 슐라이허에 반대하는 정서가 어찌나 강했던지, 총리와 손잡고 대통령에게 헌법을 어기고 새 선거를 연기해달라고 하려 했던 퇴임한 프로이센 주지사 오토 브라운마저 태도를 바꿨다. 브라운은 슐라이허에게 보낸 편지에서—그는 이것을 복사해 힌덴부르크에게도 보냈다—그런 조치는 "반역을 선동하는 것"이라고 낙인찍었다. 게다가 사회민주당 지도부가 슐라이허에 대한 강경한 태도를 보이자, 전에는 히틀러보다는 악하지 않은 총리와 협력하려 했던 사회민주당 계열의 노조 지도자들마저 이제는 거리를 두었다.

사회민주당의 행동에서 볼 수 있듯이, 그들 역시 슐라이허 못지않게 1933년 1월 말의 정치 상황에 등을 돌리고 있었다. 많은 부분 이것은 가톨릭중앙당도 마찬가지였다. 지난 3년 동안 의회의 권한이 축소되고 대통령의 권한이 확대되는 것을 보고 놀란 나머지, 일시적으로 오토 브라운같이 예외적인 경우도 있었지만, 양당 지도자들은 헌법의 조문을 지키는 데 온통 정신이 팔려 있었다. 독일의 운명을 결정하게 될 중요한 달에도 공화국의 보루였던 정당들은 여전히 혹시라도 슐라이허가 헌법을 파괴하지 않을까, 그가 물러나더라도 파펜이 또 그러지 않을까 걱정하며 온통 그쪽에만 정신이 쏠려 있었다. 너무 그쪽에만 정신이 팔린 나머지 아돌프 히틀러가 얼마나 위험한 존재인지 보지 못했다. 따라서 슐라이허에 반대하는 여론을 불러일으켜 힌덴부르크가 그에게 등을 돌리도록 힘을 보탰는지는 몰라도, 결국은 그럼으로써 히틀러가 성공적으로 권력을 추구할 수 있게 도와주는 꼴이 되고 말았다. 만일 그들이 슐라이허가 법을 어겨도 묵인했다면 그런 결과는 피할 수 있었을지도 모른다. 그러나 그것은 그들로서는 생각도 할 수 없는 일이었다.

사회민주당과 가톨릭중앙당이 굳게 손을 잡고 그에게 반대하자, 슐라이허는 이제 그야말로 정치적인 고립무원의 지경에 빠졌다. 군소 정당인 두 자유주의 정당이 그래도 아직은 명목상 그의 내각을 지지했지만, 그들의 지지도 무조건적인 것은 아니었다. 우파에서도 그의 동맹 세력이 거의 남아 있지 않았다. 자신의 직위 때문에 반동 세력과 접촉이 잦았던 프랑수아-퐁세 대사는 1월 19일 파리로 보낸 보고서에 그들이 슐라이허에 반대하는 이유를 다음과 같이 분석해놓았다. "군 출신인 슐라이허가 군부 통치를 강요할지도 모른다는 희망을 갖고 있던 우파들은 그가 생각보다 약한 데다 군인 출신치고는 너무 민간인처럼 행동하는 것을 보고 실망했다. 슐라이허는 우파의 기대와 달리 좌파를 짓밟지도 않았고 조직된 노동자들에게도 양보를 하며 노동 지도자들과 상의를 하고 돌아다녔다. 게다가 의회의 권한을 축소하기는커녕 오히려 의회에서 과반수 지지를 얻으려고 그들과 시시덕거렸다. 궁극적으로는 나치를 정부로 끌어들이지 않고 나치를 배반한 그레고르 슈트라서와 손을 잡아 히틀러에게 '전쟁을 선포했다'."

프랑수아-퐁세 대사는 "슐라이허는 독일에 감돌고 있는 여러 가지 흐름 속에서 하나를 선택하지 못하고, 그 가운데 어떤 것이 가장 우세할지 시간을 두고 기다렸다가 자기 길을 선택한 것 같다"고 프랑스에 보고했다. 대사의 의견에 그런 슐라이허의 태도가 유감인 것은 "지금 독일에 필요한 것은 흐름을 따르는 사람이 아니라 흐름을 창조하는 사람이기 때문"이었다. 프랑수아-퐁세는 또 그런 총리에게 힌덴부르크가 얼마나 충실할지 모르겠다며, "현재 말할 수 있는 것은 얼마나 빨리 슐라이허의 별이 졌는지와 독일에서 가장 신중하고 재능 있는 사람 가운데 하나를 희생시킬 준비가 되어 있는 사람들의 경솔한 행동뿐"이라고 결론지었다.

공화국의 옹호자들이 두려워하고 일부 우파들이 기대한 것과 달리, 슐라이허는 독재를 열망하기는커녕 정말 싱겁게도 총리직을 유지하겠다는 희망을 그냥 버렸다. 그는 힌덴부르크에게 다른 접근 방법을 시도해보지도 않고 궁지에 몰린 쥐가 고양이에게 대들듯이 정면 돌파를 하기로 했다. 사면초가에 몰린 지휘관이 적의 주력 부대를 향해 돌격하도록 명령하듯이 정말 가장 자포자기에 가까운 전술을 택했던 것이다. 1월 27일 목요일, 의회 운영 위원회가 1월 31일에 의회를 다시 소집하기로 한 것을 재검토하기 위해 모였을 때, 슐라이허는 내각에 적대적인 의회의 과반수 세력과의 결전을 피하기 위해 아무것도 하지 않았다. 그는 그때 이미 1월 28일 토요일 정오에 대통령을 만나기로 되어 있었다. 그리고 그보다 30분 먼저 각료 회의도 소집해놓았다. 총리 비서 실장 에어빈 플랭크가 1월 26일 재무장관에게 보고했듯이, 슐라이허는 대통령에게 의회를 해산하는 포고령을 내려달라고 할 생각이었다. 그러나 이 요청이 받아들여질 것 같지 않아, 플랭크는 내각이 1월 28일 사임하게 되지 않을까 생각한다고 말했다. 결국 슐라이허는 힌덴부르크가 뻔히 거절할 것을 요청함으로써 스스로 총리직을 떠날 결심을 했던 것이다.

    슐라이허가 무슨 동기에서 이렇게 정치적 자살이나 다름없는 행동을 했는지에 대해서는 기록도 없고, 몇 가지 남아 있는 증거들도 그것을 명쾌하게 설명해주지 못한다. 어쩌면 그가 압력에 굴복했을지도 모른다. 그를 잘 알았던 전 총리 브뤼닝에 따르면, 슐라이허는 "마지막 결정 앞에서 두려움"에 떨었다고 한다. 만일 공화파 신문인 〈베를린 일보〉의 날카로운 편집인 테오도어 볼프가 시사한 대로, 슐라이허 자신이 스스로를 아무도 대적할 수 없는 음모의 대가라고 여겼다면, 그 게임에서 자신이 프란츠 폰 파펜보다 한 수 아래라는 것을 깨닫고 자신의 능력에 대한 믿음이 깨졌을지도 모른다. 아니면 분석해보니 상황이 자기에게 불리하다는 것을 깨닫고 총리직을 유지할 가망이 없다는 결론을 내렸을지도 모른다. 하지만 감정적인 요인도 배제할 수 없을 것이다. 1월 23일 힌덴부르크에게 냉정하게 거절당했을 때 그는 몸이 부들부들 떨렸다. 그의 눈에 그것은 대통령의 배신이었다. 처음에 그가 총리직에 올랐을 때 그를 전폭적으로 지지하겠다고 약속했던 대통령이었다. 프로이센 장교들의 신사도를 따르는 사람에게, 믿었던 상사의 배신은 그야말로 쓰라린 경험이었다. 파펜뿐 아니라 오스카르 폰 힌덴부르크와 오토 마이스너까지 자신에 대한 음모를 꾸미고 있다는 것을 알았는데, 그렇게 믿었던 힌덴부르크에게마저 자신이 헛된 망상을 가지고 있었다고 깨달았으니, 그로서는 참 감당하기 어려웠을 것이다.

그러나 슐라이허의 분노가 곧바로 대통령을 향하지는 않았던 것 같다. 두 주일 뒤인 2월 중순, 브뤼닝을 만났을 때도 그는 여전히 늙은 힌덴부르크에 대해 공손하게 말했다. 그런데 같은 자리에서 파펜과 오스카르 폰 힌덴부르크에 대해서는 엄청난 적대감을 드러냈다. 그가 보기에 배신을 하고 자신을 무너뜨린 것은 바로 옛 친구였던 이 두 사람이었다. 여러 가지로 볼 때 슐라이허는 젊은 힌덴부르크가 자기에게 등을 돌렸다는 것을 알았을 때 더욱 안절부절못했던 것 같다. 한 측근은 그가 아들이 아버지에게 미치는 영향에 관해 말하면서 "늘 그렇다니까. 사람이 나이가 들면 가족만 생각하지" 하고 말했다고 회상했다. 그렇게 오랫동안 충성했던 힌덴부르크 집안이 자기에게 등을 돌렸다는 것을 알았을 때, 그는 당연히 권력을 붙잡으려고 해봤자 소용없다는 생각이 들었을 것이다.

그러나 슐라이허가 총리직을 포기해야 한다고 알았을 때 꼭 절망하기만 한 것은 아니라는 증거도 있다. 그는 늘 자신에 차 있는 모습이었지만, 몇 번이나 그런 자리에 있는 불편함을 드러내기도 했다. 국방장관 시절에는 일을 대부분 참모들에게 위임해 그의 책상은 늘 깨끗했다. 덕분에 자유로이 수도를 돌아다니며 정치적인 기반도 다지고 항간에 떠도는 소문도 들을 수 있었다. 그러나 총리가 되자 복잡하고 처치 곤란한 문제들에 휩싸여 꼼짝도 할 수 없었다. 1월 초에는 그가 프랑수아-퐁세 대사에게 서로 이해가 엇갈리는 경제적인 갈등은 복잡해서 처리하기 힘들다며 불평했다. 또 예전에 배후에서 킹 메이커 역할을 할 때는 익명의 옷을 입고 영향력을 행사할 수 있었다. 그러나 이제는 환한 불빛 아래 세인의 주목을 받는 위치에 있었다.

무자비한 언론의 비판, 그중에서도 특히 보수적인 우파의 가차없는 비판에 슐라이허는 고통스럽기 짝이 없었다. 그는 몇 번이나 총리실에 있는 것이 자기에게는 어울리지 않는 것 같다며, 하루 빨리 낯익고 마음에도 맞는 국방부로 돌아갔으면 좋겠다고 했다. 이런 점을 보나 총리직을 잃을지도 모른다는 것을 알고도 수동적인 자세를 취한 점을 보면, 아돌프 히틀러가 그 자리에 오르는 데 걸림돌이 되었던 이 사람에게는 그렇게 큰 도박에서 이기기 위해 반드시 필요한 한가지가 없었던 것 같다. 그것은 바로 권력욕이었다. 슐라이허는 이것을 전혀 깨닫지 못한 듯하다. 1932년 가을에 국방부에서 보좌관에게 건넨 메모에 그는 갈겨쓴 글씨체로 "난 과대망상증이 없어 문제야"라고 썼다.

체념하고 총리직에서 물러나기로 했지만 치미는 분노를 억누를 수 없었던 슐라이허는 이제 관심을—결국은 그것이 히틀러가 권력을 잡도록 돕는 꼴이 되는데도—그 자리가 또다시 파펜의 손에 떨어지는 것을 막는 데 돌렸다. 1월 마지막 주에는 힌덴부르크가 파펜을 다시 임명하려 한다는 소문이 정가와 언론에 파다하게 퍼졌다. 1월 27일 금요일 아침 군사령관 쿠르트 폰 하머슈타인 장군이 슐라이허에게 찾아가 소문의 진상에 대해 물었을 때, 슐라이허는 가타부타 말이 없이 이제는 대통령을 신뢰하지 않는다며 하루 이틀 사이에 권좌에서 물러날 것 같다고 말했다. 이에 깜짝 놀란 하머슈타인은 마이스너에게 가서, 군은 나치의 지지를 받지 못하는 파펜 내각이 또다시 들어서는 것에 대해 탐탁해하지 않는다고 경고했다.

1월 27일 아침 늦게 하머슈타인은 군 인사 담당 책임자인 에리히 폰 뎀 부

쿠르트 폰 하머슈타인과 함께 베를린에서 외교관을 접견하는 자리에 참석한 쿠르트 폰 슐라이허 장군.

셰-이펜부르크가 매주 힌덴부르크 대통령과 회의를 하는 자리에 자기도 함께 참석했다. 대통령은 두 장군이 정치에 대해 조언을 하려 하자 만류했지만, 그들은 대통령에게 파펜이 다시 총리가 되면 또다시 내전이 일어날 위험이 있다고 경고했다. 그들의 말을 잘못 알아들었는지 아니면 파펜에 대한 소문을 부정하고 싶지 않았는지, 힌덴부르크는 히틀러에게 총리 자리를 줄 생각은 없다는 말만 했다. 대통령이 파펜을 다시 임명할 가능성을 배제하지 않았다는 소문은, 슐라이허에게 옛 친구였던 사람이 다시 권력의 자리에 오르는 것을 막겠다는 결심만 굳히게 했다. 물론 그가 그런 데는 복수하고 싶은 마음도 있었지만, 철천지원수인 파펜이 다시 총리가 되면 자신이 국방장관 자리에서도 물러나야 한다는 것을 너무도 잘 알았기 때문이었다. 그러나 히틀러가 총리가 되면 국방장관 자리에 남아 계속 군에 대한 지배력을 보유할 수 있을지도 모를 일이었다.

    1월 28일 토요일 아침 늦게 내각이 소집되었을 때, 슐라이허는 각료들에게 오는 화요일에 의회가 소집되면 불신임안이 상정될 것이 뻔해 몇 분 뒤 대통령에게 가서 의회를 해산하는 포고령을 요청할 예정이라고 말했다. 그는 당연히 거절을 당할 것이라고 생각했고, 따라서 그럴 경우 자기뿐 아니라 내각 전체가 사표를 낼 계획이었다. 이에 대해 장관들 사이에 이의가 없는 것이 확인되자, 그는 힌덴부르크가 파펜을 총리로 앉히고 후겐베르크와 그의 독일국민당만 지지하는 새 대통령 내각을 임명하려고 하는 것 같은데 그랬다간 아마 큰 위난을 당할 것이라고 말했다. 그런 내각은 국민 대다수가 반대할 테니 정부뿐 아니라 대통령까지 위기에 빠질 것이라고 했다. 그러나 히틀러가 이끄는 의회 내각이 들어서면 위험이 덜할 것이라고 했다. 각료들은 파펜-후겐베르크 내각의 위험성에 동의했으며, 몇몇 장관은 대통령을 직접 만나 그 점에 대해 좀더 분명히 하겠다는 뜻을 비쳤다.

    12시 15분, 슐라이허는 각료 회의를 중단하고 성큼성큼 걸어 대통령의 집무실로 갔다. 그리고는 그와 대통령의 마지막이 된 회의를 시작하며, 자기가 본 여러 가지 가능성을 제시했다. 그가 본 첫 번째 가능성은 의회에서 과반수의 지지를 받는 히틀러 내각이었다. 그는 이것이 현상을 타개할 수 있는 방안이긴 해도 성립될 가능성은 없다고 보았다. 두 번째 가능성은 히틀러가 이끄는 대통령 내각이었다. 이것은 전에 대통령이 말한 견해와 일치하지 않았다. 세 번째 가능성이자 그가 추천한 것은 대통령의 신임과 비상 대권을 토대로 자기가 이끄는 내각이 그대로 있는 것이었다. 네 번째 가능성은 파펜이 후겐베르크와 함께 이끄는 내각이었는데, 그는 이것에 대해서는 아주 강력하게 경고했다. 슐라이허는 그런 내각은 국민 가운데 열에 아홉은 반대할 것이라고 주장했다. 그리고 그 결과는 혁명이 일어나 국가 전체가 위기에 빠지는 것이었다. 슐라이허는 결론적으로 1월 31일에 자기 프로그램을 가지고 의회 앞에 가려면 의회를 해산하겠다는 대통령의 언질이 필요하다고 했다. 슐라이허는 헌법에 규정된 시일 이상으로 새 선거를 연기하는 것에 대해서는 언급하지 않았다.

대통령은 슐라이허의 제안에 대해 닷새 전에 말한 것 이상은 말하지 않았다. 그날 아침 일찍 힌덴부르크는 파펜의 방문을 받았는데, 대통령은 파펜에게서 자기를 다시 임명하겠다는 생각을 버리고 슐라이허 자리에 히틀러를 앉히라는 재촉을 받았다. 힌덴부르크는 또 슐라이허를 대변하는 것으로 잘못 알려진 〈태글리셰 룬트샤우〉 아침 판 사설에도 화가 나 있었다. 그것은 "대통령이 위기를 자초하겠다고?"라는 헤드라인 아래 힌덴부르크가 파펜을 다시 임명했다가는 거센 반대에 부딪혀 대통령 자신의 위치가 위태로울 것이라고 경고했다. 힌덴부르크가 보기에는 틀림없이 무례한 위협으로 들렸을 것이다. 파펜의 부추김 탓이었겠지만 그 위협이 틀림없이 슐라이허 짓이리라는 믿음은 총리를 제거해야겠다는 생각만 더욱 굳혔을 뿐이다.

슐라이허의 말이 끝나자, 힌덴부르크는 그런 상황에서는 의회를 해산하는 포고령을 내릴 수 없다고 말했다. 슐라이허가 나치의 지지를 얻어 의회에서 과반수 지지를 얻으려 한 것은 치하하지만, 그것이 실패했으니 이제는 다른 가능성을 시도해봐야 하지 않겠느냐고 했다. 그러나 힌덴부르크는 그것이 무엇인지에 대해서는 말하지 않았다. 슐라이허가 대통령에게 정치 상황에 대해 몇몇 각료들이 의견을 제시하고 싶어한다고 말하자, 힌덴부르크는 그럼 들어보고 잘 생각해보겠다고 했다. 그러나 누가 뭐라든 자기 결정을 바꾸지는 못할 것이라고 말했다. 그는 형식적으로 총리와 각료들이 나라를 위해 애써줘서 고맙다고 말하고, 새 내각이 구성될 때까지 자리를 지켜달라는 틀에 박힌 요청을 했다. 그리고 두 사람이 총리의 사임을 발표할 문서를 검

토했으니, 이것은 아마 미리 준비되어 있었던 모양이다. 헤어지면서 슐라이허는 새 내각에서 국방부가 나치에게 배당되지 않았으면 좋겠다고 했다. 힌덴부르크 역시 그것에는 절대 반대한다고 말했다.

대통령과 15분 남짓 이야기한 뒤 돌아온 슐라이허가 기다리던 각료들에게 대통령과 주고받은 이야기를 들려주었다. 그는 마치 벽에 대고 이야기하는 것 같았다고 했다. 대통령은 자기 의견은 제대로 밝히지도 않고 그냥 맥없이 잘 준비된 답변만 했다. 대통령과 대화를 마치고 완전히 풀이 죽어 나오면서도 총리는 여전히 자기 후계자는 프란츠 폰 파펜이라고 생각했을 것이다. 정권을 잡은 지 57일 만에 슐라이허 내각은 마지막 업무로 총리가 처음에 가장 우선 순위를 두고 추진하겠다던 일자리 창출 프로그램을 실행하는 데 필요한 조치들을 최종 승인했다. 그것은 같은 날 대통령이 서명한 비상 포고령 형태로 법이 되었다. 이 프로그램은 실업자에게 일자리를 주고 전반적인 경제 활동을 촉진하기 위한 여러 가지 공공 사업 프로젝트에 5억 마르크를 쓸 수 있게 했다. 그리하여 그 뒤 6개월 동안 200만 명에 가까운 실업자가 일자리를 찾았을 때, 쿠르프 폰 슐라이허는 아무 공도 인정받지 못했다. 그 정치적 수혜자는 아돌프 히틀러였다.

6. 파펜이 도박판을 나락으로 떨어뜨리다

1월 28일 토요일, 슐라이허가 사표를 제출한 지 얼마 안 되어 힌덴부르크 대통령은 프란츠 폰 파펜에게 새 내각을 구상하는 일을 맡겼다. 이로써 대통령이 슐라이허에게 편견을 갖게 하는 데 결정적인 역할을 한 사내는 다시 각광을 받는 정치판으로 돌아왔다. 그리고 그 뒤 이틀 동안 사태를 절망적인 상태로 빠뜨리는 데 누구보다도 중요한 역할을 하게 된다. 만일 그가 다시 한번 총리가 될 마음이 있었다면 힌덴부르크가 누구보다도 선호한 사람이었기에 그의 소원을 들어주었을 것이다. 그러나 파펜은 히틀러를 내각의 우두머리에 앉히되 실권은 자기가 장악하는 계획을 계속 밀고나갔다.

힌덴부르크가 파펜에게 새 내각에 대한 구상을 해보라고 한 것은 그저 형식상 그렇게 말한 것일 뿐이었다. 파펜은 이미 그 한 주일 전에 엄청난 정치적 음모를 꾸미기 시작했고, 대통령도 그 사실을 알고 있었다. 대통령에게 쉽게 접근할 수 있는 특권 덕에 그는 1월 23일 힌덴부르크가 슐라이허의 청을 거절했을 때부터, 1월 31일의 개원 때 총리가 불신임을 피할 수 있는 유일한 길인 의회를 해산하는 포고령을 받지 못하리라는 것을 알았다. 계획을 실행에 옮길 기회를 엿보고 있던 파펜은 이 정보를 나치에게 전하고, 힌덴부르크에 대한 자신의 영향력을 이용해 히틀러가 총리 자리를 차지할 수 있게 하겠다고 했다.

히틀러가 그때 며칠 뮌헨에 가 있었기 때문에 파펜과의 협상은 그의 부관인 빌헬름 프리크와 헤르만 괴링이 맡아, 그들은 1월 24일 리벤트로프 집에

1933년 1월 30일에 취임한 히틀러 내각에서 노동장관이 된 철모단의 프란츠 젤테(왼쪽). 철모단의 테오도어 뒤스터베르크. 유대인 할아버지를 두었다는 이유로 나치에게 공격을 받고 분개해 히틀러를 총리로 만들려는 음모를 뒤집으려 했다(오른쪽).

서 차를 마시며 파펜과 이야기를 나누었다. 히틀러를 반대하는 힌덴부르크를 설득하려면 대통령이 온통 우파에 둘러싸일 수 있게 나치 지도자를 우파 '민족주의 전선'을 이끌 총리로 제시하는 것이 가장 좋겠다는 의견에 도달했다. 그래서 그 다음 이틀 동안 음모자들은 독일국민당 당수 후겐베르크와 철모단의 두 지도자 가운데 하나인 프란츠 젤테에게 그들도 우파 내각에 참여할 수 있다는 것을 제시했다. 철모단은 민족주의 색채가 짙은 퇴역 군인들의 준 군사 조직으로, 제복을 입은 병사가 30만 명이 넘었다. 젤테와 후겐베르크는 1931년에 히틀러와 함께 하르츠부르크 전선(1931년에 브뤼닝 내각에 반대해 히틀러와 우파 세력이 결성한 전선-옮긴이)에 참여했으나, 그 뒤 두 사람 다 히틀러와 사이가 틀어졌다.

퇴역 군인들의 조직인 철모단의 행렬을 이끌고 있는 프란츠 젤테(왼쪽)와 테오도어 뒤스터베르크. 이들의 참여는 히틀러가 집권하는 데 결정적인 요소가 되었다.

그래도 젤테는 어렵지 않게 새 우파 내각을 구성하려는 음모에 가담시킬 수 있었다. 철모단은 한동안 정치에 몸담은 적도 있었고, 한 해 전에는 젤테와 함께 철모단을 이끄는 테어도어 뒤슈터베르크가 후겐베르크당의 후원으로 대통령 선거에도 나왔다. 게다가 젤테는 별로 내세울 것이 없는 색깔 없는 남자였지만 정치적 야망은 컸다. 따라서 그렇지 않아도 철모단 지도부와 국방부 사이에 마찰이 있었는데 파펜과 공모해 슐라이허를 몰아낼 수 있다면 그것은 그에게 퍽 매력적인 일이었다. 국방부에서도 특히 슐라이허는 철모단에서 제복을 입은 병사들을 훈련시키는 것이 못내 못마땅했다. 그보다 훨씬 규모가 작은 군에 위협이 된다고 보았기 때문이다. 그래서 다른 준 군사 조직들과 함께 철모단이 정부의 보조금에 의존하게 해 군의 통제를 받도록 하려 했다가 철모단 지도부의 반발에 부딪혔다. 슐라이허는 이 조직의 독립성을 위협하는 존재였던 데 반해, 파펜은 총리였을 때 그들의 이해 관계에 훨씬 많은 공감을 나타냈다. 파펜과 손잡고 슐라이허를 몰락시킨다는 것은 히틀러가 이끄는 내각을 구성하려는 전 총리의 계획을 받아들이는 것이었지만, 젤테에게는 문제가 안 되었다.

귀가 얇아 내각에 들어가게 해주겠다는 유혹에 바로 굴복한 젤테와 달리, 후겐베르크는 파펜의 음모에 끌어들이기가 쉽지 않았다. 자만심 강한 68세의 땅딸막한 사내는 많은 점에서 제국 시대의 유물로서, 공화국 시절에도 프로이센 왕에게 충성을 바친 대가로 받은 추밀 고문관이라는 영광스러운 직함을 계속 사용했다. 프랑수아-퐁세 대사가 말한 대로 후겐베르크의 겉모습은 그럴 듯했다. "동그란 금테 안경과 불룩 나온 배, 희고 꼿꼿한 코밑수염은 그에게 덕망 있는 시골 의사 같은 푸근한 느낌을 준다. 그러나 실제로는 속이 좁고 고루하며 골이 나면 입을 꽉 다무는 고집불통에 교조적인 극단주의자에다 당파성이 강한 독일의 악인 가운데 하나다." 민주주의와 복지 국가를 지향하는 공화제에 단호히 반대했던 그는 철저한 자유 방임주의 경제와 특권층이 지배하는 권위주의 체제로 돌아가려고 했다.

후겐베르크는 정치가로서 인기를 얻는 데 필요한 자질이 부족했다. 타고난 웅변가와는 거리가 먼 그는 어쩌다 대중 앞에 나설 때면 과장된 글을 지루하고 단조로운 목소리로 읽어나갔다. 후겐베르크를 따르는 열성 분자들은 그를 가리켜 '은빛 여우'라 부르며 존경했지만, 그에게 별로 호감이 없는 당대 사람들은 그의 고루한 얼굴과 유행에 뒤떨어진 옷차림, 뻣뻣하기 그지없는 행동거지에 그를 가리켜 '햄스터' 또는 '심술쟁이 거미'라며 비웃었다. 1932년에 그와 가까운 한 동료가 말했듯이 "그에게는 정치적인 섹스 어필이 없었다." 그런데도 그는 자꾸만 자신을 피해가는 권력을 갈구했고, 파펜이 접근했을 때 마침내 내각에 들어갈 수 있는 기회를 보고 굉장히 마음이 끌렸다. 하지만 과거 히틀러와의 경험과 히틀러를 배제한 파펜의 권위주의 정권을 선호하는 독일국민당 지도자들의 히틀러에 대한 불신 탓에 망설이지 않을 수 없었다. 그래서 그는 히틀러가 이끄는 민족주의 전선 내각에 참여하라는 제안에 선뜻 대답을 하지 못했다.

그래서 1월 27일 금요일에는 파펜의 음모가 거의 무산될 위기에 놓였다. 리벤트로프는 베를린에서 돌아온 히틀러에게 그를 총리로 만들 계획에 대해 설명하고 제발 후겐베르크를 불러 그 문제에 대해 상의해보라고 했다. 리벤트로프는 히틀러가 일단 독일국민당 당수와 합의에 이르면 최종 조건은 그날 밤 파펜과 상의하면 된다고 했다. 그날 오후 히틀러와 프리크, 괴링이 후겐베르크와 그의 보수적인 당 동료 오토 슈미트-하노버와 만났다. 괴링은 이야기가 시작되자마자 젤테도 이미 히틀러 내각에 들어오기로 했다고 밝히며 후겐베르크를 압박했다. 나치도 잘 알고 있었듯이, 철모단 지도자가 그러기로 했다면 후겐베르크도 그러라는 압력이 그의 당 내부에서 거세질 것이 뻔했다.

그런데 유리한 위치를 점했다고 생각한 히틀러가 그만 무리수를 두고 말았다. 자신이 대통령 내각의 총리가 되어야 할 뿐 아니라 중앙 정부와 프로이센 주 정부의 내무장관 자리도 나치에게 돌아가야 한다고 요구했던 것이다. 물론 이 가운데 더 중요한 것은 프로이센 주 정부의 내무장관 자리였다. 중앙 정부의 내무장관은 경찰을 직접 통제할 수 있는 권한이 없었지만, 프로이센 주 내무장관은 그때까지 연방에서 가장 큰 주였던 프로이센 주의 경찰력을 움직일 수 있는 권한이 있었기 때문이다. 지난 7월, 파펜 내각이 몰아내기 전까지만 해도 프로이센을 지배한 공화파의 손아귀에 있던 이 주의 잘 무장된 1만 5,000명의 경찰력은 그 규모가 정규군의 절반이나 되었을 뿐 아니라 그 동안 나치에 대항할 수 있는 강력한 무기이기도 했다. 후겐베르크는 그 점 때문에 망설이며 프로이센 주 내무장관 자리는 나치가 아닌 다른 당에 돌아가야 한다고 우겼다. 총리실 참모의 우두머리와 내각의 언론 담당 대변인도 자기 당에서 뽑아야 한다고 주장했다. 자기 뜻대로 안 되자 화가 난 히틀러는 갑자기 협상을 중단하고 파펜과 만나는 것도 거부한 채 뮌헨으로 돌아가겠다고 했다. 괴링과 리벤트로프는 겨우 설득해 히틀러를 수도에 남아 있게 할 수 있었다.

파펜은 자기 계획이 무산되는 것을 가까스로 막을 수 있었지만, 히틀러에게 아주 중대한 양보를 하는 대가를 치러야 했다. 리벤트로프가 1월 27일 저녁, 히틀러는 후겐베르크가 내건 조건에 화를 내며 돌아갔다고 하자, 파펜은 히틀러가 두 내무장관직뿐 아니라 총리실 사람을 뽑을 수 있는 자유까지 요구하는 것을 지지하기로 했다. 파펜은 리벤트로프에게 후겐베르크가 바라는 것은 부차적인 것일 뿐이라고 말했다. 파펜은 이렇게 프로이센 경찰력의 통제권을 놓고 벌인 싸움에서 후겐베르크 편을 들지 않고 히틀러 편을 들어, 히틀러와 협력하는 대가를 톡톡히 치를 준비가 되어 있다는 것을 드러냈다. 그 점을 히틀러는 놓치지 않았다. 물론 파펜은 당연히 자기가 슐라이허의 뒤를 이어 프로이센의 경찰청장이 될 것이라고 기대했다. 그 자리는 지난 7월 파펜이 총리였을 때 프로이센 내각을 몰아낸 뒤 그 주의 주지사 권한까지 맡게 되었다. 파펜은 자신이 그 자리에 앉게 되면 프로이센의 나치 내무장관보다 우위에 있을 것이고, 그러면 히틀러 당이 자신의 정치적 목적을 위해 그 주의 막강한 경찰력을 사용하려 할 때, 그것을 막을 수 있으리라고 순진하게 생각했다.

파펜은 1월 28일 토요일 아침에 힌덴부르크와 만나, 대통령은 총리가 정오 약속에 나타나면 당연히 사임할 것으로 기대한다는 것을 알았다. 그래서 자기 계획에 박차를 가할 필요가 있다는 것을 알고 히틀러가 베를린을 떠났을까 염려하며 리벤트로프에게 서둘러 찾아보라고 했다. 힌덴부르크와 이야기하고 나서 히틀러를 총리에 임명하는 것이 이제는 가능하다는 확신이 들었던 것이다. 히틀러가 아직 카이저호프 호텔에 있는 사실을 확인한 리벤트로프는 그에게 파펜과 꼭 만나야 한다고 했다. 그러나 이번에는 히틀러가 파펜에게 프로이센의 경찰청장 자리를 주는 것에 반대하며 판돈을 올렸다. 열띤 논쟁 끝에 리벤트로프가 괴링을 설득해 그 자리는 파펜에게 양보해야 한다는 견해를 지지하도록 했고, 두 사람이 히틀러를 설득해 그날 오후 파펜과 만나도록 하려 했다. 히틀러는 프로이센 문제는 더 생각할 시간이 필요하다고 우겼으나 결국 다음날 아침에 파펜과 만나 상의하겠다고 했고, 파펜은 이 말을 전해듣고 기꺼이 히틀러와 만나겠다고 했다. 하지만 그는 여전히 프로이센 문제로 자기 계획이 빗나가지 않을까 우려했다.

1월 28일 오후, 파펜은 후겐베르크의 저항을 분쇄하기 시작했다. 그는 독일국민당 당수 후겐베르크에게 중앙 정부와 프로이센 주 정부의 내무장관 자리는 모두 나치에게 돌아가야 한다고 말했다. 후겐베르크가 요구한 두 정부의 경제장관과 농무장관 자리에 대해서는 걱정하지 말라며 그를 달랬다. 여전히 히틀러를 믿지 못해 파펜의 권위주의 내각을 선호하는 보수적인 당 동료들의 거센 압력에 후겐베르크는 나치가 프로이센 경찰력을 접수하는 것이 아무래도 마음에 걸렸다. 그러나 그는 처음으로 권력을 잡아볼 수 있는 기회를 놓치기 싫었고, 따라서 협상을 깨고 싶지 않았다.

같은 날 늦게 파펜은 히틀러 내각에 반대하는 보수주의자들의 입지를 약화시키는 데 성공했다. 힌덴부르크가 히틀러를 받아들일 용의가 있을 뿐 아니라 파펜 자신도 히틀러 밑에 지지 기반이 넓은 우파 내각을 구성하려는 계획이 실패할 경우에만 다시 총리 자리에 앉는 것을 고려해보겠다고 말해, 그의 내각과 슐라이허 내각에서 일한 보수적인 무당파 장관 대부분에게 자기 계획에 대한 승인을 받았던 것이다. 그날 아침 슐라이허 내각의 마지막 회의에서 파펜이 다시 총리가 되면 내전이 일어날 수도 있는 파국적인 결과를 가져오리라는 데 의견이 모아졌고, 그래서 그런 위험을 피할 수 있을 것이라는 생각에 장관들은 히틀러가 이끄는 민족주의 내각을 구성하려는 파펜의 계획에 기꺼이 찬성했다.

그런데 1월 28일 오후, 파펜의 계획을 무산시킬 위험이 있는 일이 일어났다. 이번에는 가톨릭당인 중앙당과 바이에른국민당이 문제였다. 두 당 지도자는 힌덴부르크가 파펜에게 내각을 구상해보라고 한 것이, 아무래도 전 총리가 또다시 후겐베르크당만 지지하는 인기 없는 대통령 내각의 우두머리로 돌아올 것이라는 소문을 확인해주는 것 같아 깜짝 놀랐다. 가톨릭당 지도자들은 옛 동료인 파펜이 지난 여름 자기들과 한마디 상의도 없이 총리직을 받아들인 것이 도저히 용서가 되지 않았다. 더욱이 파펜이 총리직에 있을 때 추진하려 했던 불법적인 조치에 대해서는, 그것만 아니라면 무엇이라도 받아들일 용의가 있을 정도로 몹시 꺼렸다.

중앙당 지도부와 상의한 뒤 바이에른국민당 당수 프리츠 셰퍼는 28일 늦게 히틀러와 파펜 두 사람을 만났다. 그는 가톨릭당이 히틀러가 이끄는 의회 내각에는 기꺼이 참여할 용의가 있다고 했다. 가톨릭당이 나치당 및 독일국민당과 힘을 합치면 의회에서 과반수 세력이 되어 충분히 내각에 대한 확고한 지지 기반이 될 수 있었다. 그렇게 되면 파펜이 권력의 자리에 돌아오는 것을 막을 수도 있었지만, 가톨릭당은 히틀러를 제어할 수 있는 자리에 오를 수 있었다. 히틀러가 총리로서 가톨릭당이 반대하는 정책을 추진하려 들 경우, 의회에서 그들의 지지를 철회하면 과반수 지지가 무너져 그를 끌어내릴 수 있었기 때문이다. 그러나 그것은 바로 히틀러가 그토록 의회의 제재를 받

바이에른국민당의 프리츠 셰퍼. 프란츠 폰 파펜에게 의회의 과반수 세력을 토대로 히틀러를 내각 총리로 만들자고 했으나 거절당했다.

지 않는 대통령 내각의 총리가 되려 한 이유이기도 했다. 그래서 히틀러는 내각을 구상해 보라는 말을 듣지도 못했고, 따라서 그런 협상에 들어갈 위치에 있지 않다며 셰퍼의 제안을 거절했다.

셰퍼는 파펜에게서도 비슷한 반응을 얻었다. 그러나 이는 그다지 놀랄 일도 아니었다. 가톨릭당의 제안을 받아들였다간 그와는 완전히 동떨어진 파펜 자신의 계획이 무너질 수 있었다. 힌덴부르크가 히틀러를 대통령 내각의 총리로는 임명하지 않겠다고 몇 번이나 맹세했던 터라, 어쩌면 가톨릭당의 제안에 구미에 당겨 힌덴부르크가 히틀러 내각이 의회 내각이 아니면 히틀러를 임명하지 않겠다고 할지도 모르기 때문이었다. 하지만 파펜도 잘 알고 있었듯이, 실제로 나치당과 독일국민당이 가톨릭당과 제휴할 가능성은 없었다. 후겐베르크는 가톨릭당과는 화해할 수 없는 차이가 있었고, 따라서 그런 제휴 가능성 자체를 거부할 공산이 컸다. 그것은 의회 내각의 총리가 되어 다른 당에 의지해 자기 자리를 보전할 뜻이 없었던 히틀러도 마찬가지였다. 그러나 설사 힌덴부르크의 명령으로 가톨릭당과 제휴하기 위한 협상에 들어가더라도 협상이 진척되지 않고 오래 끌 수 있었고, 그러면 히틀러가 이끄는 대통령 내각을 구성하려는 파펜의 계획이 어그러질 수 있었다. 게다가 의회 내각을 구성하기 위한 협상이 은밀하게 진행될 리는 만무했다. 그러면 모든 것이 낱낱이 공개되어, 대통령으로 하여금 히틀러를 대통령 내각의 총리로 임명하게 하기—대통령이 몇 번이나 맹세한 것을 스스로 어기는 결과가 되는—가 어려울 수 있었다.

파펜과의 이야기에서 진전이 없자, 셰퍼는 파펜에게서 가톨릭당의 제안을 힌덴부르크에게 전달하겠다는 약속을 받아냈다. 그러나 파펜은 입을 꾹 다물었다. 게다가 가톨릭 지도자들 쪽에서도 흔히 의회에서 제휴 협상을 할 때는 자신의 교섭력을 높이기 위해 먼저 언질을 주지 않는 관례에 따라 그들의 입장이 공개되는 것을 꺼렸다. 따라서 하루가 지나서야 그들의 제안이 수면 위로 떠올랐고, 음흉하기 짝이 없는 프란츠 폰 파펜 덕분에 그것은 그들의 의도와는 전혀 다른 결과를 낳고 말았다.

리벤트로프는 파펜을 믿을 수 있다고 다짐했지만, 히틀러는 28일 내내 파펜의 동기가 의심스러웠다. 그날 저녁 괴벨스는, 히틀러가 카이저호프 호텔에서 파펜이 자기를 배반하고 힌덴부르크에게 위임받은 것을 이용해 총리 자리를 가로채지 않을까 하는 의심에 사로잡혀 있는 것을 발견했다. 히틀러는 그날 슐라이허가 쫓겨난 것을 환영했으나, 그것을 신의가 없다는 힌덴부르크의 명성을 다시 한 번 증명해주는 것으로 보았고, 도저히 예측할 수 없는 힌덴부르크의 태도와 함께 그런 그가 무척 걱정스러웠다. 파펜과 힌덴부르크에 대한 불신은 히틀러의 마음 깊숙이 자리잡고 있던 명문 출신에 대한 적대감에 불을 지폈고, 그날 저녁 그는 카이저호프 호텔 카페에서 나머지 시간을 보내며 이런저런 귀족들의 단점을 비웃는 일화로 측근들을 즐겁게 했다.

히틀러와 마찬가지로 공화국의 지지자들 역시 힌덴부르크가 파펜에게 내각을 구상해보라고 한 것이 전 총리를 다시 권좌로 불러들이는 것을 의미하지 않을까 걱정했다. 대부분은 그 가능성이 히틀러가 임명되는 것보다 훨씬 위험하다고 보았다. 따라서 공화파 신문들은 1월 넷째 주 내내 파펜이 다시 총리가 되는 것에 대해 계속 경고의 메시지를 보냈다. 그가 총리가 되면 결국 불법적인 조치를 단행할 것이고 그러면 내전이 일어날 위험이 있다는 것이 많은 사람들의 관측이었다. 그래도 대부분 공화국을 지지하는 사설들은 힌덴부르크 대통령이 당연히 헌법을 지킬 것으로 기대하며, 전처럼 후겐베르크당의 지지밖에 받지 못하는 파펜 내각을 임명하지는 않을 것이라는 믿음을 나타냈다.

그리고 히틀러에 대해서는, 힌덴부르크가 11월에 취한 태도를 볼 때 대통령이 나치 지도자를 대통령 내각의 총리로 임명하는 일은 절대 없을 것이라고 보았다. 11월에 힌덴부르크가 히틀러에게 제시한 히틀러가 이끄는 의회 내각이라는 대안도 이론적으로는 여전히 가능해 보였어도, 히틀러가 몇 번이나 거부의 뜻을 밝혔기 때문에 거의 실현 가능성이 없어 보였다. 공화국의 옹호자들은 이런저런 가능성에 대해서는 반대의 목소리를 높이면서도 막상 그들 스스로 정치 위기를 타개할 수 있는 방안은 내놓지 못해, 그들의 정치적 파산을 예고했다.

이렇듯 공화국의 옹호자들은 힌덴부르크가 앞서 말한 것을 믿고 그것에 매달렸지만, 1월 28일에는 히틀러를 임명하지 않으려던 대통령의 의지가 흔들리기 시작했다. 며칠 동안 주변 사람들이 다들 그에게 히틀러를 임명하라고 몰아세웠던 것이다. 그가 임명하고 싶었던 파펜마저 스스로 그 자리를 고사하고 히틀러가 다음 총리가 되어야 한다고 우겼다. 최측근인 오토 마이스너도 자꾸 그쪽으로 밀었다. 1월 25일 달렘으로 돌아가 리벤트로프와 차를 마시며 이야기한 뒤 히틀러가 이끄는 민족주의 전선이라는 말에 홀딱 넘어간 아들 오스카르도 마찬가지였다.

얼마 전에는 그를 찾아온 저명한 엘라르트 폰 올덴부르크-야누샤우에게서도 비슷한 조언을 들었다. 대통령의 시골 영지가 있는 동프로이센의 나이 지긋한 이웃 융커였던 그는 독일 제국 시대에 보수 정치계에서 중요한 역할을 했고, 동부 지주들 사이에서는 아직도 영향력 있는 인물이었다. 그런데 히틀러 내각이 침체된 동부 농업에 활력을 주는 무슨 조치를 취해주지 않을까 하는 기대에 이 늙은 융커는 군과 보수주의 세력이 충분히 나치의 일당 독재를 막을 수 있을 것이라고 장담했다. 28일에는 괴링에게서도 무척 고무적인 메시지를 받았다. 괴링은, 나치가 대통령의 권한을 존중할 것이며 헌법을 어기거나 군에 정치적인 영향력을 행사하는 일도 없을 것이라고 엄숙히 선언했던 것이다.

28일 저녁 늦게 파펜은 힌덴부르크에게 찾아가 아직도 망설이고 있는 그를 설득했다. 히틀러가 후겐베르크나 자기와 결정적으로 다른 점에 대해서는 여전히 언급하지 않은 채, 그는 히틀러가 무턱대고 자기 고집만 부리는 사람은 아니라고 했다. 히틀러가 내각에서 자기 당을 위해서는 최소한의 자리만 요구하고 나머지는 대통령이 받아들일 수 있는 무당과 전문가들에게 맡겨도 된다고 했다는 파펜의 보고를 듣고, 대통령은 적어도 그 점에서는 안심해도 될 것 같았다. 파펜 내각과 슐라이허 내각에서 일한 보수적인 장관들 대부분이 히틀러 밑에서도 일할 뜻을 밝혔다는 것도 고무적이었다. 그러자 대통령은 독일국민당 당수 후겐베르크를 싫어하면서도, 중앙 정부와 프로이센 주 정부에서 농무부와 경제부를 이끌고 싶어하는 후겐베르크의 소원을 들어줄 뜻이 있음을 내비쳤다.

힌덴부르크는 가장 민감한 부서라고 여긴 국방부와 외무부에 대해서는 자신이 직접 장관을 뽑고 싶어했다. 그래서 파펜과 슐라이허 내각에서 내리 외무부를 이끈 전문 외교관인 귀족 콘스탄틴 폰 노이라트 남작이 히틀러 밑에서도 계속 일할 뜻이 있다는 파펜의 말을 듣고 특히 기뻐했다. 슐라이허가 총리로 있으면서 관장한 국방부에 대해서는 힌덴부르크도 교체할 필요가 있다는 파펜의 의견에 동의했다. 그 자리는 파펜이 힌덴부르크의 의견을 받들어 제안한 베르너 폰 블롬베르크에게 넘기기로 했다. 그때 블롬베르크는 스위스에서 열린 군축 회의에 독일 대표로 참석하고 있었다. 파펜은 나중에 회의가 끝날 무렵 대통령이 자기에게 히틀러 내각에서 부총리로 일하겠다는 약속을 받아냈다고 술회했다. 회의가 끝날 즈음에는 힌덴부르크가 파펜의 계획에 완전히 동의한 것은 아니어도 이미 그쪽으로 많이 기울어져 있었다.

1월 29일 일요일은 결국 결정적인 날이 되었다. 사태가 걷잡을 수 없이 발전하면서 아돌프 히틀러가 이끌 내각의 윤곽이 이날 최종 확정되었던 것이다. 힌덴부르크 대통령은 아침에 아들을 시켜서 블롬베르크 장군에게 전화해 베를린으로 돌아와 슐라이허 후임으로 국방부에서 일하도록 하라는 지시를 내려 그쪽 방향으로 큰 걸음을 내딛었다. 이 훤칠하고 사교적인 장군은 동프로이센의 군사령관으로서 대통령의 시골 영지를 특별 예우해 대통령의 환심을 샀다. 슐라이허와 군사적인 일로 수 년간 몇 번이나 부딪친 적이 있는 블롬베르크는, 또 1월 초에 베를린에 있는 힌덴부르크에게 찾아가 총리의 정책에 불만을 나타내며 히틀러가 총리직에 앉아도 좋다는 뜻을 내비쳤다고 한다. 힌덴부르크는 블롬베르크가 정치에 무관심한 직업 장교라고 본 듯하나, 힌덴부르크는 사실 나치즘의 매력에 빠질 수 있는 가능성이 아주 높은 사람을 뽑았다. 동프로이센에 주재하는 동안 블롬베르크는 군에서 나치에 동조하는 사람들의 영향을 받았고, 그런 영향을 준 사람 가운데는 제3제국 때 프로테스탄트 교회의 나치 주교가 된 군목도 있었다. 따라서 힌덴부르크가 블롬베르크를 뽑은 것은 뜻밖에도 히틀러에게 큰 이익이 되었다.

    같은 날인 일요일 아침, 히틀러는 괴링을 대동하고 약속대로 총리 관저에 있는 대통령의 거처에서 두 건물밖에 떨어져 있지 않은, 빌헬름 가의 내무부 건물에 있는 파펜의 아파트로 갔다. 여기서 히틀러가 중앙 정부의 내무장관으로는 빌헬름 프리크를 거론하고 프로이센의 내무부를 맡을 후보자로는 헤르만 괴링을 거명하자 파펜은 반대하지 않았다. 히틀러는 대신 파펜을 부총리 겸 프로이센 경찰청장으로 임명해야 한다는 힌덴부르크의 주장에는 자기가 양보하겠다고 했다. 그리고는 느닷없이 의회를 해산하고 새 선거를 했으면 좋겠다는 새로운 요구 사항을 내놓았다. 총리가 되면 의회에서 수권법을 받아내 내각이 입법권을 양도받을 필요가 있다는 것이었다.

    히틀러가 생각하는 수권법에는 선례가 있었다. 10년 전에 공화파 내각이 위기에 대처하기 위한 방안으로 몇 번 의회로부터 그런 권한을 받은 적이 있었기 때문이다. 그런 조치는 헌법의 일시적인 수정을 뜻했고, 따라서 의회를 통과하려면 재적 의원 3분의 2의 찬성이 필요했다. 그런데 당시 의회에서는 그게 불가능했기 때문에, 히틀러는 힌덴부르크 대통령이 뽑은 총리로서 자기 당을 이끌고 새 선거를 치르고 싶었다. 그런 지위와 중앙 정부의 자원을 활용하면 선거에서 나치당의 의석수가 대폭 늘어날 수 있고, 그러면 선거 결과 수권법이 가능해져 그의 내각이 의회의 눈치도 볼 필요 없고 비상 대권에 의지할 필요도 없이 법령을 포고할 수 있었다. 그런데도 파펜은 자기 계획을 서둘러 추진하고 싶은 나머지 새 총선거를 하자는 히틀러의 새로운 요구에 이의를 제기하지 않았다.

29일 오후, 파펜은 독일국민당과 철모단의 지지를 얻어 히틀러 내각을 완성시키려 했다. 그래서 후겐베르크와 퇴역 군인들의 조직을 이끄는 두 지도자 프란츠 젤테와 테오도어 뒤스터베르크를 자기 아파트로 불러, 내각에 있는 보수적인 현직 장관들이 히틀러 밑에서도 일할 뜻이 있다는 것과 힌덴베르크가 블롬베르크 장군을 국방장관에 임명하려 한다는 것을 알려주었다. 젤테에게는 새 내각에서 노동장관을 하게 될 것이라고 말하고, 후겐베르크에게는 대통령이 그가 중앙 정부와 프로이센 주 정부에서 농업과 경제를 맡아볼 장관이 되길 바란다고 말했다.

혼자서 네 개나 되는 부서를 휘두를 수 있다는 말에 독일국민당 당수 후겐베르크는 혹했다. 그러면 경제 정책을 세우는 핵심 기관들을 장악해 눈엣가시였던 공화국의 '사회주의' 정책들을 몽땅 폐기 처분할 수 있었다. 후겐베르크는 특히 얼마 전까지만 하더라도 자기에 대한 혐오감을 감추려 하지 않았던 대통령이 이제는 자기가 내각에 들어오길 바란다는 파펜의 말에 우쭐해졌다. 그러나 파펜은 늘 그렇듯 음흉하게 히틀러가 새 선거를 요구한다는 말은 하지 않았다. 새 선거를 하면 힌덴부르크 대통령이 총리에 임명한 사람의 당, 즉 나치당이 그의 독일국민당보다 월등하게 유리한 위치에 서게 될 것이고, 따라서 그것을 알면 후겐베르크가 주춤할 것이 뻔했기 때문이다.

권력을 맛보고 싶은 욕심에 파펜의 조건을 받아들이는 쪽으로 기운 후겐베르크와 달리, 철모단의 지도자 뒤스터베르크와 28일 오후에 파펜의 아파트에 모인 그 조직의 보수적인 주요 인물들은 히틀러가 사악한 광신도임을 알아봤고, 히틀러가 권력의 자리에 오르는 것을 돕는다는 생각은 도저히 할 수 없었다. 그래서 사태가 그쪽으로 발전하는 것을 막기 위해 후겐베르크에게 제발 히틀러 내각에 동의하지 말라고 애원했다. 민주주의와 의회 정치의 반대자인 철모단이 공화국을 구하려고 그런 것은 아니었다. 그보다 그들은 나치를 배제하고 파펜이 이끄는 대통령 내각이 다시 들어서서 의회를 해산한 다음 새 선거 일정을 짜지 않고 대통령의 비상 포고령으로 다스리는 권위주의 통치 방식을 제안했다.

그러나 이제는 파펜마저 헌법을 어겨야 하는 행동 계획에는 뒷걸음질치고 있어서, 후겐베르크는 그러한 제안을 거절했다. 경제 정책을 관장하는 네 개 부서를 장악하고 있으면 자신이 히틀러 내각에서 강한 목소리를 낼 수 있을 것이라는 기대가 그를 그쪽으로 밀어붙였던 것이다. 그의 당이 히틀러와 제휴하지 않으면 그가 경멸해 마지않는 가톨릭중앙당이 제휴할지도 모르고, 그렇게 되면 독일국민당이 또다시 정부 정책에 영향을 미칠 수 없을 것이라는 두려움도 떨칠 수 없었다. 그래서 후겐베르크는 파펜의 계획에 동조하며 그것을 계속 밀고 나가도록 했다. 29일 오후 늦게 파펜은 나치에게, 아직 힌덴부르크에게 최종 승인을 받아야 하지만 그의 계획에 걸림돌이 되었던 마지막 장애물이 제거되었다고 말했다.

후겐베르크와 파펜이 얼마나 경솔하게 히틀러를 과소평가했는가는 보수주의자들이 나치 지도자를 총리 자리에 앉히지 말라고 설득하려 했을 때 그들이 보인 반응에서도 알 수 있다. 29일, 철모단의 지도자 뒤스터베르크가 이의를 제기하자, 후겐베르크는 "우리가 히틀러를 꼼짝못하게 할 것이오"라고 말했다. 나중에 히틀러의 독재에 반대하다 목숨을 잃은 보수적인 프로이센 융커 귀족 에발트 폰 클라이스트-슈메친이 같은 날 파펜의 계획에 항의하자, 파펜은 "도대체 원하는 게 뭐요? 난 힌덴부르크를 신뢰합니다. 두 달 안에 우리가 히틀러를 궁지에 몰아넣어 숨도 못 쉬게 할 거요"라고 응수했다. 또 다른 보수주의자가 파펜이 독재를 불러들이고 있다고 말하자, 파펜은 "당신이 틀렸소. 우리가 그를 고용한 거요"라고 쏘아붙였다.

히틀러가 그의 내각에서 보수의 지배를 받을 것이라는 일반적인 견해가 반영된 '후겐베르크의 운전학원.' 캡션은 '후겐베르크가 파펜에게: 저기 저 앞에 있는 신참은 자기가 바라는 대로 자기가 운전대를 잡고 있다고 생각하겠지만, 잘 됐어. 우리는 힘 안 들이고 갈 수 있으니까!' [전진, 1933년 2월 1일(#53)]

    1월 29일 일요일, 파펜이 히틀러 내각에서 일할 사람들을 모으느라 분주할 때, 쿠르트 폰 슐라이허도 나름대로 정치적으로 분발하고 있었다. 그런데 그는 그만 자기도 모르게 파펜의 계획을 도와주고 말았다. 전날 힌덴부르크가 파펜에게 내각을 구상해보라고 했다는 말을 듣고, 자기 전임자가 자기 후임자가 될지도 모른다는 슐라이허의 우려는 더욱 커졌다. 그는 군 지도자 대부분과 마찬가지로 총리로서 불신을 받은 파펜보다는 히틀러를 더 선호했다. 게다가 파펜이 돌아오면 국방장관 자리를 보전할 수 없다는 것을 알고 군을 지배할 수 있는 권한을 유지하는 길은 히틀러가 임명되는 길밖에 없다고 보았다. 자기 소원대로 되면 자기가 히틀러를 통제할 수 있을 것이라고 믿었다. 마이스너는 훗날, 그가 한번은 "히틀러가 독재를 하고 싶어하면, 군이 독재 안에 있는 독재가 될 거야"라고 말했다고 했다.

1월 29일 아침, 슐라이허는 국방부에서 장군들과 상황을 논의했다. 그 자리에서 적어도 한 명은 파펜 내각을 막기 위해 힘에 호소하자고 했지만, 슐라이허는 대통령을 무시하는 것은 그 어떤 것도 받아들이려 하지 않았다. 그 전날 비슷한 제안을 받았을 때도 말했듯이, 그가 받은 군사 교육에서 반항이란 있을 수 없었다. "나는 장군이고, 힌덴부르크는 육군 원수야. 나는 복종하라고 배웠어."

그리고는 파펜의 음모가 얼마나 진척되었는지 모르고 히틀러의 환심을 사려고 29일, 협력 가능성을 알리기로 했다. 그래서 슐라이허의 요청으로 그의 절친한 친구인 군사령관 쿠르트 폰 하머슈타인 장군이 그날 정오에 부유한 나치 동조자가 사는 베를린 집에서 비밀리에 히틀러와 만났다. 하머슈타인은 히틀러에게 대통령을 위해 일하는 사람들이—이는 파펜을 뜻했다—총리직을 놓고 그와 진정으로 협상을 하고 있는지 아니면 그런 척할 뿐인지 물었다. 파펜이 만일 그를 속이고 자기가 직접 총리를 하려는 것이 틀림없다면, 히틀러가 총리가 될 수 있도록 군의 영향력을 동원해보겠다고 했다. 장군은 또 히틀러가 총리가 되면 슐라이허를 국방장관 자리에 그대로 둘 생각이냐고 물었다. 히틀러는 파펜의 계획에 따르면 슐라이허가 끼여들 틈이 없다는 것을 뻔히 알면서도 자기 의견을 말하며 두 번째 질문에 대해 긍정적으로 대답했다. 그리고 새로운 내각을 위한 협상에서는 그들이 진정으로 그러는 것인지 아직 분명히 알 수 없지만, 더 알게 되면 하머슈타인에게 알려주겠다고 했다.

1월 29일 저녁, 하머슈타인은 슐라이허의 집에 가 히틀러와 만나서 한 이야기를 전하고 새로 진척된 사항에 대해 물었다. 그리고는 보수계의 마당발로 나치 지도부와도 잘 어울리는 베르너 폰 알펜스레벤이 오자, 그를 히틀러와 괴링이 저녁 식사를 하고 있는 괴벨스의 아파트로 보내 내각에 대한 협상이 어떻게 되고 있는지 물어보도록 했다. 그런데 알펜스레벤이 별다른 대답을 못 듣고 돌아오자, 하머슈타인이 히틀러에게 전화해 다음날 그들이 기정사실과 맞닥뜨릴지 모르겠다는 우려를 표명했다. 그가 말하는 기정 사실이란 히틀러가 배제된 파펜 내각을 뜻했다. 히틀러는 파펜에게 자기가 곧 총리로 임명될 것이라는 다짐을 받고서도 여전히 모른 체했다.

그런데 히틀러와 괴벨스, 괴링은 알펜스레벤이 괴벨스의 아파트에 찾아왔을 때 했던 말에 깜짝 놀랐다. 새 내각의 구성이 그들의 바람과 일치하지 않으면 군사령부가 그것을 힘으로 저지할 준비가 되어 있다고 알펜스레벤이 떠벌렸던 것이다. 그 말에 나치 지도자들은 히틀러가 총리에 임명되는 것을 막으려고 군에서 반란을 일으키지 않을까 두려워하지 않을 수 없었다. 누구보다도 놀란 히틀러는 베를린 돌격대에 비상 경계령을 내리고 나치를 지지하는 수도의 경찰 간부에게도 그런 사태에 대비하라는 말을 전했다. 한편 괴링은 이 새로운 사실을 파펜과 마이스너에게 알렸다.

이 허무맹랑한 반란 이야기는 걷잡을 수 없이 빠르게 확산되면서 증폭되었다. 덕분에 파펜은 자기 계획을 실행에 옮기려던 노력을 가속시킬 수 있었지만, 이 소문이 마이스너와 파펜을 거쳐 대통령의 거처에 다다랐을 때는 슐라이허가 힌덴부르크를 몰아내고 자신이 대통령 자리를 차지하기 위해 군을 동원하고 있는 것으로 알려졌다. 이에 분노한 오스카르 폰 힌덴부르크는 슐라이허를 반역자라고 비난했다. 설상가상으로 그의 아내는 슐라이허가 대통령을 체포해 완전히 밀폐된 기차에 태워 그의 시골 영지로 보내 억류할 계획이라고 믿었다고 한다. 이렇듯 슐라이허에 대한 대통령의 가족과 측근의 의심이 최악으로 치닫자, 군이 반란을 일으킬 것이라는 소문이 얼마나 사실인지 아무도 조사하려 들지 않았다.

파펜은 이런 위기 상황을 이용해 29일 저녁, 다음날 아침 히틀러가 이끄는 새 내각을 취임시키겠다는 대통령의 동의를 얻어냈다. 그는 각료진에 대해서도 대통령의 승인을 받았다. 거기서 슐라이허 내각에서 특정 당에 소속되어 있지 않았던 외무장관, 재무장관, 우정장관, 교통장관 및 일자리 창출을 위해 특별히 임명한 장관인 게레케는 유임되는 것으로 되어 있었다. 후겐베르크는 중앙 정부와 프로이센 주 정부의 농업과 경제를 돌볼 장관에 지명되었고, 블롬베르크 장군은 슐라이허 대신 국방장관에, 철모단의 젤테는 노동장관에 지명되었다. 총리 히틀러와 내무장관 프리크에 이어 내각에 들어간 세 번째 나치는 괴링이었다. 그는 무임소 장관과 항공 교통을 돌보는 장관이 될 참이었다. 괴링은 또 프로이센 주 내무장관에도 임명되어, 프로이센의 막강한 경찰력을 휘두를 수 있게 되었다. 파펜 자신은 프로이센의 경찰청장과 총리 대리—단순한 부총리가 아니라—에 임명되었다. 물론 이렇게 명칭을 바꾼다고 해서 총리 대리나 부총리라는 직위에 있는 사람에게 헌법상 아무 권한도 부여하지 않았다는 사실이 달라지지는 않았다. 그러나 파펜은 중요한 일에는 늘 자기 목소리를 낼 수 있게 대통령과 히틀러가 회의를 할 때는 늘 자기도 참석할 수 있게 해주겠다는 약속을 힌덴부르크에게 받아냈다.

힌덴부르크가 29일 저녁에 승인하고 다음날 취임시킨 각료 명단을 보면 알 수 있듯이, 파펜은 자신의 계략에 따라 힌덴부르크에게 히틀러가 이끌 내각의 성격을 속였다. 파펜은 힌덴부르크가 히틀러를 대통령 내각의 총리에는 임명하지 않겠다고 몇 번이나 말했기에 그 동안 자신이 그 점에서 히틀러에게 굴복한 것을 말하지 않았다. 그런데 군이 반란을 일으킬지도 모른다는 소문이 돌면서 한바탕 소용돌이가 일자, 이를 계기로 대통령이 히틀러를 대통령 총리에 임명하는 것을 망설일지도 모를 가능성에 쐐기를 박기로 했다.

다음날 아침에 서둘러 새 내각을 임명하게 되어 있었기 때문에, 파펜은 이제 연립 내각을 구성하기 위해 협상할 시간이 없다는 것을 깨달았다. 그래서 전날 바이에른국민당에서 보낸 밀사 프리츠 셰퍼와 대화할 때부터 가지고 있던 가톨릭 카드를 꺼냈다. 새 내각을 구성할 각료 명단에서 법무장관 자리를 비워놓아, 마지막 협상을 위해 그 자리는 가톨릭을 위해 남겨놓은 것처럼 한 것이다. 의회에서 나치당과 독일국민당 표에다 가톨릭당의 표까지 더하면 과반수를 훌쩍 넘어, 히틀러 내각을 대통령 내각이 아니라 의회 내각으로 만들 수 있었기 때문이다.

물론 이것은 힌덴부르크가 그렇게 믿도록 의도한 것일 뿐이었다. 실제로는 파펜이나 히틀러는 물론 후겐베르크도 가톨릭당과 연립 내각을 구성하거나 의회에서 그들의 지지에 기대어 새 내각을 만들 의도가 전혀 없었다. 그런데도 파펜은 1월 29일 저녁 대통령에게 히틀러가 이끄는 의회 내각을 구성하기 위해 가톨릭당과 협상을 하고 있다고 거짓말을 했다. 다음날 아침 새 내각이 임명되면 바로 가톨릭당과의 협상이 깨졌다고 말하면 그만이었기 때문이다. 그때는 이미 히틀러 내각이 화려하게 팡파르를 울리며 등장한 뒤이기 때문에, 힌덴부르크도 자신이 그의 세 전임자—브뤼닝, 파펜, 슐라이허—에게 주었던 비상 대권을 새 총리에게는 주지 못하겠다고 하기가 거의 불가능하다는 것을 발견하게 될 터였다. 파펜이 어느 시점에서 이런 계략을 히틀러와 젊은 힌덴부르크에게 밝혔는지는 확실하지 않다. 그러나 다음날 그들이 법무장관이 명단에 없는 것이나 가톨릭당과 제휴 협상을 벌이고 있는 척한 것을 받아들인 사실을 보면 공모했음이 틀림없다. 그런 계략이 성공하려면 반드시 협조를 얻어야 했을 힌덴부르크의 비서 실장 마이스너 역시 마찬가지였을 것이다.

1월 29일 일요일 저녁, 베를린 정가는 서로 엇갈리는 소문으로 온통 시끌

벅적했다. 프랑수아-퐁세 대사는 파펜이 새 내각을 구성하려는 노력을 포기했다는 말을 들었다. 비슷한 소문은 파펜 내각에 이어 슐라이허 내각에서도 재무장관을 지낸 무당파 장관 슈베린 폰 크로직 백작의 귀에도 들어갔다. 백작은 그날 일찍 파펜에게 그를 포함해 히틀러 내각을 구성하기 위한 조치가 진행되고 있다는 말을 들었다. 그런데 백작의 정보원 가운데 하나는 후겐베르크가 또다시 파펜이 총리가 되어야 한다고 우기고 있다는 소식을 전했다. 또 한 정보원은 대통령이 이제는 소임을 다할 수 없을 정도로 정신에 문제가 생겼다며 슐라이허가 군을 이용해 힌덴부르크를 끌어내리려 한다는 말을 전했다. 이런 소문은 오토 마이스너에게도 들렸다. 그는 새벽 2시에 울리는 전화벨 소리에 일어나, 슐라이허가 그와 함께 대통령과 오스카르 폰 힌덴부르크를 체포하려 한다는 경고를 들었다.

 1월 30일 월요일 아침에도 정치 상황은 여전히 갈피를 잡을 수 없었다. 영국 대사 호러스 럼볼드 경은 영국 정부에 프란츠 폰 파펜이 새 총리가 될 것 같다고 전했다. 그날 아침 슐라이허의 총리 비서 실장 에어빈 플랑크도 슈베린 폰 프로직 백작에게 전화해 히틀러가 협상을 깨고 이미 베를린을 떠난 것 같다고 말했다. 그러면서 파펜이 그날 아침 11시에 대통령에게 오라는 부름을 받았으니 그 시간에 그가 총리에 임명될 것이라고 했다.

 그런데 플랑크와 통화한 뒤 얼마 안 되어 슈베린 폰 크로직 백작은 대통령 집무실에서 걸려온 전화를 받았다. 전화 내용은 다시 재무장관에 취임할 수 있도록 11시에 총리 관저로 나오라는 것이었다. 누가 새 내각을 이끌 것인지에 대해서는 아무 말이 없었다. 백작은 또다시 지지 기반이 없는 파펜 내각에 불려가는 것이 아닌가 걱정되어 외무장관 노이라트에게 전화했다. 그랬더니 그런 내각에는 반대하는 노이라트도 자세한 이야기 없이 그냥 11시에 총리 관저로 나오라는 연락을 받았다고 했다. 슈베린 폰 크로직 백작이 다시 파펜에게 전화하니, 파펜은 짧게 그런 소문은 무시하라며 히틀러 내각이 맞다고 했다. 그러나 이는 그를 더욱 오리무중에 빠뜨릴 뿐이었고, 그는 누가 총리로 취임 선서를 하게 될지도 모른 채 그 시간에 총리 관저로 갔다.

1월 30일 이른 아침, 전날 힌덴부르크의 부름을 받은 블롬베르크 장군은 스위스에서 서둘러 밤차를 타고 베를린에 도착했다. 기차에서 내리자 승강장에서 두 장교가 기다리고 있었다. 하나는 우연히 블롬베르크가 베를린으로 돌아온다는 것을 알고 군사령관 하머슈타인 장군이 보낸 소령이었다. 소령이 받은 명령은 블롬베르크를 국방부로 호위해 오라는 것이었다. 그곳에서 슐라이허와 하머슈타인이 그를 만나 파펜 내각의 국방장관 자리를 받아들이지 못하게 막을 참이었다. 블롬베르크를 기다리고 있던 다른 장교는 장군을 총리 관저로 데려가려고 온 오스카르 폰 힌덴부르크 대령이었다. 그곳에서는 대통령이 그를 히틀러가 이끄는 내각의 내무장관으로 임명할 참이었다. 자신을 기다리는 두 장교 가운데 하나를 선택할 수밖에 없었던 블롬베르크는 소령보다 계급도 높을 뿐 아니라 군 최고 통수권자의 명령을 받은 젊은 힌덴부르크를 따라갔다.

블롬베르크와 오스카르 폰 힌덴부르크가 총리 관저에 있는 대통령 집무실에 도착했을 때는 이미 국방부에서 보낸 장교가 장군의 기차를 기다리고 있다가 그를 슐라이허에게 데려가려 했다는 소식으로, 군이 반란을 일으키려 한다는 소문이 신뢰를 얻었다. 그래서 위험하니 서둘러 정치 상황을 매듭지을 필요가 있다는 생각이 팽배했다. 따라서 군보다 먼저 선수를 치기 위해 9시가 조금 지나자마자 대통령은 블롬베르크를 국방장관에 임명해 슐라이허가 가지고 있던 군에 대한 권한을 모두 박탈했다.

한편 슐라이허는 블롬베르크가 대통령에게 간 사실을 알고 바로 마이스너에게 전화해 자신에게서 국방장관의 권한을 박탈한 것은 불법이라고 항의했다. 그러나 그보다 더 명백한 불법은 힌덴부르크가 그 자리를 블롬베르크에게 준 것이었다. 헌법에는 총리의 추천이 있어야만 대통령이 내각의 장관을 임명할 수 있다고 명시되어 있었고, 블롬베르크가 1월 30일 아침에 취임했을 때는 슐라이허가 아직 임시 내각의 총리 자리에 있었기 때문이다. 하지만 슐라이허가 블롬베르크의 임명에 대해 우려했던 것이 모두 들어맞지는 않았다. 그는 블롬베르크가 파펜 내각의 국방장관에 임명될까 우려했으나, 장군의 임명은 슐라이허가 찬성하게 된 히틀러 내각의 구성을 예고하는 것이었기 때문이다. 따라서 슐라이허는 자신의 주적인 파펜이 히틀러 내각에서 두드러진 역할을 할 가능성이나 자신이 국방장관의 자리에서 쫓겨날 가능성은 고려하지 않은 것이 틀림없다.

30일 아침 9시에서 10시 사이에 후겐베르크는 내무부에 있는 파펜의 아파트에 도착했다. 독일국민당의 거물급 의원 오토 슈미트-하노버와 철모단의 공동 지도자 젤테와 뒤스터베르크도 마찬가지였다. 그들은 거기서 잔뜩 흥분해서 어쩔 줄 모르는 파펜을 발견했다. 그는 거기 모인 사람들에게 새 내각이 빨리 취임하지 않으면 군에서 반란이 일어나 슐라이허가 군사 독재를 할지도 모른다며 이러쿵저러쿵할 시간이 없다고 경고했다. 뒤스터베르크는 훗날 파펜이 "새 내각이 11시까지 들어서지 않으면 군이 진격해 들어올 것이다. 슐라이허와 하머슈타인이 군사 독재를 할지도 모른다."고 경고했다고 했다.

후겐베르크의 동료인 슈미트-하노버와 철모단의 뒤스터베르크는 아직도 히틀러가 총리로 되는 것이 몹시 걱정스러웠다. 그래서 최소한 그렇게 서둘러 새 내각이 들어서는 것을 막고 나치가 독일 경찰의 5분의 3을 장악하게 될 프로이센 주 내무장관 자리를 차지하지 못하게 막음으로써 히틀러의 권한에 제한을 두고 싶었다. 그런데 후겐베르크와 젤테가 그들의 의견을 지지하지 않자, 뒤스터베르크와 슈미트-하노버는 그들의 우려를 힌덴부르크에게 전하고 싶은 마음에 총리 관저로 갔다. 그러나 대통령에게 접근하지 못하고 그들은 대신 오스카르 폰 힌덴부르크를 만났다. 젊은 힌덴부르크는 슐라이허가 반란을 일으키다니 괘씸하기 짝이 없다고 펄쩍펄쩍 뛰며, 제발 히틀러를 경계하라는 그들의 말에는 귀를 기울이지 않았다.

뒤스터베르크가 파펜의 아파트로 돌아오니 히틀러와 괴링이 와 있었다. 젤테가 철모단 대표로 내각에 들어가려면 반드시 동의를 구해야 할 뒤스터베르크는 나치에 대해 개인적인 불만이 있었다. 몇 달 전에 그는 뒤늦게 그의 할아버지 가운데 하나가 나중에 기독교 세례를 받기는 했어도 유대인으로 태어났다는 사실을 알았다. 그런데 그 정보가 곧바로 나치 언론에 들어가, 철모단에 있는 사람들을 자기들 쪽으로 끌어들이려는 히틀러 당의 노력에 따라 그들이 뒤스터베르크는 유대인의 자손이며 철모단은 유대인의 이익을 대변하는 도구라고 비난했다. 철모단에서도 오히려 반유대주의적인 쪽에 있었던 뒤스터베르크는 그런 공격을 받고 깜짝 놀라지 않았을 수 없었고, 따라서 이러한 분노도 히틀러가 총리가 되는 것을 반대하는 이유 가운데 하나가 되었다.

30일 아침 히틀러와 괴링이 파펜의 아파트에 도착했을 때 뒤스터베르크가 그들을 보고도 못 본 척하며 인사도 하지 않아, 아무래도 젤테가 히틀러 내각에 참여하는 것을 승인하지 않을 것 같았다. 히틀러가 그것을 눈치재고 철모단 지도자의 분노를 거두기 위해 나섰다. 그는 괴링과 급히 상의하더니 앉아 있던 의자에서 일어나 친근하게 뒤스터베르크에게 다가갔다. 그리고는 이렇게 중대한 순간에 쓰는 나직한 목소리로 뒤스터베르크에게 자기는 나치 언론에 그를 공격하라고 명령하지도 않았고 그것을 승인하지도 않았다고 말했다. 그는 짐짓 눈물까지 글썽이는 것이었다. 결국 이런 히틀러의 연극에

1933년 1월 30일 총리관저에서 의논을 하고 있는 히틀러와 파펜, 후겐베르크. 왼쪽에 프리크(카메라를 등지고 있는 사람)와 오토 바게너가 있다.

무장이 해제된 뒤스터베르크는 자신의 반대 의사를 거두었고, 이로써 철모단의 지지를 가로막았던 마지막 걸림돌이 제거되었다.

그러자 파펜이 히틀러와 후겐베르크, 뒤스터베르크, 젤테를 데리고 그가 지난 몇 달 동안 뻔질나게 오갔던 길을 따라 총리 관저로 갔다. 그들은 먼저 내무부 뒷문으로 나와 내무부 정원을 가로질러 담장에 난 문을 통해 외무부 정원으로 들어갔다. 다시 문 하나를 통과해 총리 관저 정원으로 들어갔고, 거기서 뒷문을 통해 11시 조금 안 되어 총리 관저 1층에 있는 마이스너의 집무실에 다다랐다. 다른 장관 지명자들은 따로따로 왔다. 재무장관에 내정된 슈베린 폰 크로직 백작은 그곳에 도착해서야 비로소 파펜이 아니라 히틀러가 새 총리가 된다는 사실을 알았다. 그런데 예정된 내각 취임식을 몇 분 앞두고 파펜이 해결하지 않고 남겨놓은 마지막 부분 때문에 하마터면 그의 계획이 수포로 돌아가 히틀러가 임명되지 못할 뻔했다. 히틀러가 총리가 된 뒤

선거를 할 계획이라고 하면 후겐베르크가 자기 당이 손해를 볼까봐 펄쩍 뛸 것을 알았기에, 파펜은 도저히 독일국민당 당수에게 히틀러가 의회 해산을 요구한다는 말을 할 수 없었다. 그런데 취임식을 하기로 정한 시간을 몇 분 앞두고 히틀러가 그것에 대해 확실한 언질이 있어야 새 내각을 이끄는 데 동의하겠다고 선언한 것이다. 후겐베르크는 당연히 히틀러의 요구를 받아들일 수 없다고 했다.

계획된 내각에 들어갈 핵심 인물 두 사람의 의견이 이렇게 충돌하면서 파펜의 계획은 무산될 위기에 놓였다. 이 문제가 해결되지 않고서는 새 내각이 들어설 수 없었기에 열띤 논쟁이 계속되어 그만 약속한 11시가 넘어가고 말았다. 히틀러는 후겐베르크를 달래려고 명예를 걸고 선거 결과에 관계없이 내각의 구성에는 변함이 없을 것이라고 맹세했다. 이렇게 말해도 후겐베르크가 물러서지 않자, 파펜은 애써 애국 세력을 결집해 연립 내각을 구성했는데 결정적인 순간에 독일국민당 당수인 후겐베르크가 그것을 무너뜨리려 한다고 비난했다. 선거가 내각의 구성에 절대 영향을 미치지 않을 것이라는 히틀러의 약속을 일깨우며, 독일 남자가 명예를 걸고 엄숙히 선언한 것을 의심하다니, 자기는 그런 것은 생각조차 할 수 없다고 말했다. 그래도 후겐베르크는 반대 의사를 꺾지 않았다.

모든 계획이 막 무산되려는 순간, 히틀러에게 유리하게도 오토 마이스너가 그런 교착 상태를 깼다. 그가 시계를 손에 들고 방으로 들어오더니 지금 시간이 11시 15분이라며 대통령이 11시부터 그들을 기다리고 있다고 말했다. 더 이상 그를 기다리게 할 수 없다는 것이었다. 결국 자신이 힌덴부르크의 기대를 가로막는 유일한 걸림돌이라는 것을 깨닫고 후겐베르크가 새 선거를 해야 한다는 히틀러의 요구에 따르기로 했다. 그래서 거기 모인 사람들이 모두 계단을 올라 2층에 있는 대통령 집무실로 갔다. 힌덴부르크가 그들을 맞이했고, 파펜은 여전히 법무장관이 빠져 있는 내각의 명단을 읽었다. 마지막 순간에 또다시 암초 하나가 서둘러 새 내각을 출범시키려는 노력에 제동을 걸었다. 재무장관 슈베린 폰 크로직 백작이 파펜에게 다가가 올바른 재정과 금융 정책을 펼칠 수 있어야만 재임명을 받아들이겠다고 한 말을 일깨워주었던 것이었다. 그러자 바로 파펜이 그를 히틀러에게 소개했다. 그들은 그때까지 한번도 서로 본 적이 없었다. 히틀러는 서둘러 장관의 질문에 애매하지만 확실한 대답을 줘 그를 안심시켰다. 이리하여 마침내 독일의 새 정부를 구성하기 위한 협상은 대충 마무리되었다.

    1월 30일 월요일 11시 반쯤 힌덴부르크 대통령은 아돌프 히틀러에게 선서를 하게 해 그를 독일 총리로 임명했다. 어떤 객관적인 기준으로 보아도 새빨간 거짓말임에 틀림없는 말로 히틀러는 자신이 그토록 오랫동안 없애버리겠다고 맹세한 공화국의 헌법과 법률을 지키고 수호하겠다고 맹세했다. 그리고 히틀러를 대통령 내각의 총리로 받아들이려 하지 않는 힌덴부르크 대통령을 속이기 위한 파펜의 계략에 따라, 공식 선언문에서는 법무장관이 아직 임명되지 않은 것과 히틀러 총리가 가톨릭당들과 곧바로 협상에 들어갈 것임을 강조해 새 내각이 마치 의회 내각이 되려 하는 것처럼 보였다.

    민주주의의 주적이 정부의 수반이 되었는데도 공화국의 옹호자들은 히틀러의 총리 취임에 대해 저항하려 하지도 않았고 그것에 반대하는 시위조차도 하지 않았다. 오랫동안 나치가 힘에 호소할 것만 예상했기에, 그날도 늘 일어나는 정도의 정치 폭력밖에 일어나지 않자 방심했던 것이다. 가톨릭중앙당 지도자들은 새 내각이 구성되었다는 공식 발표에 방어적으로만 대응하며, 그 내각에 절대 협력하지 않을 것이며 헌법을 가지고 실험하는 일은 절대 용납하지 않겠다고 했다. 사회민주당도 히틀러가 합법적으로 집권할 가능성

1930년 1월 30일 오후에 그의 내각의 첫 회의에 참석하기 위해 카이저호프 호텔을 나서는 히틀러.

은 없다고 보았다가 막상 그런 일이 터지자 마땅한 대응책이 없었다. 뒤통수를 맞은 사회민주당 지도자들은 백만 당원과 '제국의 기수단'에 속한 수십만 단원들, 그리고 당과 연관된 준 군사 조직에 어떤 행동도 삼가라는 지시를 내렸다. 그리고 새 내각이 헌법을 파괴하려고 했다가는 노동 계급이 보여줄

1933년 1월 30일의 히틀러 내각. 앉아 있는 사람은 왼쪽부터 괴링, 히틀러, 파펜. 서 있는 사람은 콘스탄틴 폰 노이라트(외무장관), 귄터 게레케(일자리 창출을 위한 특별 장관), 루츠 슈베린 폰 크로직 백작(재무장관), 빌헬름 프리크(내무장관), 베르너 폰 블롬베르크 장군(국방장관), 알프레트 후겐베르크(농무장관 겸 경제장관). 파울 폰 엘츠-귀베나흐(우정/교통장관)는 출석하지 않았다.

수 있는 가장 단호한 저항에 부딪힐 것이라고 경고했다. 그들은 마지막 결전에 대비해 힘을 비축해놓아야 했고, 함부로 행동했다간 해만 될 뿐이라고 생각했다. 그러나 금방 드러났듯이 결전은 이미 일어났고, 그들은 패했다.

일부 공화파는 무서운 일이 일어났다는 것을 알았으나 어쩌면 아직도 힌덴부르크가 자기들을 구해줄지도 모른다는 헛된 망상에 매달렸다. 베를린의 〈포시셰 차이퉁〉은 30일 석간에 대통령이 1932년 8월과 11월에 절대 정부를 히틀러에게 넘기지 않겠다고 말한 것을 인용하며, 힌덴부르크가 그때 나치에게 말한 내용이 여전히 유효한 것처럼 말했다. 사회민주당 기관지 〈전진〉도 석간에 힌덴부르크에게 이렇게 호소했다. "이 내각을 임명함으로써 대통령은 정치가로서 가장 무거운 책임을 지게 되었다. 이 내각이 헌법을 지킬

1933년 1월 30일, 총리관저를 나서는 히틀러 총리와 프리크 내무장관.

것인가, 의회에서 과반수를 얻지 못하면 즉각 사임할 것인가는 전적으로 그에게 달렸다."

많은 정치 평론가들도 내각에 보수적인 장관의 수가 나치 장관 세 명보다 많은 것에 안도했다. 어떤 이들은 사실상 권력은 히틀러가 아니라 파펜이나 힌덴부르크가 쥐고 있을 것이라고 생각했다. 또 일부러 법무장관 자리를 비워놓은 것이나 가톨릭당의 참여를 위해 그들과 협상할 것이라는 공식적인 다짐을 보고 새 내각의 성격에 속은 사람들도 있었다. 이렇듯 헷갈리는 요소들 때문에 처음에는 적지 않은 노련한 정치 분석가들도 히틀러가 대통령 내각이 아니라 의회 내각의 총리에 임명되었을 것이라고 추정했다. 그래서 그의 내각이 대통령의 비상 대권을 쓸 수 없을 것이고, 가톨릭당의 참여나 묵인이 일어나 의회 내 과반수 세력에 기대어 살아남을 수 있으리라고 내다봤다. 늘 통찰력을 잃지 않았던, 공화파 신문 〈베를린 일보〉의 편집인 테오도어 볼

1933년 1월 30일에 빌헬름 가에서 횃불을 들고 행진하는 나치 돌격대.

프도 새 내각이 과반수의 지지를 잃으면 다른 의회 내각처럼 당연히 사임하거나 새 선거를 치러야 할 것이라고 예측했다.

히틀러가 임명된 것에 대해 정가 밖에 있는 독일인이 처음 보인 반응은 방금 일어난 일의 중대함에 비춰보면 너무 하다 싶을 정도로 무관심 그 자체였다. 그때는 이미 총리가 바뀌는 것이 별다른 관심을 끌지 못하는 아주 흔한 일이 되었던 것이다. 전국 영화관에서 보여준 뉴스 영화에서도 새 내각의 임명은 거기서 다룬 여섯 가지 사건 가운데 맨 꼴찌에 나와, 스키 점프와 경마, 승마 경기 등이 보도된 뒤에야 나왔다. 베를린에서 발행된 타블로이드판 신문에서 원고 정리 편집자로 일했던 한 젊은 유대인은 나중에 그때 일을 떠올리며, 30일 저녁에 그날 일어난 일을 보도하는 기사를 교정하면서 "거의 아무런 느낌도 없었고, 그것이 내게 영향을 미칠지도 모른다는 걱정도 전혀 하지 않았다"고 말했다. 〈전진〉의 편집자 프리드리히 슈탐퍼도 "사람들은 대

나중에 나치 선전 영화를 위해 횃불 행진을 재연했다.

부분 자기에게 무슨 일이 일어났는지 몰랐다"고 회상했다.

외국인의 반응도 대체로 차분했다. 베를린 주재 체코 외교관은 새 내각의 임명에서 별다른 것을 보지 못했다. 그는 일기에 "히틀러의 이름을 달고 있지만 나치 정부도 아니고 혁명 정부도 아니다. 제3제국은커녕 2와 2분의 1제국도 안 된다"고 적었다. 영국 대사 호러스 럼볼드 경은 영국 정부에 히틀러 내각의 임명은 대통령 내각에 대한 실험이 끝났음을 뜻한다고 전했다. 그러나 히틀러와 후겐베르크가 의회 제도를 아주 싫어하는 것을 볼 때 "그들이 체제를 바꾼다면 … 비합법적인 수단이 아니고는 안 될 것이다"라고 했다. 영국의 한 독일 전문가는 런던의 〈선데이 타임즈〉에서 "힌덴부르크 대통령과 그의 '동지' 파펜 경이 히틀러의 목을 비틀려고 그를 새장에 가둔 것일까, 아니면 그들이 새장에 갇힌 것일까?" 하고 물었다.

30일 저녁, 파리로 보낸 보고서에서는 늘 자신 있는 프랑수아-퐁세 대사

1933년 1월 30일, 총리관저의 그의 책상 앞에서 아돌프 히틀러가 독일 총리가 된 뒤 처음 찍은 사진.

도 뜻밖의 사태에 당혹스러움을 드러냈다. 그는 가톨릭당이 아직 새 내각에 참여하지 않은 점을 지적하며 과연 히틀러가 의회 내 과반수에 의지해 나라를 다스리려고 할지 궁금해했다. 그리고 나치 지도자가 의회 내 과반수의 지지를 얻지 못하면 힌덴부르크가 그를 지지할지도 의문이었다. 요컨대 히틀러의 임명이 프랑수아-퐁세에게는 늑대를 가두겠다고 양 우리에 늑대를 받아들인 격이었다. 새로운 사태에 대해 처음부터 올바른 평가를 내린 몇 안 되는 외국인 가운데 하나였던 한 스위스 기자는 한마디로 "곰은 아무리 코를 꿰어 끌고 다녀도 곰이다"라고 말했다.

30일 저녁, 아돌프 히틀러는 새 집무실의 열린 창문 앞에 서서 수십만 돌격대가 그를 향해 기쁘게 경례하는 것을 받았다. 이제 철모단까지 합세한 그들은 횃불을 들고 민족주의 색채가 짙은 노래를 부르며 빌헬름 가를 행진하고 있었다. 한편 거기에서 몇 미터 떨어진 곳에서는 힌덴부르크 대통령이 총리 관저의 옛 공관에서 유리창을 통해 시위하는 군중들을 내려다보았다. 그것은 놀라운 정치적 회복을 만천하에 공포하는 것이었다. 바로 한 달 전만 해도 히틀러는 이제 끝난 것 같았다. 지난 총선에서 유권자 셋 가운데 둘이 그의 당을 거부하면서 그들은 맥없이 추락했고, 뒤이은 주 의회 선거와 지방 의회 선거에서도 그들은 큰 손실을 입었다. 그러자 실망한 추종자들 사이에서 불화와 반란이 잇따랐다. 회복되는 조짐을 보이는 경제도 히틀러가 공황이 시작될 때부터 잘 써먹었던 주제 가운데 하나를 빼앗아가려 했다. 그런데 그때부터 겨우 30일밖에 지나지 않은 지금, 계속 그를 거부하던 대통령이 그를 행정부의 수반에 올려놓았다. 들리는 말에 의하면, 자신의 목표가 달성되자 히틀러도 자신이 완전히 침몰할 것 같은 순간에 어떻게 구조되었는지 의아해했다고 한다.

전화위복과 같은 이런 놀라운 형세 변화는 독일의 새로운 통치자에게 오랫동안 깊은 영향을 미쳤다. 그는 이를 통해 자신은 운명을 지배하는 사람이라는 믿음이 사실임을 확인했고, 독일을 완전히 지배해 인종적으로 순수한 나라로 만들고 정복을 통해 국경을 넓혀 독일을 영원히 유럽을 지배하는 나라로 만들려는 계획이 분명히 성공할 것이라는 확신을 갖게 되었다. 그것은 또 그의 비타협적인 전략의 정당성을 증명해주는 것이기도 했다. 따라서 이른바 '정권 장악'으로 알려진 사건을 통해 히틀러는 자신이 천하무적이므로 위험을 무릅써도 된다는 생각을 더욱 키우게 되었고, 이는 불과 10년 만에 막을 내렸지만 히틀러가 놀라운 외교 정책을 펼치고 군사적인 승리를 거두는 데 강력한 동인이 되었다. 그러나 제3제국에 관한 많은 신화들처럼 그가 1933년 1월 30일에 권력을 장악했다는 믿음은 그럴 듯한 진실에 지나지 않았다. 사실은 히틀러가 권력을 장악한 것이 아니라 당시 독일의 운명을 쥐고 있었던 사람들이 그에게 권력을 건네주었기 때문이다.

7. 결정론과 우연, 그리고 책임

1933년 1월 30일, 히틀러는 총리에 임명되면서 많은 권력을 얻었지만, 아직도 그가 추구하는 절대 권력에는 훨씬 못 미쳤다. 그가 절대 권력을 얻게 된 과정은 그 자체로 또 하나의 이야기가 되겠지만, 여기서 그 가운데 몇 가지 중요한 계기가 된 사건들은 간략히 살펴볼 수 있을 것이다. 히틀러는 1월 31일에 가톨릭당과 제휴 협상을 벌였으나 그 협상을 궁지로 몰아넣고 책임을 상대방에게 떠넘김으로써, 이제는 더 이상 기존의 의회에서 과반수 지지를 받은 의회 내각의 총리가 되려는 척하지 않았다. 2월 1일 의회가 해산되고, 3월 초로 새 선거가 예정되었다. 비어 있던 법무장관 자리는 같은 날 파펜 내각과 슐라이허 내각에서 그 자리에 있던 장관을 임명해 채웠다. 2월 4일, 힌덴부르크 대통령은 새 총리가 대통령의 비상 대권을 이용해 언론과 집회의 자유를 제한하는 법령을 포고하도록 허락했다. 이렇게 해서 파펜이 힌덴부르크에게 내각의 성격을 속이기 위해 고안해낸 계략은 멋진 성공을 거두었다. 결국 히틀러는 힌덴부르크가 자기에게 주지 않겠다고 맹세한 것을 얻었다. 그는 이제 사실상 대통령 내각의 총리가 되었다.

그 뒤 몇 달 동안 히틀러는 자신의 권한을 빠르게 확대해나갔다. 먼저 2월 말에 의회 건물을 완전히 태운 수수께끼 같은 화재 사건이 일어나면서 그는 그 방향으로 성큼 발걸음을 내딛을 수 있었다. 그는 이 화재 사건이 공산당의 반란 조짐이라면서 대통령을 설득해 수많은 시민권을 제한하고 내각의 권한을 대폭 확대하는 포괄적인 비상 포고령을 얻어냈다. 의회 선거 운동이

히틀러 정권 전에 독일 의사당 건물이었던 라이히슈타크.

절정에 이르자, 그의 심복인 헤르만 괴링에 의해 수십만 나치 돌격대가 프로이센 예비 경찰로 둔갑해, 정적들을 위협하고 학대하고 체포했다. 나치는 표를 얻기 위해, 의회 방화 사건이 불러일으킨 적색 공포증과 힌덴부르크가 총리로 뽑은 인물이라는 히틀러의 새로운 명성을 이용했다. 하지만 그러고도 나치당은 3월에 실시된 별로 자유롭지 못했던 선거에서 43.9퍼센트를 득표해 과반수 의석을 차지하는 데 실패했다.

나치는 의회에서 공산당 의원들을 쫓아내고 공갈과 협박에 기대서야 겨우 재적 의원 3분의 2의 지지를 얻어, 표면적으로는 4년 동안 입법부의 입법권을 그의 내각에 양도하는 수권법을 통과시켰다. 그리고 숙청의 물결이 뒤따르면서 기관들이 잇따라 그들의 손아귀에 들어갔다. '임명에 의한 쿠데타' 라는 그럴 듯한 이름이 붙게 된 방식에 의해 제멋대로 권력을 휘두르는 전횡이 합법적으로 정부를 대체했다. 여름에는 나치당을 빼고는 모든 당이

제3제국이 몰락한 뒤의 라이히슈타크. 1933년 2월에 일어난 화재로 내부가 완전히 불탔던 이 건물은 제2차 세계대전 때 폭격과 포격을 받았다.

해체되었고, 후겐베르크는 내각에서 강제로 물러났으며, 히틀러는 대통령의 신임을 얻어 파펜을 한직으로 쫓아냈다. 파펜은 이미 그 전에 독일에서 가장 큰 주인 프로이센 주 정부에 대한 지배력을 괴링에게 빼앗겼다. 히틀러 또한 1934년에 힌덴부르크의 죽음으로 대통령의 권력까지 가로채기 훨씬 전에 이미 독일의 독재자가 되어 있었다.

이런 모든 사태나 이것이 가져온 무시무시한 결과들은 히틀러가 총리에 임명되지 않았다면 일어나지 않았을 것이다. 힌덴부르크가 대통령의 자리에 있는 동안에는 오직 총리 자리만이 히틀러에게 권력에 이르는 길을 제공했다. 그리고 히틀러도 알고 있었듯이, 그의 최종 목표인 독재 권력을 얻으려면, 총리가 되어서도 여러 당의 제휴에 바탕을 둔 의회 내 과반수 세력의 예측할 수 없는 행동에 기댈 필요가 없어야 했다. 히틀러는 고집스럽게 그런 조건을 내걸어 아주 불리한 상황에서도 승리를 거두었다. 그러나 총리 자리에 앉았어도 독일 국민 가운데 그를 지지한 사람은 소수였기에, 그가 취임했을 때 이미 진행되고 있던 경기 회복을 지휘하고 잇따라 평화적인 외교 정책을 성공시켜 큰 인기를 얻으려 했다.

1933년 1월 1일부터 30일까지 일어난 사건만으로는 히틀러가 왜 권력을 잡게 되었는지 충분히 설명할 수 없다. 그때 일어난 일을 완전히 이해하려면 독일의 과거에 대해 더욱 폭넓고 자세히 조사해야 할 것이다. 적어도 1848년에 민주주의 혁명을 시도했다 실패한 것과 프로이센의 지도 아래 나라가 통일되는 과정에서 우파가 민족주의 이념을 받아들인 것까지는 언급할 필요가 있을 것이다. 나아가 반봉건적인 지배층이 독일 제국을 지배한 것도 고려해야 할 것이다. 물론 전투적인 노동 계급의 정치 운동을 낳았으나 끝내는 그 운동을 서로 적대하는 분파로 갈라놓은 경제적인 조건과 사회적인 갈등도 고려해야 할 것이다. 독일의 자유주의 세력이 힘도 없는 데다 분열되어 있었던 것이나 독일의 강한 군사주의, 일부 국민이 사이비 과학인 인종 이론에 쉽게 물든 것도 그후 일어난 사건에 일정한 역할을 했다. 독일인들이 이기고 있다고 믿었던 전쟁에서 패한 충격, 가혹했던 베르사유 조약, 독일 화폐를 휴지 조각으로 만든 엄청난 인플레이션, 재앙과도 같았던 대공황의 영향도 마찬가지다.

그런데 역사에서 그렇게 앞서 일어난 사건에 초점을 맞춰 히틀러의 집권을 설명하는 것들은 안타깝게도 결정론에 빠지는 경향이 있다. 그런 것들은 이미 일어난 일은 인간의 힘으로는 어찌할 수 없는 어떤 강력한 힘이 낳은 결과라는 인상을, 그것은 일어나게 되어 있었다는 인상을, 다른 대안은 없었다는 인상을 준다. 그러나 많은 경우, 그런 요인들이 그런 결과를 낳는 데 반드시 필요했을지는 몰라도 그것만으로는 충분하지 않았다. 그런 것들은 제3제

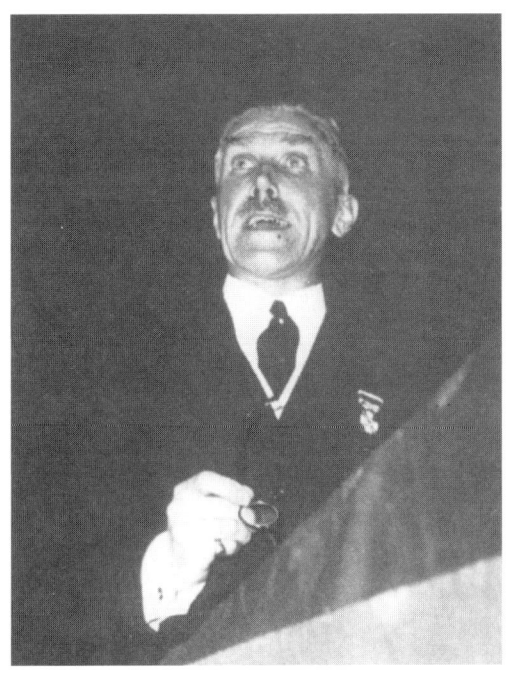
히틀러의 총리 대리로서 연설을 하는 프란츠 폰 파펜, 1934년.

국이 어떻게 하나의 가능성이 되었는가를 이해하는 데는 도움이 될지 몰라도, 그것이 어떻게 현실이 되었는지는 설명하지 못한다.

1933년 1월에 일어난 사건들을 조사해보면 히틀러를 권력의 자리에 올려놓은 일련의 사건에서 우연성이라는 강력한 요소가 발견되어 결정론에 큰 타격을 준다. 제3제국은 물론 말할 필요도 없이 독일 역사의 산물이었지만, 그것이 당시 그 나라에 열려 있던 유일한 가능성은 아니었다. 히틀러가 총리 자리를 건네받는 순간까지도 다른 정치적인 해결 방안들이 있었다. 나치 지도자의 성공은 어떻게든 권력을 잡으려는 노력이 성공해 얻은 결실이 아니라, 그의 운이 다한 듯 추락하고 있을 때 어찌해서 손에 떨어진 것이었다. 그가 총리에 취임하기 30일 전만 해도 경험 많고 박식한 정치 평론가들은 그의 정치적 사망 기사를 쓰느라 바빴다. 거의 이름도 없다 혜성처럼 나타난 그의 당은 추진력을 잃어 곧 해체될 것 같았다. 미래의 독재자는 그에게 성공을 안겨준 사건들을 계획하고 추진하기는커녕 자신의 의지와 상관없이 일어난 뜻밖의 사건들에 의해 추락하기 직전에 구출되었다.

갑자기 히틀러의 운명이 역전되어 그가 권력의 자리에 앉는 데 결정적인 역할을 한 것은 다른 사람들의 행동이었다. 왜냐하면 어떤 객관적인 힘들이 어떤 사건을 가능하게 할지는 몰라도 그런 사건이 일어나게 하는 것은 사람이기 때문이다. 이는 특히 한 나라의 운명이 한 줌밖에 안 되는 사람들 손에 달려 있었던 1933년 1월 독일에서 그랬다. 그것은 인간사에서 자주 일어나듯이 수많은 사람의 운명이 몇 사람의 손에 달려 있는 중대한 시점 가운데 하나였다. 이들 가운데 세 사람, 파울 폰 힌덴부르크 대통령과 쿠르트 폰 슐라이허 총리, 전 총리인 프란츠 폰 파펜은 독일의 미래를 손에 쥐고 있었다. 물론 다른 세 사람, 오스카르 폰 힌덴부르크와 오토 마이스너, 알프레트 후겐베르크도 당시 일어난 일에서 그에 버금가는 중요한 역할을 했다. 이 사람들의 역할에 비하면 히틀러의 역할은 본질적으로 그들의 행위에 반응하는 것이었다. 히틀러는 그들이 아주 잔꾀를 부리며 나누어준 패를 가지고 놀긴 했으나, 그 패는 그들의 패였지 히틀러의 패가 아니었다.

물론 힌덴부르크와 슐라이허, 파펜과 같은 사람들이 어떻게 그렇게 정치적으로 중요한 역할을 하게 되었는지 설명하려면 그 전에 독일이 걸어온 길을 이해해야 할 것이다. 독일이 통일되는 과정에서 귀족들이 두드러진 역할을 해 얻은 명성과 독일 제국에서 그들이 차지한 특권적인 지위가 없었다면, 영광스럽게도 이름에 '폰'(von)이 붙은 사람들이 혁명을 통해 공화국이 건설된 뒤에도 그렇게 높은 자리에 계속 올라갈 수 있는 사람들로 보이지 않았을 것이다. 정치적 능력이라곤 하나도 증명되지 않은 패전한 육군 원수가 일흔 일곱 살에 공화국의 대통령으로 선출되고 여든 네 살에 재선되는 일도 일어나기 힘들었을 것이다. 또한 공화주의자들이, 군으로 하여금 실제로 민간인의 통제를 받도록 하는 데 성공했다면 쿠르트 폰 슐라이허 같은 직업 군인이 독일 정치에서 중요한 요소가 되지도 않았을 것이다. 멀리는 독일의 역사에서 그 원인을 찾을 수 있는, 의회 민주주의의 좌절이 없었다면, 이 나라의 운명을 결정하는 수단이 그런 사람들 손에 집중되지도 않았을 것이다. 물론 이렇게 개인의 의지를 벗어난 이런저런 요인들은, 개인들이 사건의 전개 과정에 어떻게 그렇게 막강한 영향력을 행사하게 되었는지를 설명하는 데 도움이 된다. 그러나 그런 요인들은 그 개인들이 그런 영향력을 왜 그렇게 행사했는지는 설명해주지 않는다.

결국에는 히틀러에게 권력을 갖다주는 행동을 한 사람들도 배후에 있는 강력한 기득권 세력의 앞잡이였을 뿐이라는 주장도 있었지만, 반세기 동안 이루어진 연구 조사는 그런 주장을 뒷받침할 수 있을 만한 근거를 내놓지 못했다. 물론 그렇다고 해서 그 사람들이 어떤 영향도 받지 않았다는 말은 아니다. 힌덴부르크는 자기를 그 일원으로 반갑게 맞아들인 동프로이센의 융커 지주들이 경제적으로 심한 압박을 받는 것에 대해 드러내놓고 걱정했다. 따라서 융커 계급이 슐라이허에게 반대하거나 히틀러에게 동조한 것도 대통령의 판단에 중대한 영향을 미쳤을 것이다. 그러나 그것은 그런 만큼이나 힌덴부루크 자신의 생각과 느낌에 기반을 둔 것이기도 했다. 그저 이해 관계에 밀려 그럴 수밖에 없었던 문제가 아니다. 슐라이허는 다른 누구도 아닌 자신과 자신이 생각하는 군의 이익을 위해서만 행동했다. 물론 슐라이허가 독일을 재무장하려 했고 그래서 수십만이나 되는 나치 돌격대를 군으로 끌어들여 군을 키우고 싶어한 것도, 히틀러가 불러올 위험에 눈감게 한 요인이었다. 그러나 그것은 슐라이허가 판단을 잘못한 탓이지 그를 압박한 어떤 요인 탓이 아니었다. 파펜은 자본가들의 재정 지원과 정치적 지원을 얻으려 했고 그래서 그들의 경제적 이익을 감싸는 경향이 있었지만, 자신을 파멸시킨 정치적 행로는 거의 혼자서 계획했다. 고집 센 후겐베르크는 자신의 견해와 목적에 어긋나면 어떤 방향에서 오는 압력에도 저항한 것으로 유명하다. 또 오스카르 폰 힌덴부르크는 자기 아버지에게만 충성했고, 오토 마이스너는 자신에게만 충실했다. 요컨대, 이들은 모두 그들 하고 싶은 대로 자유롭게 정치적 결정을 내렸다.

관련된 핵심 인물들 사이의 관계 변화가 그 결과에 큰 영향을 미친 역사적 예는 많다. 그러나 1933년 1월에 일어난 일처럼 많은 우연이 인간 관계에 의해서 개입했는지를 뚜렷이 보여주는 예는 없을 것이다. 먼저 늙은 대통령이 갈수록 파펜에게 애착을 느끼면서 슐라이허에게서 멀어진 것도 그때 일어난 일에 큰 영향을 미쳤다. 파펜과 오스카르 폰 힌덴부르크가 슐라이허와 나눈 우정이 슐라이허에 대한 적대감으로 변한 것도 그랬다. 한 나라의 권력 배치가 이렇게 몇 안 되는 사람들 손에 달려 있었을 때, 인간의 감정 가운데 가장 기본적인 것 몇 가지가—개인적인 친근감과 혐오감, 상처받은 마음, 우정이 깨지면서 느끼는 실망감, 복수심—정치에 지대한 영향을 미쳤던 것이다.

우연한 것 가운데 가장 변덕스러운 운도 분명히 히틀러 편에 있었다. 그는 파펜과 슈뢰더가 우연히 신사 클럽에서 만나 쾰른 회동을 하게 되고 그것이 슐라이허에 대한 음모로 번지면서 정치적 고립에서 벗어났다. 리페 주 선거도 그에게 가장 이상적인 때와 장소에서 실시되어, 실망한 추종자들의 사기를 만회하기 위해 아주 작은 승리라도 절실히 필요했을 때, 그 목적에 거의 완벽하게 맞는 곳에서 실시되었다. 두 주 뒤에도 때마침 슐라이허가 쿠데타를 일으키려 한다는 헛소문이 돌아, 파펜이 아무래도 불안해 망설이던 힌덴부르크 대통령을 설득해 새 내각이 대통령 내각이 아니라 의회 내각이라고 잘못 알고서 서둘러 히틀러를 임명하게 할 수 있었다.

갈수록 사기가 떨어지는 당에 대한 지배력을 유지하기 위해 안간힘을 쓰고 있을 때, 히틀러가 비타협적인 전략을 고수하는 것에 대해 강하게 반발한 나치 지도자가 그레고르 슈트라서밖에 없었다는 것도 히틀러에게는 행운이었다. 이 배신자는 그의 동생인 오토 슈트라서와도 아주 다른 것으로 드러났다. 아주 전투적인 오토는 당 지도자가 많은 나치 당원들의 사회주의적 열망에 무관심하다고 보고 1930년에 나치당을 탈당했다. 그리고 그에 대항하는 검은 전선이라는 조직을 출범시켜, 히틀러를 운동의 이상을 배반한 반역자라고 맹렬히 공격하며 그의 추종자들을 설득해 끌어내리려고 했다. 그런데 그가 탈당하면서 놀랍게도 나치가 잇따라 선거에서 승리해 히틀러가 전국 정치에서 중요한 인물로 부각되는 바람에 오토의 노력은 물거품이 되고 말았다. 그레고르 슈트라서는 동생보다 훨씬 많은 추종자를 거느리고 있었고, 따라서 그가 이끈 분당 운동은 당의 운이 기울면서 갈수록 많은 나치당원들이 지도자의 판단에 의심을 하기 시작한 1932년 겨울 또는 1933년 1월에 대거 발생한 탈당 사태에 큰 영향을 미쳤을 것이다. 그러나 히틀러에게는 운 좋게도 그레고르 슈트라서는 동생과 달리 투사가 아닌 것으로 드러났다.

무엇보다도 히틀러에게 운이 좋았던 것은 1933년 1월이 시작되었을 때 그가 차지하려는 자리에 있었던 쿠르트 폰 슐라이허라는 사람이 유별난 성격과 한계를 지니고 있었다는 점이다. 슐라이허는 나치 지도자의 야망을 꺾을 수 있는 자리에 있으면서도 실패해 오히려 제3제국으로 가는 길을 닦았고, 자신의 실패와 패배 가운데 많은 것은 스스로 자초한 것이었다. 슐라이허는 나라를 통치하려면 반드시 대통령의 신뢰가 있어야 하는데도 무뚝뚝한 성격 탓에 힌덴부르크의 심기를 건드렸고, 날카로운 혀 탓에 아주 과민한 대통령의 아들이자 누구보다도 가까운 친구였던 젊은 힌덴부르크와 도저히 회복할 수 없을 정도로 사이가 멀어져 더욱 불리한 처지에 빠졌다. 그는 또 친구였던 천박하고 음흉한 프란츠 폰 파펜을 높은 자리에 올려놓았다 추락시켜 그가 적으로 돌아서게 했다. 음모의 대가라는 명성에 걸맞지 않게 역시 음모가인 파펜의 역량을 과소 평가해 그의 거짓말에 속아넘어갔다.

슐라이허는 총리로서는 한계에 도달해 결국 무능력을 드러냈다. 전에 막후에서 조종할 때는 정치 감각이 뛰어나다는 명성을 얻었던 그였다. 그런데 직접 책임을 맡자 지독한 판단력 부족과 어처구니없을 정도로 자기 기만에 빠지는 경향을 드러냈다. 정치적으로 머리가 빨리 돌아간다는 명성에 걸맞지 않게 그는 히틀러에게 엄포를 놓아 자기에게 협력하게 하겠다는 비현실적인 전략에 갇혀 있었다. 그런 전략이 효과가 없다는 것이 뻔히 드러난 뒤에도 오랫동안 거기에 매달려, 그는 후퇴할 길을 마련해놓지 못했다. 전술적인 후퇴를 통해 총리직에 더 머물 수 있었는데도 기회를 놓쳐, 기민하지 못하고 권력욕도 없다는 것을 드러냈다. 민간인을 믿지 못하고 모든 것을 비밀에 부치기 좋아해, 군에 있는 보좌관들을 제외하고는 누구에게도 비밀을 털어놓지 않았으며, 국사와 같은 대사에 관해서도 그들에게만 조언을 구했다. 결국 그는 갈수록 고립되면서 정치 현실과 멀어졌고, 짧은 임기 막바지에 싸움을 포기하고 후퇴해 국정에 큰 공백을 만들어 히틀러가 그 공백을 채우게 해놓고도, 군에 대한 지배력만은 자기가 계속 보유할 수 있겠거니 하는 헛된 꿈을 꾸었다.

만일 슐라이허가 정치적으로 좀더 노련하고 좀더 열심히 권력을 유지하려 했다면, 히틀러가 총리 자리에 앉을 가능성은 없었을 것이다. 그런데 히틀러가 권력을 잡는 길말고는 정부가 우파로부터 그런 대대적인 지지를 받을 길이 없었고, 또한 그것이 힌덴부르크 대통령이 받아들이려 한 유일한 방안이었기 때문에 히틀러의 정권 획득은 피할 수 없는 일이었다는 주장이 자주 제기되었다. 그리고 그런 대중적 지지가 없었다면 우파가 통치할 수 없을 것이라고 했다. 하지만 이런 견해는 군사 정권이라는 아주 현실적인 가능성을 도외시한 것이다. 히틀러는 군사 정권이 들어설 위험이 있다는 것을 알았고 그래서 그것을 두려워했다. 그는 다른 곳에서 일어나고 있는 일만 봐도 그것이 분명히 대안이 될 수 있다는 것을 알았다. 독일은 결코 민주주의가 확고히 자리잡지 못한 유일한 나라가 아니었다. 양차 대전 사이에 유럽의 여러 나라가 정부를 선출하는 제도를 실험했으나 실패했거나 실패하려 하고 있었다. 적지 않은 경우 그 결과 군사 정권이 들어서거나 준 군사 정권이 권력을 잡았다. 기록을 보면 알 수 있듯이, 민주주의가 무너졌을 때 파시스트 정권이 들어설 가능성보다 군사 정권이 들어설 가능성이 훨씬 높았다. 게다가 평화시에 파시스트 정권이 나온 경우는 두 경우, 이탈리아와 독일밖에 없었다.

만일 총리라는 현직에 있을 때 이 야심만만하고 유능한 장군인 슐라이허가 군사 통치로 가는 길을 추구했다면, 그것을 막을 만한 큰 장애물이 없었을 것이다. 공화국의 군대는 작았으나 장기간 복무하기 위해 자원 입대한 잘 훈련된 직업 군인으로 이루어져 있었다. 장교들 가운데 나치 동조자가 있었지만, 그들은 조직도 되어 있지 않았고 고위직에는 존경하는 힌덴부르크의 지지가 있는 한 명령 계통을 존중하는 사람들이 더 많았다. 슐라이허가 실시한 군 개선 노력으로 1933년 1월에는 파펜이 총리직을 그만두었을 때보다 국내 소요 사태에 대처할 준비도 더 잘 되어 있었다. 대대적인 반대에 나설 가능성이 있는 세력은 정치적으로 분열되어 있었다. 나치당과 공산당, 사회민주당이 타협의 여지 없이 서로 치열하게 싸우고 있었기 때문이다. 그리고 1933년 여름에는 경기가 좋아져 실업자 수가 크게 줄어들었고, 따라서 군사 정권이 그 공을 차지해 불경기가 시작된 이래 독일 정치를 혼란에 빠뜨린 불만들을 많이 누그러뜨릴 수 있었을 것이다.

1933년 초에는 헌법을 우회해 군사 정권을 수립하기 위해 대중적인 저항을 불러올 수 있는 노골적인 쿠데타도 일으킬 필요가 없었을 것이다. 지난 3년 동안 실시된 대통령의 비상 포고령에 의한 통치 방식은 점차 완전히 권위주의적인 정권으로 이행할 수 있는 완벽한 장치를 마련해주었다. 힌덴부르크 대통령은, 파펜이 총리였을 때도 두 번이나 헌법을 어기고 새 선거 일정을 잡지 않아도 된다고 했던 데서 알 수 있듯이, 원칙적으로는 법을 어기는 것에 대해 반대하지 않았다. 처음에는 물론 군사 정권이 힌덴부르크에게 경의를 표해야 했을 것이다. 그러나 늙은 대통령의 수명이 다한 것이 눈에 보였고, 1934년에는 그가 죽었으니, 그때는 총리직에 있던 슐라이허가 국정에 대해 전권을 행사할 수 있는 길이 열렸을 것이다. 물론 군의 지지를 바탕으로 통치하는 비합법적인 정부가 바람직하지는 않지만, 그래도 제3제국에 비하면 그런 보수적인 정권이 훨씬 나은 악이다. 군사 통치가 히틀러의 권력 장악을 피할 수 있는 유일한 대안이었을 때, 정부의 수반이었던 슐라이허가 무능력한 데다 기회를 잡을 의지가 없었다는 것은 독일의 불행이었다.

만일 1933년 초에 경제 조건이 나아지면서 그 물결을 타고 군사 정권이 나타났다면, 그것이 히틀러에게는 어떤 영향을 미쳤을까? 분명히 어느 모로 보나 그렇지 않아도 위기에 빠져 있던 그의 운동이 더욱 추락했을 것이다. 리페 선거에서 승리를 거두고 그레고르 슈트라서를 추방했는데도 1월 내내 좌절하고 실망한 나치들 사이에서는 불온한 기운이 감돌았다. 그가 총리에 임명되기 바로 이틀 전에도 나치가 우세한 프랑켄 지역 당의 우두머리는 당내 불만 세력의 '보이지 않는 전선'에 대해 공개적인 경고를 했다. 만일 군사 정권의 수립으로 히틀러가 정권을 잡을 가망이 없어졌다면, 그의 운동은 빠르게 추락해 불황 이전처럼 비주류의 분파로 전락했을 것이다. 그리고 바로 얼마 전까지만 해도 권력이 손에 잡힐 듯했기에, 그는 결코 체념하지 않고 그보다 중요하지 않은 역할을 하거나 민간인 신분으로 사는 것에 만족하지 않았을 것이다. 자주 그러겠다고 위협했듯이, 그리고 그의 정복 정책이 완전히 실패로 끝났을 때 실제로 그랬듯이, 아마 실패에 자살로 대응했을 것이다. 1933년 1월의 사태가 다른 방향으로 발전했다면, 아돌프 히틀러는 20세기 역사에서 시대를 뒤흔든 거물 가운데 하나로 부각되지 않고 기껏해야 잠깐 언급하고 지나가는 인물밖에 안 되었을 것이다.

만일 바이마르 공화국의 뒤를 이어 제3제국이 아니라 군사 정권이 들어섰다면 얼마나 큰 차이가 있었을까? 이에 대해서는 조금만 생각해봐도 분명히 대답할 수 있다. 그야말로 큰 차이가 있었을 것이다. 군사 정권은 독일과 유럽의 다른 많은 지역에 히틀러의 제3제국처럼 그렇게 깊고 광범위한 상처를 주지 않았을 것이다. 군사 정권은 근본적으로는 보수적이었겠지만, 나치처럼 광적일 정도로 극단적이지는 않았을 것이다. 그것은 권위주의적이었겠지만 전체주의적이지는 않았을 것이며, 민족주의적이지만 인종주의적이지 않았을 것이고, 혐오스러웠겠지만 그렇게 흉포하지는 않았을 것이다. 그것도 어쩌면 공개적인 의사 표현을 체제 전복 행위로 여겨 억압했겠지만, 독일인들에게 정부가 지시하는 이데올로기에 따르고 긍정하도록 하지는 않았을 것이다. 또 정치적인 권리와 시민권을 일시 정지시키거나 제한했겠지만, 깡그리 무시하지는 않았을 것이다. 감옥을 정적들로 가득 채웠겠지만, 곳곳에 집단 수용소를 지어 사람들을 가득 채우고 그곳에서 사디스트들이 일하게 하지는 않았을 것이다. 또 반유대주의를 국가 정책으로 만들지도 않았을 것이고, 체계적인 집단 학살 계획을 세우지도 않았을 것이다. 국민 주권을 경험한 나라에서 일어난 군사 정권이 모두 그렇듯 합법성을 주장하기는 어려웠 겠지만, 그것을 지배했던 인물보다 오래 살아남을 가능성은 거의 없었을 것이다. 그리고 조만간 장군들 사이에 싸움이 일어나, 독일의 공화주의자들이 다시 국가에 대한 권리를 주장했을 것이다.

독일의 군사 정권은 인류에게 홀로코스트라는 부끄러운 일을 하지 않아도 되게 했을 것이고, 나아가 제2차 세계대전의 대량 학살과 파괴도 피했을 것이다. 그런 대참사는 많은 부분 히틀러의 끝없는 야망과 인종 차별적인 사회 다원주의에 대한 병적인 집착 탓이었다. 강력한 국가의 독재자로서 그는 놀랍게도 그의 의지를 거의 유럽에 강요할 수 있었다. 그러나 결국은 소련 땅에 독일의 미래 세대가 살 땅, 레벤스라움(생활 공간)을 얻겠다는 그의 최대 목표를 추구하면서 무리수를 두고 말았다. 히틀러는 또 제2차 세계대전 때 아시아 전쟁 지역을 움직이는 역할도 했다. 일본의 군사 정권은 그가 권력을 잡기 전에 이미 중국에 대한 침략 전쟁을 개시했다. 그러나 도쿄의 장군들은 히틀러가 네덜란드와 프랑스를 무찌르고 영국을 크게 약화시키고 소련이 그의 침략을 막기 위해 군을 유럽에 집중 배치할 때까지는 감히 유럽의 식민 대국을 공격하려고 하지 않았다. 일본의 군국주의자들은 그때서야 비로소 대담해져 미국을 포함한 서구 열강을 공격하기 시작했다. 진정한 의미의 첫 번째 세계대전, 역사상 가장 파괴적인 전쟁은 거의 아돌프 히틀러의 작품이었다.

물론 독일에 군사 정권이 들어섰어도 십중팔구 전쟁은 일어났을 것이다. 지도적인 위치에 있는 장군들은 히틀러와 마찬가지로 어떻게든 재무장을 하려 했고, 따라서 어떻게든 빨리 그럴 기회를 잡으려 했을 것이다. 그러나 그들이 목표로 한 영토는 히틀러에 비해 그다지 넓지 않았을 것이다. 공개적으로 인정하지는 않았지만 사실 베를린의 군 지도자들은 1871년에 독일이 프랑스에서 빼앗았다가 1919년에 프랑스가 되찾은 알사스 로렌 지방을 다시 찾고 싶은 마음이 별로 없었다. 알사스 로렌 지방 사람들은 아주 가난한 독일 사람들을 만들었고, 따라서 없다고 그리 섭섭하지도 않았다. 또 군 지도자들은 히틀러와 달리 민족성에 따라 오스트리아와 수데텐란트로 알려진 체코슬로바키아의 독일인 거주 지역을 독일에 병합시켜야 한다고도 믿지 않았다.

그러나 폴란드 회랑(제1차 세계대전이 끝난 뒤 베르사유 조약에 따라 패전국 독일이 폴란드에 돌려준, 폴란드와 발트 해를 잇는 너비 32~112km, 길이 400km의 기다란 땅-옮긴이)은 문제가 달랐다. 1919년에 이 기다란 땅을 독립한 폴란드에게 넘겨줌으로써 동프로이센이 독일 본토와 분리되었을 뿐 아니라 독일의 동부 지역 방위가 위태로워졌다. 베를린의 군사 지도자들은 그 땅만은 어떻게든 최대한 되찾으려고 했다. 폴란드 역시 어떻게든 이 땅은 절대 넘겨주려 하지 않았기 때문에, 독일이 영토 회복 주장을 하게 되면 전쟁이 일어날 가능성이 높았다. 그리고 인력과 자원에서 큰 차이가 났기 때문에, 그런 분쟁이 일어나면 독일이 바로 승리를 거둘 것이 뻔했다.

만일 군사 정권이 독일의 영토를 재조정하기 위해 폴란드와 전쟁을 벌였다면, 1939년에 히틀러가 이 나라를 공격하면서 시작된 이데올로기 전쟁과는 사뭇 다른 양상을 보였을 것이다. 히틀러에게는 폴란드에 대한 전쟁이 다른 민족을 정복해 복속시키려는, 본질적으로 무한히 펼쳐질 수밖에 없는 정복 전쟁의 첫걸음이었을 뿐이다. 또 1939년의 폴란드 침공은 영국과 프랑스가 독일에 전쟁을 선포하도록 만들었지만, 베를린의 군사 정권은 어떻게든 서구 열강과의 갈등은 피하려 했을 것이다. 그리고 그것은 충분히 그럴 수 있었다. 히틀러의 군대가 폴란드에 침공했을 때 런던과 파리의 정치가들이 망설이다 마지못해 바르샤바에 독일에 대한 전쟁을 선포해도 좋다는 신호를 보낸 것은 그 전에 히틀러가 엄청나게 도발을 한 탓이었다. 만일 베를린 군사 정권이 영토 문제에만 그 요구를 국한시키고 윌슨의 민족 자결주의에 기대어 폴란드 회랑에서 억압받는 소수의 독일인을 보호하기 위해서라는 명분을 내세웠다면, 충분히 서구 열강의 간섭을 피할 수 있었을 것이다. 독일이 서구 열강의 의견을 고려했다면, 히틀러와 스탈린이 그랬던 것처럼 폴란드를 완전히 분할하지는 못했겠지만, 동쪽에 있는 폴란드 땅 일부를 떼어주는 대신 소비에트로부터 암묵적인 동의를 얻을 수도 있었을 것이다.

독일과 폴란드 사이에서만 잠시 분쟁이 일어났다면, 아무리 유감스러운 사태가 벌어졌어도 전세계가 화염에 휩싸인 제2차 세계대전에 비하면 새 발의 피였을 것이다. 그리고 보수적인 군의 지지로 독일이 승리를 거두었다면, 유럽에 감돌던 긴장이 해소되는 결과도 낳았을 것이다. 독일이 상처받은 자존심을 달래고 움츠러들었을 폴란드를 제외한 모두가 결과에 만족했다면, 베르사유 조약 이후 유럽 대륙을 덮고 있던 먹구름이 많이 사라졌을지 모르기 때문이다. 그랬다면 독일이 소련을 침공하는 일도 없었을 것이다. 베를린의 군 지도부는 히틀러와 달리 레벤스라움을 꿈꾸지도 않았고 소비에트 연방 공화국에 대한 적개심도 없었기 때문이다. 1920년대 이후 독일 장군들은 적군에 있는 장군들과 밀월 관계를 누리며 소비에트 군사 기지에서 군대도 함께 훈련시키고 무기도 함께 개발해 베르사유 조약의 무장 해제 조항을 교묘히 피했다.

독일이 동부 국경을 조정하는 데 성공해 국제적으로 큰 분쟁이 일어날 소지가 사라졌다면, 유럽은 당연히 몇 년 동안의 긴장 끝에 안정을 되찾았을 것이다. 제2차 세계대전과 그것이 가져온 참사는—히틀러가 먼저 얻을지도 몰라 서둘러 만들어낸 원자폭탄까지 포함해—그가 권력의 자리에 오른 것처럼 피할 수 없는 것이 아니었다. 사실 히틀러가 권력을 잡지 않았다면 지금도 많은 사람에게 시름을 안겨주고 있는 국제적인 분쟁도 일어나지 않았을 것이다.

히틀러의 제3제국과 그가 불러일으킨 세계대전이 없었다면, 1933년 1월 이후 인간사는 많은 측면에서 크게 달랐을 것이다. '아우슈비츠'라는 이름으로 요약되는, 전에는 상상도 할 수 없었던 참사가 일어나지 않았다면, 그때까지 거의 알려지지 않았던 도시 이름이 이제는 누구나 아는 사악한 의미를 띠기 시작한 이후와 달리 훨씬 때문지 않은 상태에서 미래에 대해 낙관할 수 있었을 것이다. 이는 참사와 동의어가 되어버린 '히로시마'라는 이름도 마찬가지이다. 혼히 쓰는 말 중에 없었을 또 한 가지 개념은 '냉전'이다. 히틀러의 성공은 도저히 서로 손을 잡을 것 같지 않은 미국과 소련이 손을 잡게 했지만, 그의 실패로 두 나라는 전후 유럽에서 많은 불화와 분쟁을 겪었다. 히틀러가 없었다면 이데올로기의 차이에도 불구하고 두 나라 사이에 무력 충돌이 일어날 가능성은 거의 없었을 것이다. 미국이 나중에 미국인과 결정적인 이해 관계도 없는 한국과 베트남에서 전쟁에 휩쓸리게 된 것도 순전히 냉전의 압력 탓이었다.

짧게 말해 1933년 1월 이후 세계를 뒤흔든 사건들의 인과 관계를 추적해 보면, 그 가운데 많은 일이 결국은 그때 독일 정치가들이 방향을 선회하면서 일어났다. 프랑스 혁명이 일어난 1789년 여름의 파리처럼, 베를린은 그 순간 많은 인류의 운명을 결정지은 전환점이 되었다. 1월 30일 정오에 그곳에서 일어난 일은 세계사적인 의미를 지닌 일대 사건이었다. 발전한 산업 국가의 권력이 문명 세계의 질서를 전복하려고 마음먹은 사람에게 부여되었고, 결국 그 사람이 그런 권력을 사용함으로써 인류의 상당 부분이 엄청난 고통을 겪었다. 수천만 명이 비명횡사했으며, 세계의 많은 부분이 유례없는 파괴를 당했다. 그의 정권은 수세기에 걸쳐 쌓아올린 문명도 인간이 악을 저지를 수 있는 능력을 줄이지 못한다는 것을 보여주었으며, 현대 과학 기술과 관료 조직은 지금껏 상상 못한 극악무도한 범죄도 저지를 수 있게 해준다는 것을 증명했다.

히틀러가 권력을 잡은 것을 결정론적으로 설명하면 사태가 파국으로 치달은 것이나, 그것이 결과적으로 미친 영향에 대한 책임을 물을 수 없다. 만일 그가 총리에 임명된 것이 관련된 개인들이 통제할 수 없었던 어떤 객관적인 힘이 낳은 피할 수 없는 결과였다면, 그들 가운데 누구에게든지 책임을 묻는 것은 부당한 일이 될 것이다. 실제로 1933년 1월에 일어난 사건에 참여한 사람들 가운데 일부는 바로 그런 근거에서 제3제국이라는 재앙을 낳은 책임을 모면하려고 했다. 그들은 히틀러가 권력을 잡을 수밖에 없었고, 그를 막을 수 있는 것은 아무것도 없었다고 항변했다. 하지만 결정론을 거부하면 책임 문제가 떠오른다. 이 경우 기록을 보면 충분히 책임을 물을 소지가 있다는 것을 알 수 있으며, 관련된 사람들 가운데 일부는 유죄를 면할 수 없을 것이다.

책임의 일부는 바이마르 공화국의 옹호자들에게도 돌아가야 한다. 물론 이 경우는 죄를 지어서가 아니라 죄를 짓도록 내버려둔 탓이지만, 그들은 의도하지는 않았어도 결국 히틀러가 승리를 거두도록 도와준 셈이 되고 말았다. 1930년에 의회가 정부에 대한 통제력을 포기하게 된 것은 결국 공화주의 정치가들이 의회 통치의 유지보다 당파의 이익을 우위에 두었기 때문이다. 만일 권력이 의회에서 대통령에게 넘어가지 않았다면, 절대 권력을 차지하려 했던 히틀러가 목표를 달성할 가능성은 거의 또는 전혀 없었을 것이다. 그의 당이 자유로운 선거로 의회에서 과반수 의석을 차지할 가능성도 없었고, 그가 의회에서 다른 당과 연합해 권력을 얻는 것에 만족하려 들지도 않았기 때문이다.

　1933년 1월에 끝까지 공화국을 지키려 한 가톨릭중앙당과 사회민주당은 터무니없을 정도로 어리석은 행동을 저질렀다. 그때는 이미 두 당의 지도자들이 현실 감각을 잃었다. 그들은 권력이 의회에서 대통령에게 넘어가고 유권자의 대다수가 극좌와 극우로 갈라져 이미 오래 전에 빈 껍데기가 된 헌법만 지키려 헛되이 애썼다. 그것에만 온통 정신이 팔린 나머지 현실에 적극적으로 대응하지 못하고 정치적으로 무기력해졌다. 공화파 지도자들이 쿠르트 폰 슐라이허와 같은 장군이 잠시 다스리는 비합법적인 정권이 히틀러와 같은 광적인 독재자가 합법적으로 취임하는 것보다 훨씬 낫다는 사실을 보지 못한 것은 고금을 통틀어 발견되는 가장 큰 정치적 실수 가운데 하나다.

　물론 히틀러와 그의 당에 아낌없이 표를 준 수백만 독일인에게도 엄청난 책임이 있다. 하지만 여기에도 의도치 않은 측면이 있었다. 나치당을 지지한 사람들 가운데는 히틀러당을 지지해서라기보다 공화제 정권의 실책으로 여겨진 것에 항의하기 위해 그런 사람들이 많았기 때문이다. 물론 그들 가운데는 공산주의에 대한 두려움 때문에 나치당에 표를 준 사람도 있었다. 특히 대공황이 시작된 뒤에는 이렇게 소극적인 의미에서 나치에 표를 준 사람들이 많았다. 히틀러와 그의 당에 표를 던진 사람들 가운데 아우슈비츠와 제2차 세계대전을 지지하는 사람은 거의 없었다. 이미 반유대주의자들이 자기들을 지지한다는 것을 알고, 또한 자기 당의 반유대주의에 반발하는 독일인이 많다는 것을 깨닫고, 나치당은 권력에 접근할수록 그들의 반유대주의를 누그러뜨렸다.

　또 제1차 세계대전으로 전쟁의 참화를 겪은 탓에, 군사적인 분쟁이 일어난다면 대다수 국민이 뒷걸음칠 것을 알고 히틀러는 자신의 무력 침략 계획을 숨겼다. 그래도 찾아보면《나의 투쟁》이나 나치의 발언에는 그와 그의 당이 대규모 전쟁이 일어날 가능성이 큰 외교 정책을 펼치려 한다는 것을 보여주는 증거가 풍부했다. 게다가 나치들은 폭력적인 행동을 일삼음으로써 자기들이 법을 비웃고 감히 자기들을 반대하는 사람들은 언제든지 힘을 이용해 짓밟을 준비가 되어 있다는 것을 보여주었다. 또한 히틀러와 그의 측근들도 민주적인 공화제를 파괴하고 일당 독재로 대체해 독일인들에게서 정부에 대한 발언권을 빼앗으려 한다는 것을 감추지 않았다. 따라서 수많은 사람들이 그런 운동에 자신의 운명을 맡기려 했다는 것은, 통치자들을 소환하고 대체할 수 있는 수단을 보유하는 것이 얼마나 중요한 일인지 파악하지 못했다는 사실을 말해준다.

물론 독일이 파국으로 치닫게 된 가장 큰 책임은 1933년 1월의 드라마에서 주요 역할을 한 인물들에게 있다. 그러나 그들의 어리석음 뒤에는 나치즘에 대한 지독한 무지가 있었다. 일반적으로는 그렇게 높은 자리에 있는 사람들은 당연히 풍부한 정보에 기대어 그렇게 역동적인 대중 운동을 이끈 사람을 판단했을 것이라고 생각하겠지만, 힌덴부르크나 슐라이허, 파펜은 물론 관련된 사람 가운데 누구 하나 히틀러의 책《나의 투쟁》을 읽었거나 그것을 읽은 사람과 상의를 했다는 증거가 없다. 게다가 정부 안에 있는 유능한 전문가들이 나치즘에 대해 연구하고 분석한 것이 있었을 텐데도 그것들을 요청해서 보려 하지 않았다. 공화제를 지지했던 프로이센 주 정부는 히틀러당이 전국 정치에서 중요한 요소가 된 뒤 그런 연구를 몇 차례나 의뢰했다. 그런 연구 결과는 이 폭력적인 운동이 독일인에게 독재 정치를 강요하려 할 뿐 아니라 법에 의한 통치를 폐기하고 유대인 시민을 박해하려 한다는 것을 보여주었다. 그런데도 어느 면을 보나 히틀러의 총리 취임에 도움을 준 사람들은 나치즘의 본질을 탐구한 그런 연구 결과를 참고하지 않았다.

한 사람 한 사람 책임을 따져보면, 주요 인물 가운데 가장 죄가 적은 사람

쿠르트 폰 슐라이허 총리와 그의 아내. 두 사람은 1934년 6월에 히틀러 정권의 하수인들에게 집에서 살해당했다.

은 어리석은 슐라이허였다. 그는 자신에게는 적이 되고 히틀러에게는 구세주가 된 프란츠 폰 파펜을 별볼일 없는 존재에서 정치적으로 두각을 나타내는 자리에 올리는 역사적인 실수를 저질렀다. 그러나 그가 아무리 1월에 일어난 사건에서 중요한 역할을 했더라도, 그것은 그가 그러려고 해서 그렇게 된 것이 아니라 순전히 정치적 능력과 판단력이 부족한 탓이었다. 물론 총리직에서 쫓겨나자 그는 파펜보다 히틀러가 총리가 되는 쪽을 선호하게 되었지만, 그때는 이미 사건의 추이에 어떤 직접적인 영향력도 행사할 수 없는 처지에 있었다. 그러나 자신이 쿠데타를 일으킬 것이라는 소문이 나게 해 파펜이 힌덴부르크를 부추겨 서둘러 나치 지도자에게 총리직을 주게 함으로써 마지막 순간에 꼴사납게도 히틀러의 비위를 맞추려 한 슐라이허의 시도는 결과에 간접적인 영향을 미쳤다. 그는 그렇게 우연찮게 나치 지도자를 밀어 올린 것이나 총리 시절에 나치당에 관대했던 것에 대해 히틀러에게 전혀 보답을 받지 못했다. 1934년 6월 말 '장도(長刀)의 밤'으로 알려진 공식 인가를 받은 학살 사건이 일어났을 때, 그와 그의 아내는 자기 집에서 독재 정권의 하수인들이 쏜 총에 맞아 쓰러졌다.

슐라이허에 비해 오스카르 폰 힌덴부르크와 오토 마이스너, 알프레트 후겐베르크는 좀더 죄가 무겁다. 대통령의 아들은 가장 중요한 국사를 다루면서 슐라이허를 미워하는 개인적인 감정이 국사에 영향을 미치도록 하는 정치적인 큰 실수를 저질렀다. 대통령 비서 실장 마이스너도 그에 못지않은 죄를 졌다. 오스카르 폰 힌덴부르크가 감정적인 동인에 의해 움직인 측면이 많다면, 마이스너는 자신의 이익을 위해 기회주의적으로 행동했다. 그는 슐라이허의 별이 지고 있다는 것을 깨닫고 새로운 주인을 찾아 히틀러에게 배팅을 했다. 후겐베르크 역시 기회주의적인 고려에 의해 움직인 측면이 큰데, 그의 경우에는 별볼일 없던 정치 행로가 막바지에 이르면서 한 줌 권력이라도 잡아보고 싶은 열망이 크게 작용했다.

그러나 후겐베르크는 히틀러를 권력의 자리에 올리는 데 힘을 보탠 뒤 얼마 되지 않아 불안해지기 시작했다. 겨우 하루 만에 친구에게 "나 어제 평생 가장 어리석은 일을 저질렀어. 세계 역사상 가장 뛰어난 선동 정치가와 손을 잡았거든" 하고 말했다고 한다. 그와 히틀러의 동맹은 다섯 달도 안 되어 깨졌다. 1933년 6월, 그가 나치에 투항하면서 그의 독일국민당이 와해되고 독일 경제를 주무르고 싶었던 그의 열망이 히틀러 내각에서 좌절되자, 후겐베르크는 그토록 앉고 싶었던 자리에서 물러나 평범한 시민이 되었다. 오스카르 폰 힌덴부르크 역시 얼마 안 있어 별 볼일 없는 존재로 전락해 역사의 뒤안으로 사라졌지만, 그 전에 그는 1934년 8월 대통령이 서거하자 전국에 방송된 라디오 연설을 통해 아버지가 뽑은 후계자는 히틀러라고 선포했다. 오토 마이스너는 나치의 독재 정권 아래서도 공화국에서 했던 일을 계속해, 이번에는 아돌프 히틀러로 바뀐 국가 수반을 위해 충실한 하인 노릇을 했다. 그는 후겐베르크와 오스카르 폰 힌덴부르크와 함께 제3제국에서도 살아남았고, 세 사람 모두 제3제국의 탄생을 공모한 죄를 뉘우치지 않은 채 생을 마감했다.

프란츠 폰 파펜의 경우는 엄청난 죄를 저지르게 한 책임이 있다는 의미에서 유죄이다. 그는 일이 아주 처참한 결과에 이르도록 몰고간 핵심 인물로서, 그 누구보다도 책임이 크다. 만일 그가 슐라이허에게 복수하고 다시 권력을 잡으려 하지 않았다면, 1933년 1월에 일어난 일은 하나도 가능하지 않았을 것이다. 파펜이 한 행동은 같은 중앙당 정치가로서 파펜에 대해 "아주 야심만만한 사람으로, 그의 첫 번째 관심사는 두각을 나타내는 위치에 서는 것이었다"고 말한 콘라트 아데나워의 의견에 딱 들어맞는다. 아데나워가 지적한 대로, "그는 원칙의 문제에는 전혀 관심이 없었다." 오직 자신의 야심에 의해서만 움직였던 파펜은 자신의 유일한 자산인 늙은 대통령에 대한 영향력을 유감없이 활용했다. 그가 계속해서 새빨간 거짓말에 의지한 것을 보면 그를 아는 다른 사람이 그를 가리켜 "아마 이 세상에서 가장 완벽한 거짓말쟁이 가운데 하나일 것"이라고 한 것도 틀린 이야기가 아니다. 파펜이 히틀러와 기꺼이 공모한 것을 냉소의 탓으로 돌리는 것은 지적인 깊이를 봤을 때 그에게는 과분한 평가이다. 그가 보인 행동은 다른 무엇보다도 늘 자신을 과대 평가하고 히틀러와 나치 운동이 끼칠 해악에 대해 전혀 주의를 기울이지

1933년 1월 30일 카이저호프 호텔에 모인 히틀러 총리와 그의 나치 심복들. 왼쪽부터 오토 바게너, 빌헬름 쿠베, 한스 케틀, 빌헬름 프리크(앉은 사람), 요제프 괴벨스, 히틀러, 에른스트 룀, 헤르만 괴링, 발터 다레, 하인리히 힘러, 루돌프 헤스.

않은 탓이었다.

파펜은 나치당에는 들어가지 않았지만 제3제국이 온갖 풍파를 일으키며 존재하는 동안 충실히 봉사했다. 1934년 봄에 갑자기 양심이 동했는지 연설 중에 자신이 탄생시키는 데 그토록 결정적인 역할을 한 제국이 법과 시민권에 무관심한 것에 우려를 표해 히틀러를 공격한 적은 있어도, 자신이 가택 연금을 당하고 자신의 측근 둘이 장도의 밤에 살해를 당했어도 그는 총리 대리라는 빈 껍데기뿐인 직책에 계속 매달렸다. 1934년 8월, 외교관으로 강등된 뒤에도 그는 제3제국이 끝날 때까지 대사로서 계속 히틀러의 제국을 대변했다. 파펜은 1947년 뉘른베르크의 국제 군사 재판에서는 전쟁을 일으킨 죄에 대해 무죄를 선고받았으나, 독일에서 나치를 심판한 법정에서는 제국에 깊

옆의 사진과 같은 사진. 그러나 1934년 6월에 히틀러의 명령으로 에른스트 룀이 살해되고 그보다 1년 전에 바게너가 쿠베와 함께 숙청된 뒤 사진을 손질해 룀과 바게너의 모습을 지웠다(위). 앞의 두 사진과 같은 사진. 그러나 1941년에 헤스가 스코틀랜드로 도망간 뒤 그의 모습을 지우기 위해 사진을 다시 한번 잘랐다(아래).

이 연루된 것으로 분류되어 8년형을 선고받았다. 그러나 그가 복역한 기간은 아주 짧았고, 그는 선고받은 기간 대부분을 병원에서 지냈다. 그리고 항소 법원에서 두 번이나 그의 죄를 낮추어주어, 이전 법정에서 몰수된 재산 대부분을 찾았다. 1969년 여든 아홉에 세상을 떠날 때까지 그는 아주 이기적인 목적에서 쓴 두 권의 회고록에서 자신의 처참한 경력에 대한 기록을 손질하려 했으며, 전후에 서독이 펼친 정책에 대해 비난을 퍼부었고, 바티칸으로부터 명예로운 칭호를 받았다.

파펜보다 죄가 무거운 사람은 최종 결정자인 파울 폰 힌덴부르크 대통령이었다. 강인하고 현명하다는 일반적인 이미지와는 반대로 그는 자신의 정치 행로에서 가장 결정적인 때 허약함을 드러내고 속임수에 너무 잘 넘어갔다. 대통령은 슐라이허를 행정부의 수반에 올려놓고서도 그가 헌법을 위반하자고 하자, 양심의 가책을 느껴서가 아니라 프란츠 폰 파펜이 꾸민 슐라이허에 대한 음모에 넘어가 그를 싫어하게 된 나머지 그를 버렸다. 그리고는 아무런 현실적 대안도 없이 그를 쫓아낼 위기를 초래했다. 게다가 말도 안 되는 정치적 판단을 드러내며 국가 대사를 결정하면서 무모하기 짝이 없는 파펜에게 조언을 구했다. 그는 파펜이 이미 총리로서 한계를 드러내고 쫓겨났는데도 그가 히틀러를 추천하며 뒤로 뺄 때까지 그를 다시 임명하려고 했다. 만일 힌덴부르크가 처음에 직감적으로 히틀러를 믿지 않았듯이 계속 그를 믿지 않았다면, 독일과 세계의 많은 부분이 그렇게 많은 고통과 파괴를 당하지 않아도 되었을 것이다. 그러나 그는 파펜과 아들 오스카르, 비서 실장 오토 마이스너의 부추김에 넘어가 나치 지도자를 행정부의 수반으로 임명하는 치명적인 오류를 범했다.

고령인 데다가 파펜이 마지막 순간까지 히틀러 내각의 성격을 속인 것을 감안해도 힌덴부르크는 나치 지도자에게 권력을 준 역사적 책임을 면할 수 없다. 총리를 임명할 수 있는 권한은 그밖에 없었기 때문이다. 그런데 그런 높은 자리를 독일 공화국을 없애버리겠다고 공공연히 말하는 사람에게 줌으로써 그는 헌법을 수호하겠다는 맹세를 저버렸을 뿐 아니라, 그 전 해에 그가 재선되는 데 지대한 공을 세운 공화국의 수많은 사람들을 배신했다. 게다가 인생의 마지막 18개월 동안 그가 한 행동은 수백만 독일인의 눈에 나치 독재자의 전횡이 정당한 것처럼 보이게 하는 데 기여했다. 그런데 그가 1933년 1월 30일에 권력을 준 사람의 터무니없는 정책 탓에, 1871년에 탄생하는 것을 지켜보면서 그 자신이 그렇게 자랑스럽게 여긴 독일 민족 국가가 해체된 것은 그야말로 아이러니가 아닐 수 없다.

아돌프 히틀러가 1933년부터 1945년까지 온갖 범죄를 저지를 수 있는 기회를 얻은 것은 순전히 다른 사람들의 정치적인 무지와 실수 탓이었다. 물론 그렇다고 해서 그가 통치하는 동안 저지른 극악무도한 범죄들에 대한 책임이 그에게만 있다는 말은 아니다. 독일 국민에게는 영원히 부끄럽게도, 히틀러는 그의 정권의 비뚤어진 기준에 의해 위험하거나 열등한 것으로 여겨진 사람들을 거리낌 없이 박해하고 정복하고 학살하려는 추종자들을 많이 발견했다. 만일 권력을 잡으려는 그의 노력이 좌절되었다면, 하인리히 히믈러와 라인하르트 하이드리히, 아돌프 아이히만과 같은 사람이 아직 땅 위를 걷고 있었을 것이다. 정부의 승인이 없었다면 그들은 결코 대량 학살을 일삼은 사람이 될 수 없었을 것이다. 히틀러가 총리 자리를 얻는 데 실패했다면, 그들이나 그들과 같은 사람들이 악의는 있어도 그것을 실현하지 못한 채 무명의 인물로 생을 마감했을 것이다.

나치 독재자의 역정이 남긴 것은 부정적인 유산밖에 없지만, 그것은 후대에 인류가 창조한 가장 강력한 제도, 그렇기에 또한 가장 치명적일 수 있는 제도인 근대 국가를 다스리는 사람을 선택할 때는 최대한 주의를 기울일 필요가 있다는 교훈을 주었다. 그리고 히틀러가 어떻게 권력을 잡아 범죄를 저질렀는가를 보면, 인간사에서 피할 수 없는 유일한 것이 있다면 바로 변화 그 자체라는 것과 개인들의 행위가 큰 차이를 만든다는 것, 그리고 국가를 다스리는 사람에게는 아주 무거운 도덕적 책임을 물어야 한다는 것을 다시 한번 깨닫게 된다.

부록 ; 모스크바 문서

이 책을 위한 연구 조사를 하면서 가장 큰 장애가 된 것은 쿠르트 폰 슐라이허가 총리 자리에 있었을 때의 기록이 거의 없다는 것이었다. 슐라이허가 평소 기록을 남기는 일에 소홀했고, 개인적인 기록은 그가 살해당한 뒤 나치 정권이 몰수해 없어졌을 것이다. 게다가 현재 남아 있는 기록도 유난히 얇아, 슐라이허의 생각과 의도를 알려주는 것이 별로 없다.

그래서 나는 슐라이허의 목적이 무엇이었는지 캐면서 많은 점에서 당시 기자들이 슐라이허나 그의 참모들과 만난 직후에 남긴 기록에 의존할 수밖에 없었다. 이런 기록 가운데 가장 폭넓고 정보가 많은 기록 하나가 지금껏 비밀에 싸여 있던 모스크바의 한 소련 문서 보관소(Tsentralnyi Gosudarstvennyi Arkhiv, 또는 TsGA)에서 최근에 발견된 파펜 자료의 5번 파일에 있었다. 그런데 이 글이 작자 불명이라, 그것을 모스크바 기록이라고 불렀다. 그것은 행간의 여백 없이 타이핑한 6쪽짜리 보고서인데, 날짜는 '14. I'(1월 14일)로 되어 있고, 글머리에 '기밀!'이라고 쓰고 밑줄을 그어놓았다. 그리고 내용은 슐라이허가 1933년 1월 13일 저녁, 총리 관저의 언론 부서 응접실에서 기자들을 초청해 만찬을 했을 때 말한 것을 기록한 것이다.

늘 그렇듯 작자 불명의 기록은 그 정보의 진위가 의심스럽지만, 이 경우에는 그것이 믿을 수 있는 정보라는 것을 뒷받침해주는 결정적인 증거가 두 가지 있는데, 그날 같은 자리에 참석했던 다른 기자들이 만찬에서 슐라이허가 말한 것을 기록해놓은 것이 그것이다. 이 가운데 하나는 베를린에서 발행된 공화파 신문 〈포시세 차이퉁〉을 펴낸 울슈타인 출판의 요제프 라이너가 썼는데, 그는 슐라이허의 만찬에 참석한 뒤 울슈타인의 간부 한스 셰퍼를 위해 한 행씩 띄어 타이핑한 4장짜리 보고서를 작성했다. 그것은 맨 위에 손으로 쓴 글씨로 '13. I. 33'이라고 씌어 있고, 뮌헨의 현대사 연구소 자료 보관소에 있는 셰퍼의 자료(ED 93) 33권에 있다.

1월 13일 만찬에 관해 보고서를 쓴 또 다른 기자는 게오르그 데어틴저였는데, 그는 나중에 괴벨스의 선전부에서 일했고 전쟁이 끝난 뒤에는 동독 공산주의 정권의 첫 번째 외무장관이 되었다. 그러나 1933년 1월에는 보수적인 언론사 디나타크(Dienatag)에서 일했는데, 이것은 수도에서 다른 곳에 있는 신문사에 뉴스를 공급하는 회사였다. (이것에 대해서는 Hans Bohrmann, ed., NS-Presseanweisungen der Vorkriegszeit(4권, 뮌헨, 1984년), vol. I, pp. 60~65를 참조하라.) 슐라이허가 1월 13일 만찬에서 말한 것에 대해 한 행씩 띄어 타이핑한 이 4쪽짜리 보고서는 "Informationsbericht vom 14. Januar"라는 제목이 붙어 있고, 그가 쓴 비슷한 다른 보고서와 함께 "Sammlung Brammer"(ZSg 101/26)에 있는 코블렌츠의 독일 연방 문서 보관소(Bundesarchiv)에 있다.

그런데 모스크바 기록과 라이너와 데어틴저가 쓴 보고서를 비교해보면, 그것을 정말로 1월 13일 저녁 그 자리에 있었던 사람이 썼고, 그것을 쓴 사람이 약간 우파 쪽에 기울어진 시각을 가졌어도 정확히 기록하고 정확히 정보를 전달하는 능력이 있는 훌륭한 기자라는 것에 의심의 여지가 없다. 이 세 가지 기록은 그날 슐라이허가 말한 주제와 그것에 대한 그의 견해에 대해 아주 많은 유사성을 보여준다. 그러나 셋 중에서도 모스크바 기록이 가장 상세해, 나는 종잡을 수 없는 슐라이허의 생각을 재구성하면서 작자는 불명이지만 정보가 아주 풍부한 이 유별난 자료에 크게 의존했다. 그런데 이것이 프란츠 폰 파펜의 자료에 있어, 그것이 언제 어떻게 슐라이허의 적의 수중에 들어가 파펜에게 그의 견해를 기울이게 했는지 몹시 궁금했다. 그러나 안타깝게도 모스크바 기록은 물론 옛 소련의 문서 보관소에 있는 어떤 파펜 관련 문서도 이에 대해서는 아무런 실마리도 제공해주지 않았다.

찾아보기

7월 선거 25
7월 총선 92
11월 총선 28, 43, 90, 92
가톨릭중앙당 20, 25, 27, 81, 169, 233
고트프리트 페더 46, 47
공산당 30, 33, 111, 144, 150
공화파 26, 27, 31, 57, 208
괴링 157, 216
괴벨스 49, 93, 151
괼른 회동 69
국가사회주의당 11, 22, 79, 105
국방부 메모 160
군사 정권 225, 227
귄터 게레케 129
나의 투쟁 52, 57, 234
나치 돌격대 22, 39, 58, 81, 89, 103, 149
나치당 33
나치의 재정난 84, 87
농민연맹 137
대통령 내각 32, 68, 77, 124, 187, 215, 223
독일국민당 81, 97
동부 지원 스캔들 138
뒤스터베르크 193, 203
뒤통수 설 12, 14
라이히슈타크 16, 26
루돌프 헤스 52
리벤트로프 99, 153
리페 61, 79, 106
바이마르 공화국 11, 12, 232

바이에른 국민당 30
베르사유 조약 12, 114, 141
브뤼닝 17, 26, 148
블롬베르크 191
비상 대권 16, 17, 26, 31, 77, 209
비스마르크 38, 128
비어홀 폭동 사건 22
빌헬름 프리크 143
사회민주당 11, 17, 25, 30, 38, 82, 115, 169, 233
생활 공간 57, 228
수권법 192, 216
슈베른 폰 크로직 백작 200, 206
슈테그만 90, 102
슈트라서 40, 42, 44, 96
슈트라이허 90, 102
슐라이허 18, 33, 35, 40, 64, 195, 112, 142, 221, 235,
아담 슈테거발트 123, 125
알사스 로렌 지방 229
알프레트 후겐베르크 125
에바 브라운 52
에어빈 플랑크 60, 74, 144
오스카르 폰 힌덴부르크 131, 153, 197, 236
오토 디트리히 61, 87
오토 마이스너 77, 140, 153, 236
오토 브라운 42, 115, 169
오토 슈미트-하노버 183, 202
오토 슈트라서 223

의회 내각 32, 124, 175, 188, 206, 215, 223
의회방화사건 215
일자리 창출 프로그램 131, 177
장도(長刀)의 밤 96, 236
젤테 180, 193
철모단 180
친위대 ss 104
콘라드 아데나워 63, 237
쿠르트 폰 슈뢰더 남작 66
파펜 20, 25, 28, 32, 61, 63, 153, 184, 190, 222
폴란드 회랑 229
푸셰 155
프랑수와 퐁세 대사 62, 64, 108, 154, 170
프로이센 25
프로이센 정부 43
프로이센 주 정부 116, 183, 217
프리츠 셰퍼 186
하르츠부르크 전선 180
하머슈타인 장군 173, 196
하인리히 히믈러 100
한프슈타엔글 51
헤르만 괴링 28, 43
헤르만 83
헤세 다름슈타트 88
호러스 럼볼드 경 200, 211
후겐베르크 81, 97, 123, 180, 193, 217
히틀러 21, 23, 40, 47, 51, 52, 56, 95, 108, 203, 213, 2411

히틀러의 연두 교서 59
힌덴부르크 대통령 240
힌덴부르크 13, 14, 26, 31, 135, 159, 165, 190, 221

참고 문헌

Adams, Henry M., and Robin K. Adams. *Rebel Patriot: A Biography of Franz von Papen*. Santa Barbara, Calif., 1987.

Adenauer, Konrad. *Briefe 1945-1947*. Bonn, 1983.

Allen, William Sheridan. *The Nazi Seizure of Power*. Rev. ed. New York, 1984.

Altendorfer, Otto. *Fritz Schäffer als Politiker der Bayerischen Volkspartei*. Munich, 1993.

Arndt, Fritz, "Vorbereitungen der Reichswehr fur den militarischen Aus- nahmezustand." *Zeitschrift für Militärgeschichte* 4 (1965).

Bach, Jürgen A. *Franz von Papen in der Weimarer Republik*. Düsseldorf, 1977.

Becker, Josef. " 'Der Deutsche' und die Regierungsbildung des 30. Januar 1933." *Publizistik* 6 (1961).

Becker, Josef, and Ruth Becker, eds. *Hitlers Machtergreifung*. Munich, 1983.

Bendersky, Joseph W. *Carl Schmitt*. Princeton, N.J., 1983.

Bennett, Edward W. *German Rearmament and the West*. Princeton, N.J., 1979.

Berghahn, Volker R. *Der Stahlhelm*. Dusseldorf, 1966.

Berndorff, Hans Rudolf. *General Zwischen Ost und West*, Hamburg, 1951.

Bessel, Richard. *Political Violence and the Rise of Nazism*. New Haven, Conn., 1984.

Besson, Waldemar. *Wurttemberg und die deutsche Staatskrise 1928-1933*. Stuttgart, 1959.

Bloch, Michael. *Ribbentrop*. London, 1992.

Böhnke, Wilfried. *Die NSDAP im Ruhrgebiet*. Bonn, 1974.

Bohrmann, Hans, ed. *NS-Presseanweisungen der Vorkriegszeit*. 4 vols. Munich, 1984.

Bonn, Moritz J. *Wandering Scholar*. New York, 1984.

Bracher, Karl Dietrich. *Die Auflösung der Weimarer Republik*. Stuttgart and Dusseldorf, 1957.

Braun, Magnus von. *Weg durch vier Zeitepochen*. Livburg/Lahn, 1965.

Braun, Otto. *Von Weimar bis Hitler*. New York, 1940.

Breitman, Richard. "On German Social Democracy and General von Schle- icher 1932-33." *Central European History* 9 (1976).

Brügel, Johann Wilhelm, and Norbert Frei, eds. "Berliner Tagebuch 1932-1934." *Vierteljahrshefte für Zeitgeschichte 36* (1988).

Bruning, Heinrich. *Memoiren, 1918-1934*. Stuttgart, 1970.

Buchheim, Christoph. "Zur Natur des Wirtschaftsaufschwungs in der NSZeit." In *Zerissene Zwischenkriegszeit*, edited by Harold James, Christoph Buchheim and Michael Hutter. Baden-Baden, 1994.

Bullock, Alan. *Hitler: A Study in Tyranny*. London, 1952ff.

Caro, Kurt, and Walter Oehme. *Schleichers Aufstieg*. Berlin, 1933.

Childers, Thomas. "The Limits of National Socialist Mobilisation." In *The Formation of the Nazi Constituency, 1919-1933*, edited by Thomas Childers. Totowa, N.J., 1986.

Ciolek-Kümper, Jutta. *Wahlkampf in Lippe*. Munchen, 1976.

Cline, Theodore Albert. "The Chancellorship of General Kurt von Schle-icher." Ph.D. diss., University of Texas, 1976.

Craig, Gordon A. "Brief Schleichers an Groener." *Die Welt als Geschichte* 11(1951).

Demant, Ebbo. *Von Schleicher zu Springer*. Mainz, 1971.

Dietrich, Otto. *Mit Hitler in die Macht*. Minich, 1934.

_____. *12 Jahre Mit Hitler*. Cologne, [1955].

Domarus, Max. *Hitler: Reden und Proklamationen 1932-1945*. 2 vols. Munich, 1965.

Dorpalen, Andreas. *Hindenburg and the Weimar Republic*. Princeton, 1964.

Düsterberg, Theodor. *Der Stahlhelm und Hitler*. Wolfenbuttel and Hanover, 1949.

Erdmann, Karl Dietrich and Hans Booms, eds. *Akten der Reichskanzlei. Kabinett von Schleicher* (Boppard, 1986).

Erdmann, Karl Dietrich, and Hans Booms, eds. *Akten der Reichskanzlei: Kabinett von Papen*. 2 vols. Boppard, 1989.

Eschenburg, Theodor. *Die improvisierte Demokratie*. Munich, 1963.

Fest, Joachim. *Hitler*. New York, 1974.

Fischer, Conan. *Stormtroopers*. London, 1983.

Fischer, Rudolf. *Schleicher: Mythos und Wirklichkeit*. Hamburg, 1932.

Foertsch, Hermann. *Schuld und Verhangnis*. Stuttgart, 1951.

François-Poncet, André. *Souvenirs d'une ambassade à Berlin*, Paris, 1946.

Gereke, Günther. *Ich war königlich-preussischer Landrat*. Berlin, 1970.

Geyer, Michael. "Das zweite Rüstungsprogramm (1930-1934)." *Militär-geschichtliche Mitteilungen 17* (1975).

———. *Aufrüstung oder Sicherheit*. Weisbaden, 1980.

Gies, Horst. "NSDAP und landwirtschaftliche Organisationen in der Endphase der Weimarer Republik." *Vierteliahrshefte für Zeitgeschichte 15* (1967).

Goebbels, Joseph. *Die Tagebücher von Joseph Goebbels: Sämtliche Fragmente*, edited by Elke Fröhlich. Munich, 1987ff.

———. *Vom Kaiserhof zur Reichskanzlei*. Munich, 1934.

Graf, Christoph. *Politische Polizei zwischen Demokratie und Diktatur*. Berlin, 1983.

Haken, Bruno Nelissen. *Stempelchronik*. Hamburg, 1932.

Hale, Oren J. *The Captive Press in the Third Reich*. Princeton, N.J., 1964.

———. "Adolf Hitler: Taxpayer." *American Historical Review 60* (1955), pp. 830-42.

Hambrecht, Rainer. *Der Aufstieg der NSDAP in Mittel- und Oberfranken(1925-1933)*. Nuremberg, 1976.

Hammerstein, Kunrat von. *Spahtrupp*. Stuttgart, 1963.

———. "Schleicher, Hammerstein und die Machtübernahme 1933." *Frankfurter Hefte I I* (1956).

Hanfstaengl, Ernst. *Hitler: The Missing Years*. London, 1957.

Hayes, Peter. " 'A Question Mark with Epaulettes' ? Kurt von Schleicher and Politics." *Journal of Modern History 52* (March 1980).

Heiden, Konrad. *Der Fuehrer*. Boston, 1944.

Hentschel, Volker. *Weimars letzte Monate*. Düsseldorf, 1978.

Hoch, Anton, and Christoph Weisz. "Die Erinnerungen des General- obersten Wilhelm Adam." In *Miscellanea: Festschrift für Helmut Krausnick zum 75. Geburtstag*, edited by Wolfgang Benz et al. Stuttgart, 1980.

Horkenbach, Cuno. *Das Deutsche Reich von 1918 bis heute.* Berlin, 1932.

Horn, Wolfgang. *Führerideologie und Parteiorganisation in der NSDAP.* Düseldorf, 1972.

Huls, Hans. *Wahler und Wahlverhalten im Land Lippe wahrend der Weimarer Republik.* Detmold, 1974.

International Military Tribunal. *Der Prozess gegen die Hauptkriesverbrecher vor dem Internationalen Militärgerichtshof.* 24 vols. Munich, 1984.

Ishida, Yuji. *Jungkonservativen in der Weimarer Republik.* Frankfurt, 1988.

Jäckel, Eberhard. *Hitler's Weltanschauung* Middletown, Conn., 1972.

Jacobsen, Hans-Adolf. *Nationalsozialistische Aussenpolitik, 1933-1938.* Frank- furt, 1968.

Jonas, Erasmus. *Die Volkskonservativen, 1928-1933.* Düsseldorf, 1965.

Jones, Larry Eugene. "'The Greatest Stupidity of My Life'." *Journal of Contemporary History 27* (1992).

———. "Why Hitler Came to Power." In *Geschichtswissenschaft vor 2000,* edited by Konrad H. Jarausch, Jörn Rusen and Hans Schleier. Hagen, 1991.

Junker, Detlef. "Die letzte Alternative zu Hitler." In *Das Ende der Weimarer Republik und die nationalsozialistische Machtergreifung,* edtied by Christoph Gradmann and Oliver von Mengersen. Heidelberg, 1994.

———. *Die Deutsche Zentrumspartei und Hitler 1932/33.* Stuttgart, 1969.

Kempner, Robert M. W., ed. *Der verpasste Nazi-Stopp.* Framlfirt. 1983.

Kissenkoetter. Udo. *Gergor Strasser und die NSDAP.* Stuttgart, 1978.

Kleist-Schmenzin, Ewald von. "Die letzte Möglichkeit." *Politische Studien 10* (1959).

Knickerbocker, Hubert R. *The German Crisis.* New York, 1932.

Koehl Robert Lewis. *The Black Corps.* Madison, 1988.

Kolb, Eberhard, and Wolfram Pyta. "Die Staatsnotstandsplanung unter den Regierungen Papen und Schleicher." In *Die Deutsche Staatskrise 1930-33,* edited by Heinrich August Winkler. Munich, 1992.

Kracauer, Siegfried. *From Caligari to Hitler.* New York, 1960.

Krebs, Albert. *Tendenzen und Gestalten der NSDAP.* Strttgart, 1959.

Leopold, John A. *Alfred Hugenberg.* New Haven, Conn., 1977.

Longerich, Peter. *Die braunen Bataillone.* Munich, 1989.

Ludecke, Kurt. *I Knew Hitler.* New York, 1937.

Marcon, Helmut. *Arbeitsbeschaffungspolitik der Regierungen Papen und Schleicher.* Frankfurt, 1974.

Meissner, Hans-Otto. *30. Januar '33.* Esslingen, 1976.

Meissner, Otto. *Staatssektär unter Ebert-Hindenburg-Hitler.* Hamburg, 1950.

Mommsen, Hans. *The Rise and Fall of Weimar Democracy.* Chapel Hill, N.C., 1996.

Morsey, Rudolf. "Die deutsche Zentrumspartei." In *Das Ende der Parteien 1933*, edited by Erich Matthias and Rudolf Morsey. Düsseldorf, 1960.

_____, ed. *Die Protokolle der Reichstagsfraktion und Fraktionsvorstands der Deutschen Zentrumspartei 1926-1933.* Mainz, 1969.

Müller, Klaüs-Jürgen. *Das Heer und Hitler.* Stuttgart, 1969.

Münchner Stadtmuseum. *München— "Hauptstadt der Bewegung."* Munich, 1993.

Muth, Heinrich. "Das Kolner Gesprach' am 4. Januar 1933." Geschichte in *Wissenschaft und Unterricht 37* (1986).

_____. "Schleicher und die Gewerkschaften 1932." *Vierteljahrshefte für Zeitgeschichte 29* (1981).

Neliba, Günter. *Wilhelm Frick.* Paderborn, 1992.

Noakes, Jeremy. *The Nazi Party in Lower Saxony, 1921-1933.* London, 1971.

Noakes, Jeremy, and Geoffrey Pridham, eds. *Documents on Nazism 1919-1945.* New York 1974.

Oldenburg-Januschau, Elard. *Erinnerungen.* Leipzig, 1936.

Orlow, Dietrich. *The History of the Nazi Party.* 2 vols. Pittsburgh, 1969-73.

Ott, eugen. "Ein Bild des Generals Kurt von Schleicher." *Politische Studien 10* (1959).

Padel, Gerd H. *Die politische Presse der deutschen Schweiz und der Aufstieg des Dritten Reiches 1933-1939.* Zurich, 1951.

Papen, Franz von. *Der Wahrheit eine Gasse*. Munich, 1952.
_____. *Europa was nun?* Göttingen, 1954.
_____. *Vom Scheitern einer Demokratie*. Mainz, 1968.
Patch, william L., Jr. *Christian Trade Unions in the Weimar Republic*. New Haven, Conn., 1985.
Paul, Gerhard. *Aufstand der Bilder*. Bonn, 1990.
Petzold, Joachim. *Franz von Papen*. Munich and Berlin, 1995.
Picker, Henry. *Hitler Tischgesprache im Fuhrerhauptquartier*. Stuttgart, 1976.
Plehwe, Friedrich-Karl von. *Reichskanzler Kurt von Schleicher*. Esslingen, 1983.
Post, Gaines, Jr. *The Civil-Military Fabric of Weimar Foreign Policy*. Princeton, N.J., 1973.
Pridham, Geoffrey. *Hitler's Rise to Power*. New York, 1974.
Punder, Hermann. *Politik in der Reichskanzlei*. Stuttgart, 1961.
Reiche, Eric G. *The Development of the SA in Nurnberg, 1922-1934*. New York, 1986.
Repgen, Konrad and Hans Booms, eds. *Akten der Reichskanzlei: Regierung Hitler. Part 1* Boppard, 1983.
Ribbentrop, Joachim von. *Zwischen London und Moskau*. Leoni am Starn- berger See, 1961.
Riess, Curt. *Das waren Zeiten*. Vienna, 1977.
Ritter, Gerhard. *Carl Goerdeler und die deutsche Widerstandsbewegung*. Stuttgart, 1954.
Rolfs, Richard W. *The Sorcerer's Apprentice: The Lif of Franz von Papen*. Lanham, Md., 1996.
Rosenhaft, Eve. "The Unemployed in the Neighborhood." In *The German Unemployed*, edited by Richard J. Evans and Dick Geary. London, 1987.
Schmidt-Hannover, Otto. *Umdenken oder Anarchie*. Göttingen, 1959.
Schneider, Michael. *Das Arbeitsbeschaffungsprogramm des ADGB*. Bonn-Bad Godesberg, 1975.
Schneider, Thomas Martin. *Reichsbischof Ludwig Müller*. Göttingen, 1993.
Schon, Eberhard. *Die Entstehung des Nationalsozialismus in Hessen*. Meisenheim

am Glan, 1972.

Schröder, Arno. *"Hitler geht auf die Dörfer."* Detmold, 1938.

_____. *Mit der Partei Vorwärts.* Detmold, 1940.

Schulze, Hagen, ed. *Anpassung oder Widerstand?* Bonn-Bad Godesberg, 1975.

_____. *Otto Braun oder Preussens demokratische Sendung.* Frankfurt/Main, 1977.

Schwerin von Krosigk, Lutz Graf. *Es geschah in Deutschland.* Tübingen, 1951.

_____. *Staatsbankrott.* Göttingen, 1974.

Semmler, Rudolf. *Geobbels-the man next to Hitler.* London, 1947.

Severing, Carl. *Mein Lebensweg.* 2 vols. Cologne, 1950.

Sosemann, Bernd. *Das Ende der Weimarer Repub lik in der Kritik demokratischer Publizisten.* Berlin, 1976.

Sontheimer, Kurt. "Der Tatkreis." *Vierteljahrshefte für Zeitgeschichte 7* (1959), PP. 239-60.

Stachura, peter. *Gregor Strasser and the Rise of Nazism.* London, 1983.

_____. "Der fall Strasser." In *The Shaping of the Nazi State*, edited by Peter Stachura. London, 1978.

Stampfer, Friedrich. *Die vierzehn Jahre der ersten deutschen Republic.* Offembach/Main, 1947.

Stelzner, Fritz. *Schicksal SA.* Berlin, 1936.

Stokes, Lawrence D. *Kleinstadt und Nationalsozialismus.* Neumünster, 1984.

Struve, Walter. *Aufstieg und Herrschaft der Nationalsozialismus in einer indus- Triellen Kleinstadt.* Essen, 1992.

Treviranus, Gottfried. *Das Ende mon Weimar.* Düsselldorf, 1968.

Turner, Henry Ashby, Jr. *German Big Business and the Rise of Hitler.* New York, 1985.

_____, ed. *Hitler-Memoirs of a Confidant.* New Haven, Conn., 1985.

_____. *Geisel des Jahrhunderts:Hitler und seine Hinterlassenschaft.* Berlin, 1989.

Vogelsang, Thilo. *Kurt von Schleicher: Ein General als Politiker.* Göttingen, 1965.

_____. "Neue Dokumente zur Geschichte der Reichswehr." *Viertel- jahrshefte für Zeigeschichte 2* (1954).

———. *Reichswehr, Staat und NSDAP*. Stuttgart, 1962.

———. "Zur Politik Schleichers gegenüber der NSDAP 1932" *Viertel- jahrshefte fur Zeitgeschichte 6* (1958).

Weiland, Ruth. *Die Kinder der Arbeitslosen*. Berlin, 1933.

Weiss, Hermann, and Paul Hoser, eds. *Die Deutschnationaled und die Zerstörung der Weimarer Republik*. Munich, 1989.

Werner, Andreas. "SA und NSDAP." Ph.D. diss., Erlangen-Nürnberg, 1964.

Wessling, Wolfgang. "Hindenburg, Neudeck und die deutsche Wirtschaft." *Vierteljahrschrift fur Sozial-und Wirtschaftsgeschichte 64* (1977).

Wheeler-Bennett, John W. *The Nemesis of Power*. London, 1956.

Wiesemann, Falk. *Die Vorgeschichte der nationalsozialistischen Machtubernahme in Bayern 1932-1933*. Berlin, 1975.

Winkler, Heinrich Augst. *Der Weg in die Katastrophe*. Berlin, 1987.

———. *Weimar 1918-1933*. Munich, 1993.

Wortz, Ulrich. "Programmatik und Führeprnizip: Das Problem des Strasser-Kreises in der NSDAP." Ph.D. diss., Erlangen-Nürnberg, 1966.

옮긴이 **윤길순**

한국외국어대학교 영어과를 졸업했으며, 전문 번역가로 활동하고 있다.
옮긴 책으로는 『체 게바라』, 『글로리아 스타이넘』, 『모나리자』, 『우리의 말이 우리의 무기입니다』, 『사랑의 모든 것』, 『마스크』, 『건축 이야기』, 『분노의 그림자』 등이 있다.

히틀러의 30일

1판 1쇄 인쇄 2005년 4월 11일
1판 1쇄 발행 2005년 4월 18일

지은이 헨리 애슈비 터너 2세
옮긴이 윤길순
펴낸이 황현덕
펴낸곳 수린재

등록 제105-90-78139호(2004년 2월 9일)
주소 서울시 마포구 서교동 352-5
전화 323-2191
팩스 323-2276
이메일 sulinjae@paran.com

ⓒ 2005, 수린재

ISBN 89-956248-0-9 03340
※ 책값은 뒤표지에 있습니다.
※ 잘못 제본된 책은 바꾸어 드립니다.